빠른시작

빠작

중학 국어 **문학 독해**

2

| 중학 국어 빠작 시리즈

비문학 독해 0, 1, 2, 3 | 독해력과 어휘력을 함께 키우는 독해 기본서

문학 독해 1, 2, 3 | 필수 작품을 통해 문학 독해력을 기르는 독해 기본서

문학x비문학 독해 1, 2, 3 | 문학 독해력과 비문학 독해력을 함께 키우는 독해 기본서

고전 문학 독해 | 필수 작품을 통해 고전 문학 독해력을 기르는 독해 기본서

어휘 1, 2, 3 | 내신과 수능의 기초를 마련하는 중학 어휘 기본서

한자 어휘 | 한자를 통해 중학 국어 필수 어휘를 배우는 한자 어휘 기본서

첫 문법 | 중학 국어 문법을 쉽게 익히는 문법 입문서

문법 | 풍부한 문제로 문법 개념을 정리하는 문법서

서술형 쓰기 | 유형으로 익히는 실전 TIP 중심의 서술형 실전서

| 이 책을 쓰신 선생님

남궁민(와부고) 박종혁(보성중) 이원영(배명고) 이은정(신천중) 이재찬(수락고) 이창우(중산고) 정철(중산고) 허단비(전 인화여중)

빠른시작
빠작

중학 국어
문학 독해

2

차례 CONTENTS

구성과 특징 STRUCTURES

① 개념 잡기

**갈래별 핵심 개념을
한눈에 정리!**

*소설, 시, 수필, 극의 각 갈래별
로 꼭 알아야 할 기본 개념을
먼저 익힐 수 있습니다.

*갈래별 기본 개념을 미리 정
리해 두면 앞으로 작품들을 분
석하고 이해하는 데 큰 도움이
됩니다.

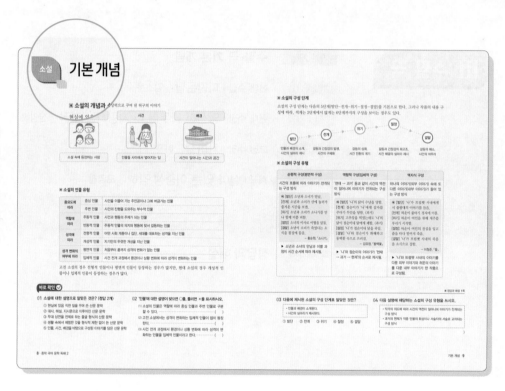

② 작품 미리 보기

**소설 전문(全文) 읽기의
부담감 해소!**

*소설의 경우, 각 구성 단계별
중심 내용을 바탕으로 자세한
전체 줄거리를 제시했습니다.

*시험에 꼭 나오는 핵심 장면
을 출제 이유와 함께 제시하여
작품의 핵심 내용을 더욱 쉽게
이해할 수 있습니다.

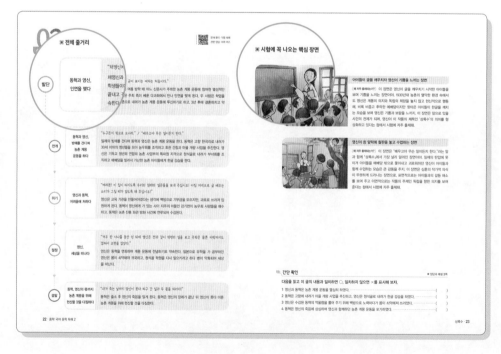

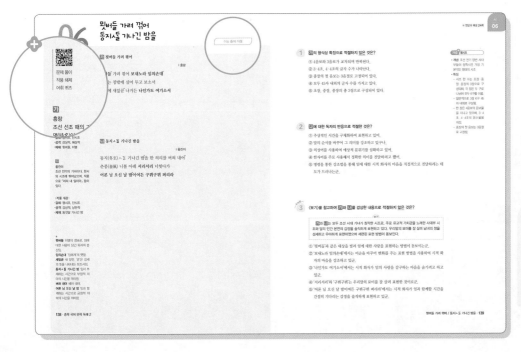

③ 작품 살펴보기

내신과 수능에서 다루는 작품들을 한발 앞서 준비!

*중·고등 교과서 수록 작품, 수능 및 모의고사 기출 작품 등 필수 문학 작품을 수록하였습니다.

빠작ON⁺

*빠른 채점, 작품 해제, 배경지식 영상 자료, 추가 어휘 퀴즈를 온라인으로 이용할 수 있습니다.

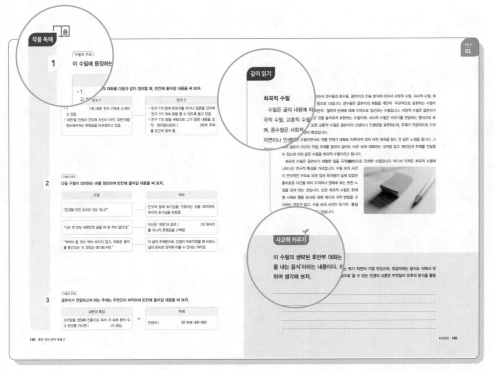

④ 확장하기

작품 이해와 함께 사고력 향상!

*작품 독해 포인트를 통해 독해 방법을 자연스럽게 익힐 수 있습니다.

*'깊이 읽기'와 '사고력 키우기'를 통해 확장 학습을 할 수 있습니다.

I

소설

✦ 소설의 개념과 소설 구성의 3요소

현실에 있음 직한 일을 작가의 상상력으로 꾸며 낸 허구의 이야기

인물	사건	배경

소설 속에 등장하는 사람	인물들 사이에서 벌어지는 일	사건이 일어나는 시간과 공간

✦ 소설의 인물 유형

중요도에 따라	중심 인물	사건을 이끌어 가는 주인공이나 그에 버금가는 인물
	주변 인물	사건의 진행을 도와주는 부수적 인물
역할에 따라	주동적 인물	사건과 행동의 주체가 되는 인물
	반동적 인물	주동적 인물의 의지와 행동에 맞서 갈등하는 인물
성격에 따라	전형적 인물	어떤 사회 계층이나 집단, 세대를 대표하는 성격을 지닌 인물
	개성적 인물	자기만의 뚜렷한 개성을 지닌 인물
성격 변화의 여부에 따라	평면적 인물	처음부터 끝까지 성격의 변화가 없는 인물
	입체적 인물	사건 전개 과정에서 환경이나 상황 변화에 따라 성격이 변화하는 인물

고전 소설의 경우 전형적 인물이나 평면적 인물이 등장하는 경우가 많지만, 현대 소설의 경우 개성적 인물이나 입체적 인물이 등장하는 경우가 많다.

바로 확인 ✓

01 소설에 대한 설명으로 알맞은 것은? (정답 2개)

① 현실에 있음 직한 일을 꾸며 쓴 산문 문학
② 대사, 해설, 지시문으로 이루어진 산문 문학
③ 무대 상연을 전제로 하는 줄글 형식의 산문 문학
④ 생활 속에서 체험한 것을 형식적 제한 없이 쓴 산문 문학
⑤ 인물, 사건, 배경을 바탕으로 구성된 이야기를 담은 산문 문학

02 '인물'에 대한 설명이 맞으면 ○를, 틀리면 ×를 표시하시오.

(1) 소설의 인물은 역할에 따라 중심 인물과 주변 인물로 구분할 수 있다. ································ ( )
(2) 고전 소설에서는 성격이 변화하는 입체적 인물이 많이 등장한다. ································ ( )
(3) 사건 전개 과정에서 환경이나 상황 변화에 따라 성격이 변화하는 인물을 입체적 인물이라고 한다. ··············· ( )

▨ 소설의 구성 단계

소설의 구성 단계는 다음의 5단계(발단-전개-위기-절정-결말)를 기본으로 한다. 그러나 작품의 내용 구성에 따라, 적게는 3단계에서 많게는 6단계까지의 구성을 보이는 경우도 있다.

발단	전개	위기	절정	결말
인물과 배경의 소개, 사건의 실마리 제시	갈등과 긴장감의 발생, 사건의 구체화	갈등의 심화, 사건 전환의 계기	갈등과 긴장감의 최고조, 사건 해결의 실마리 제시	갈등의 해소, 사건의 마무리

▨ 소설의 구성 유형

순행적 구성(평면적 구성)	역행적 구성(입체적 구성)	액자식 구성
시간의 흐름에 따라 이야기가 전개되는 구성 방식	'현재 → 과거' 등과 같이 시간의 역전이 일어나며 이야기가 전개되는 구성 방식	하나의 이야기(외부 이야기) 속에 또 다른 이야기(내부 이야기)가 들어 있는 구성 방식
예 [발단] 소년과 소녀가 만남. [전개] 소년과 소녀가 산에 놀러가 즐거운 시간을 보냄. [위기] 소년과 소녀가 소나기를 만나 함께 비를 피함. [절정] 소녀의 이사로 이별을 앞둠. [결말] 소년이 소녀가 죽었다는 소식을 잠결에 들음. – 황순원, 「소나기」	예 [발단] '나'의 닭이 수난을 당함. [전개] 점순이가 '나'에게 감자를 주다가 무안을 당함. (과거) [위기] 고추장을 먹였는데도 '나'의 닭이 점순이네 닭에게 패함. (과거) [절정] '나'가 점순네 닭을 죽임. [결말] '나'와 점순이가 화해하고 동백꽃 속으로 쓰러짐. – 김유정, 「동백꽃」	예 [발단] '나'가 트럼펫 사내에게서 줄광대의 이야기를 들음. [전개] 허운이 줄타기 경지에 이름. [위기] 허운이 여인을 위해 재주를 부리기 시작함. [절정] 허운이 여인의 진심을 알고 줄을 타다 떨어져 죽음. [결말] '나'가 트럼펫 사내의 죽음을 소식으로 접함. – 이청준, 「줄」
▶ 소년과 소녀의 만남과 이별 과정이 시간 순서에 따라 제시됨.	▶ '나'와 점순이의 이야기가 '현재 → 과거 → 현재'의 순서로 제시됨.	▶ '나'와 트럼펫 사내의 이야기를 다룬 외부 이야기와 허운의 이야기를 다룬 내부 이야기가 한 작품으로 구성됨.

■ 정답과 해설 1쪽

03 다음에 제시된 소설의 구성 단계로 알맞은 것은?

> • 인물과 배경이 소개된다.
> • 사건의 실마리가 제시된다.

① 발단　② 전개　③ 위기　④ 절정　⑤ 결말

04 다음 설명에 해당하는 소설의 구성 유형을 쓰시오.

> • 작가의 의도에 따라 시간의 역전이 일어나며 이야기가 전개되는 구성 방식
> • 과거와 현재가 작중 인물의 회상이나 서술자의 서술로 교차되는 구성 방식

(　　　　　　　　)

✱ 소설의 갈등

① **내적 갈등**: 한 인물의 마음속에서 일어나는 갈등

> **예** 낮에 내가 한 짓은 옳은 짓이었을까? 옳을 것도 없지만 나쁠 것은 또 뭔가. 자가용까지 있는 주제에 나 같은 아이에게 오천 원을 우려내려고 그렇게 간악하게 굴던 신사를 그 정도 골려 준 것이 뭐가 나쁜가? 그런데도 왜 무섭고 떨렸던가. 그때의 내 꼴이 어땠으면, 주인 영감님까지 "네놈 꼴이 꼭 도둑놈 꼴이다."라고 하였을까.
> 그럼 내가 한 짓은 도둑질이었단 말인가. 그럼 나는 도둑질을 하면서 그렇게 기쁨을 느꼈더란 말인가.
>
> – 박완서, 「자전거 도둑」

▶ 자동차 수리비를 요구하는 신사가 자전거에 자물쇠를 채우자 그 자전거를 그대로 들고 도망친 수남이가 양심의 가책을 느끼며 갈등함.

② **외적 갈등**: 인물 외적인 요소, 인물과 인물 또는 인물과 환경 사이에서 오는 갈등

인물과 인물의 갈등	한 인물과 다른 인물 사이에서 일어나는 갈등 **예** "오늘 작은아버지에게 막 꾸중 들구. 그리고 나두 인젠 그런 건 안 헐 작정이다." "그래도 나하고 약조헌 건 실행해야지. 싫으면 너는 빠져도 좋아. 그럼 돈만 이리 내." 하고 턱 밑에 손을 내민다. / "정말 없대두 그래." 수만이는 내밀었던 손으로 대뜸 멱살을 잡는다. / "이게 그래두 느물거든." – 현덕, 「하늘은 맑건만」 ▶ 더 받은 거스름돈을 쓰다 이를 되돌려 준 문기와, 그 돈으로 물건을 사려는 수만이가 갈등함.
인물과 사회의 갈등	인물이 사회적 제도나 윤리 때문에 겪는 갈등 **예** 길동이 점점 자라 여덟 살이 되자, 총명하기가 보통이 넘어 하나를 들으면 백 가지를 알 정도였다. 그래서 공은 더욱 귀여워하면서도 출생이 천해, 길동이 늘 아버지니 형이니 하고 부르면 즉시 꾸짖어 그렇게 부르지 못하게 하였다. 길동이 열 살이 넘도록 감히 부형(父兄)을 부르지 못하고 종들로부터 천대받는 것을 뼈에 사무치게 한탄하면서 마음 둘 바를 몰랐다.　　– 허균, 「홍길동전」 ▶ 서얼을 차별하는 사회적 제도 때문에 길동이 갈등함.
인물과 운명의 갈등	인물이 타고난 운명 때문에 겪는 갈등 **예** 한곳에 정착하지 못하고 끊임없이 떠돌아다녀야 하는 역마살이 든 성기는 '정착하는 삶'과 '역마의 삶' 사이에서 갈등하다가 결국 '역마'의 운명에 순응하게 된다.　　– 김동리, 「역마」 줄거리 ▶ 성기는 자신의 타고난 운명 때문에 갈등함.

바로 확인 ✓

05 소설의 갈등에 대한 설명으로 알맞지 않은 것은?

① 크게 내적 갈등과 외적 갈등으로 구분할 수 있다.
② 인물과 인물 간에 일어나는 갈등은 외적 갈등에 해당한다.
③ 인물의 마음속에서 일어나는 갈등은 내적 갈등에 해당한다.
④ 인물이 특정 인물이 아닌, 사회적 제도나 운명 때문에 갈등을 겪기도 한다.
⑤ 이야기를 전달하는 서술자가 누구냐에 따라 갈등의 양상이 달라질 수 있다.

06 다음 내용과 관련 있는 갈등의 양상을 쓰시오.

> 「홍길동전」에서 첩의 아들로 태어난 길동은 호부호형을 하지 못하고, 과거 시험의 기회를 얻지 못하는 등 신분 제도라는 사회적 현실 때문에 갈등을 겪는다.

(　　　　　　　　　　　　　　　　)

❂ 소설의 서술자

소설에서 이야기를 전달하는 사람

서술자

- 작가가 만들어 낸 허구적 대리인임.
- 작품 속에 직접 등장할 수도 있고, 작품 밖에 위치할 수도 있음. → 서술자의 위치에 따라 '시점'이 달라짐.

❂ 소설의 시점

소설에서 서술자가 이야기를 전개해 나가는 방식이나 관점

서술자가 작품 안에 있는 경우		서술자가 작품 밖에 있는 경우	
1인칭 주인공 시점	1인칭 관찰자 시점	전지적 작가 시점	3인칭 관찰자 시점
• 작품 속 주인공인 '나'가 자신의 이야기를 하는 시점 • 주인공의 심리를 드러내는 데 효과적이며, 주인공이 직접 이야기를 해 주기 때문에 독자가 친근감을 느끼게 됨.	• 작품 속 주변 인물인 '나'가 관찰자의 입장에서 주인공에 대한 이야기를 하는 시점 • 주인공의 심리가 직접 드러나지 않으므로 독자는 주인공의 심리나 성격을 추측하여 판단하게 됨.	• 작품 밖에 위치한 서술자가 전지전능한 위치에서 사건의 내막과 인물의 내면 심리까지 모두 알고 이야기하는 시점 • 사건의 총체적 모습과 인물의 다양한 면모를 보여 주는 데 효과적임.	• 작품 밖에 위치한 서술자가 관찰자의 입장에서 작품 속 인물들의 행동이나 사건을 관찰하여 이야기하는 시점 • 관찰한 내용을 객관적으로 전달하기 때문에 독자의 상상력을 유발할 수 있음.

07 소설의 시점에 대한 설명으로 알맞지 <u>않은</u> 것은?

① 1인칭 시점에서는 서술자가 작품 안에 위치한다.
② 이야기를 전달하는 서술자의 위치나 시각과 관련된다.
③ 관찰자 시점에서는 인물의 심리가 직접적으로 드러난다.
④ 전지적 작가 시점에서는 서술자가 전지전능한 위치에 놓인다.
⑤ 시점에 따라 인물과 사건에 대한 정보의 폭이 다를 수 있다.

08 다음에 제시된 소설의 시점을 쓰시오.

> 위층 주인이 바뀐 이래 한 달 전부터 나는 그 정체 모를 소리에 밤낮없이 시달려 왔다. 진공청소기 소리인가? 운동 기구를 들여놓았나? 가내 공장을 차렸나? 식구들마다 온갖 추측을 해 보았으나 도시 알 수 없는 일이었다.
>
> – 오정희, 「소음 공해」

(   )

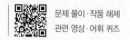
메밀꽃 필 무렵 | 이효석

✖ 전체 줄거리

발단

**허 생원,
충줏집에게 수작을
부리는 동이의
뺨을 때리다**

"충줏집 문을 들어서 술좌석에서 짜장 동이를 만났을 때에는 어찌 된 서슬엔지 발끈 화가 나 버렸다."

허 생원은 동이가 충줏집에게 수작을 부리는 것을 보고 동이의 뺨을 때린다. 허 생원이 동이를 야단친 후, 미안함을 느끼며 술을 마시고 있는데 동이가 허 생원에게 달려와 아이들이 나귀를 괴롭히고 있음을 알려 준다. 허 생원은 나귀를 괴롭히는 아이들을 쫓아낸다. 허 생원과 동이가 나귀 소동을 겪은 후 화해하고 함께 길을 떠난다.

전개

**허 생원,
성 서방네 처녀와의
추억을 이야기하다**

"달밤이었으나 어떻게 해서 그렇게 됐는지 지금 생각해두 도무지 알 수 없어."
"달밤에는 그런 이야기가 격에 맞거든."

허 생원과 조 선달, 동이는 봉평에서 대화를 향해 걸어간다. 장돌뱅이를 시작한 지 이십 년이 되었지만 봉평 장은 거의 빼놓지 않은 허 생원은 메밀꽃이 흐드러지게 핀 달밤의 낭만적인 정취를 느끼며 성 서방네 처녀와의 추억을 이야기한다.

절정

**동이,
자신의 성장 내력을
이야기하다**

"아비 어미란 말에 가슴이 터지는 것도 같았으나 제겐 아버지가 없어요. 피붙이라고는 어머니 하나뿐인걸요."
"웬걸요, 시원스리 말은 안 해 주나 봉평이라는 것만은 들었죠."

동이는 어머니 이야기를 하면서 자신의 성장 내력을 이야기한다. 동이는 아버지 얼굴을 본 적 없고 아버지가 있는 고장도 모르고 지내 왔으며 어머니의 친정이 봉평이라는 것만 들었다고 이야기한다. 이를 듣던 허 생원은 동이가 자신의 아들일 수도 있다는 생각을 하며 개울을 건너다 물에 빠진다.

결말

**허 생원,
동이가 자신과 같은
왼손잡이라는
점을 발견하다**

"허 생원도 요번만은 동이의 왼손잡이가 눈에 띄지 않을 수 없었다."

허 생원은 동이 등에 업혀 개울을 건너면서 모친에 대해 묻고, 동이에게 혈육의 정을 느낀다. 허 생원은 대화 장 다음에 제천으로 가겠다며 동이에게 동행할 것을 제안하고, 동이가 자신과 같은 왼손잡이라는 점을 발견한다.

✖ 시험에 꼭 나오는 핵심 장면

허 생원이 성 서방네 처녀와의 추억을 이야기하는 장면

(왜 자주 출제되는가?) 이 장면은 허 생원이 달밤에 산길을 걸으며 성 서 방네 처녀와의 추억을 이야기하는 장면이야. 메밀꽃이 흐드러지게 핀 달밤의 낭만적인 정취는 허 생원의 추억을 더욱 아름답게 보이도록 하지. 이 장면은 배경이 소설에서 중요한 역할을 한다는 것을 알게 해 준다는 점에서 시험에 자주 출제돼.

동이가 왼손잡이라는 사실이 드러나는 장면

(왜 자주 출제되는가?) 이 장면은 왼손잡이인 허 생원이 동이가 자신의 아 들이라는 생각을 굳히는 장면이야. 동이가 자신과 같은 왼손잡이인 것을 발견했기 때문이지. 하지만 왼손잡이는 유전이 되지 않기 때문 에 허 생원의 생각은 과학적인 사고라고는 할 수 없어. 하지만 허 생 원과 동이가 부자지간임을 암시하는 소설 속 장치라는 점에서 시험에 자주 출제돼.

🐾 간단 확인

■ 정답과 해설 2쪽

다음을 읽고 이 글의 내용과 일치하면 ◯, 일치하지 않으면 ✕를 표시해 보자.

1 동이는 자신의 뺨을 때린 허 생원에게 앙심을 품었다. ···································· (　　)
2 허 생원은 오래 전에 인연을 맺었던 성 서방네 처녀를 잊지 않았다. ·················· (　　)
3 동이는 자신의 아버지에 대해 상세하게 알고 있었다. ································· (　　)
4 허 생원은 동이가 자신과 같은 왼손잡이라는 점을 발견하였다. ···················· (　　)

메밀꽃 필 무렵

발단 — 전개 — 절정 — 결말

허 생원이 충줏집에게 수작을 부리는 동이의 뺨을 때렸지만, 동이는 아이들이 나귀를 괴롭힌다는 사실을 허 생원에게 알려 주고, 허 생원은 나귀를 괴롭히는 아이들을 쫓는 상황이다.

이효석(1907~1942)
일제 강점기의 소설가이다. 작품으로 「화분」, 「산」, 「장미 병들다」 등이 있다.

│작품 개관│
· **갈래:** 단편 소설, 순수 소설
· **성격:** 낭만적, 서정적
· **시점:** 전지적 작가 시점
· **배경:** 어느 여름날의 낮~밤, 봉평 장 및 대화 장으로 가는 산길

◆

각다귀 남의 것을 뜯어먹고 사는 사람을 비유적으로 이르는 말.
부락스럽다 '우악스럽다'의 방언.
개진개진 눈에 끈끈한 물기가 있는 모양.
굴레 말이나 소 따위를 부리기 위하여 머리와 목에서 고삐에 걸쳐 얽어매는 줄.
안장 말, 나귀 따위의 등에 얹어서 사람이 타기에 편리하도록 만든 도구.
앵돌아지다 노여워서 토라지다.

"생원 당나귀가 바를 끊구 야단이에요." / "각다귀들 장난이지, 필연코."

짐승도 짐승이려니와 동이의 마음씨가 가슴을 울렸다. 뒤를 따라 장판을 달음질하려니 거슴츠레한 눈이 뜨거워질 것 같다. / "㉠부락스런 녀석들이라 어쩌는 수 있어야죠."

"나귀를 몹시 구는 녀석들은 그냥 두지를 않을걸."

반평생을 같이 지내 온 짐승이었다. 같은 주막에서 잠자고, 같은 달빛에 젖으면서 장에서 장으로 걸어 다니는 동안에 이십 년의 세월이 사람과 짐승을 함께 늙게 하였다. 가스러진 목뒤털은 주인의 머리털과도 같이 바스러지고, 개진개진 젖은 눈은 주인의 눈과 같이 눈곱을 흘렸다. 몽당비처럼 짧게 쓸린 꼬리는 파리를 쫓으려고 기껏 휘저어 보아야 벌써 다리까지는 닿지 않았다. 닳아 없어진 굽을 몇 번이나 도려내고 새 철을 신겼는지 모른다. 굽은 벌써 더 자라나기는 틀렸고, 닳아 버린 철 사이로는 피가 빼짓이 흘렀다. 냄새만 맡고도 주인을 분간하였다. 호소하는 목소리로 야단스럽게 울며 반긴다.

어린아이를 달래듯이 목덜미를 어루만져 주니 나귀는 코를 벌름거리고 입을 투르르거렸다. 콧물이 튀었다. 허 생원은 짐승 때문에 속도 무던히도 썩었다. 아이들의 장난이 심한 눈치여서 땀 밴 몸뚱아리가 부들부들 떨리고 좀체 흥분이 식지 않는 모양이었다. 굴레가 벗어지고 안장도 떨어졌다. 요 몹쓸 자식들 하고 허 생원은 호령을 하였으나, 패들은 벌써 줄행랑을 놓은 뒤요, 몇 남지 않은 아이들이 호령에 놀라 비슬비슬 멀어졌다.

"우리들 장난이 아니우. 암놈을 보고 저 혼자 발광이지."

코흘리개 한 녀석이 멀리서 소리를 쳤다. / "고 녀석, 말투가 ……."

"김 첨지 당나귀가 가 버리니까 왼통 흙을 차고 거품을 흘리면서 미친 소같이 날뛰는 걸 꼴이 우스워 우리는 보고만 있었다우. 배를 좀 보지."

아이는 앵돌아진 투로 소리를 치며 깔깔 웃었다. 허 생원은 모르는 결에 낯이 뜨거워졌다. 뭇 시선을 막으려고 그는 짐승의 배 앞을 가리어 서지 않으면 안 되었다.

"늙은 주제에 암 샘을 내는 셈야. 저놈의 짐승이."

아이의 웃음소리에 허 생원은 주춤하면서 기어이 견딜 수 없어 채찍을 들더니 아이를 쫓았다.

"쫓으려거든 쫓아 보지. 왼손잡이가 사람을 때려."

줄달음에 달아나는 각다귀에는 당하는 재주가 없었다. 왼손잡이는 아이 하나도 후릴 수 없다. 그만 채찍을 던졌다. 술기도 돌아 몸이 유난스럽게 화끈거렸다.

"그만 떠나세. 녀석들과 어울리다가는 한이 없어. 장판의 각다귀들이란 어른보다도 더 무서운 것들인걸."

조 선달과 동이는 각각 제 나귀에 안장을 얹고 짐을 싣기 시작하였다. 해가 꽤 많이 기울어진 모양이었다.

드팀전 장돌이를 시작한 지 이십 년이나 되어도 허 생원은 봉평 장을 빼논 적은 드물었다.

윗글의 내용과 일치하는 것은?

① 조 선달은 허 생원에게 나귀의 상황을 알려 주었다.

② 허 생원은 장난을 치던 아이들을 붙잡아 혼을 내 주었다.

③ 아이들은 허 생원을 괴롭히기 위해 그의 나귀를 괴롭혔다.

④ 허 생원은 나귀의 상황을 알려 준 동이에게 고마움을 느꼈다.

⑤ 아이들은 허 생원의 채찍질에도 불구하고 계속 나귀를 괴롭혔다.

〈보기〉를 참고하여 윗글을 이해한 내용으로 적절한 것은?

〈보기〉

이 작품에서 볼품없는 외모의 허 생원은 장터 술집의 충줏집이라는 여성에게 관심을 가지면서도, 그러한 자신의 모습을 부끄러워하기도 한다. 허 생원의 당나귀도 허 생원과 비슷한 모습을 보이는데, 이러한 점에서 이 작품에 등장하는 당나귀는 고된 삶을 살아가는 허 생원의 동반자이자 허 생원의 모습과 동일시되는 존재라고 할 수 있다.

① 동이와 아이들은 당나귀의 볼품없는 모습이 허 생원과 닮았다고 생각하였군.

② 동이는 암놈을 보고 발광을 하는 당나귀가 허 생원의 모습과 비슷하다고 여겼군.

③ 동이는 허 생원이 충줏집에게 관심을 갖는 것이 늙은 주제에 암 샘을 내는 것이라고 생각하고 있군.

④ 허 생원이 당나귀의 배를 가리는 것은 자신의 모습을 부끄러워하지 않겠다는 강한 의지의 표현이겠군.

⑤ 당나귀를 놀리는 말에 허 생원의 낯이 뜨거워진 것은 당나귀에게서 자신의 모습을 떠올렸기 때문이겠군.

㉠의 상황을 나타내는 한자 성어로 가장 적절한 것은?

① 속수무책(束手無策)

② 아전인수(我田引水)

③ 오리무중(五里霧中)

④ 형설지공(螢雪之功)

⑤ 주마간산(走馬看山)

속담·한자 성어 익히기

• **속수무책** 손을 묶은 것처럼 어찌할 도리가 없어 꼼짝 못 함.

• **아전인수** 자기에게만 이롭게 되도록 생각하거나 행동함을 이르는 말.

• **오리무중** 무슨 일에 대하여 방향이나 갈피를 잡을 수 없음을 이르는 말.

• **형설지공** 고생을 하면서 부지런하고 꾸준하게 공부하는 자세를 이르는 말.

• **주마간산** 자세히 살피지 아니하고 대충대충 보고 지나감을 이르는 말.

발단 — 전개 — 절정 — 결말

허 생원이 봉평에서 성 서방네 처녀와 있었던 단 한 번의 인연을 이야기하는 상황이다.

허 생원은 오늘 밤도 또 ㉠그 이야기를 끄집어내려는 것이다. 조 선달은 친구가 된 이래 귀에 못이 박히도록 들어 왔다. 그렇다고 싫증을 낼 수도 없었으나 허 생원은 시치미를 떼고 되풀이할 대로는 되풀이하고야 말았다.

"㉡달밤에는 그런 이야기가 격에 맞거든."

조 선달 편을 바라는 보았으나 물론 미안해서가 아니라 달빛에 감동하여서였다. 이지러는 졌으나 보름을 가제 지난 달은 부드러운 빛을 흐붓이 흘리고 있다. 대화까지는 칠십 리의 밤길, 고개를 둘이나 넘고 개울을 하나 건너고 벌판과 산길을 걸어야 된다. 달은 지금 긴 산허리에 걸려 있다. 밤중을 지난 무렵인지 죽은 듯이 고요한 속에서 짐승 같은 달의 숨소리가 손에 잡힐 듯이 들리며, 콩 포기와 옥수수 잎새가 한층 달에 푸르게 젖었다. 산허리는 온통 메밀밭이어서 피기 시작한 꽃이 소금을 뿌린 듯이 흐붓한 달빛에 숨이 막힐 지경이다. 붉은 대궁이 향기같이 애잔하고 나귀들의 걸음도 시원하다. 길이 좁은 까닭에 세 사람은 나귀를 타고 외줄로 늘어섰다. 방울 소리가 시원스럽게 딸랑딸랑 메밀밭께로 흘러간다. 앞장선 허 생원의 이야기 소리는 꽁무니에 선 동이에게는 확적히는 안 들렸으나, 그는 그대로 개운한 제멋에 적적하지는 않았다.

"장 선 꼭 이런 날 밤이었네. 객줏집 토방이란 무더워서 잠이 들어야지. 밤중은 돼서 혼자 일어나 개울가에 목욕하러 나갔지. 봉평은 지금이나 그제나 마찬가지지. 보이는 곳마다 메밀밭이어서 개울가에 어디 없이 하얀 꽃이야. 돌밭에 벗어도 좋을 것을, 달이 너무도 밝은 까닭에 옷을 벗으러 물방앗간으로 들어가지 않았나. 이상한 일도 많지. 거기서 난데없는 성 서방네 처녀와 마주쳤단 말이네. 봉평서야 제일가는 일색이었지."

"팔자에 있었나 부지."

아무렴 하고 응답하면서 말머리를 아끼는 듯이 한참이나 담배를 빨 뿐이었다. 구수한 자줏빛 연기가 밤기운 속에 흘러서는 녹았다.

"날 기다린 것은 아니었으나 그렇다고 달리 기다리는 놈팽이가 있는 것두 아니었네. 처녀는 울고 있단 말야. 짐작은 대고 있었으나 성 서방네는 한창 어려워서 들고날 판인 때였지. 한집안 일이니 딸에겐들 걱정이 없을 리 있겠나. 좋은 데만 있으면 시집도 보내련만 시집은 죽어도 싫다지…… 그러나 처녀란 울 때같이 정을 끄는 때가 있을까. 처음에는 놀라기도 한 눈치였으나 걱정 있을 때는 누그러지기도 쉬운 듯해서 이럭저럭 이야기가 되었네…… 생각하면 무섭고도 기막힌 밤이었어."

"제천인지로 줄행랑을 놓은 건 그 다음 날이렷다?"

"다음 장도막에는 벌써 온 집안이 사라진 뒤였네. 장판은 소문에 발끈 뒤집혀 고작해야 술집에 팔려가기가 상수라고 처녀의 뒷공론이 자자들 하단 말이야. 제천 장판을 몇 번이나 뒤졌겠나. 허나 처녀의 꼴은 꿩 궈 먹은 자리야. 첫날밤이 마지막 밤이었지. 그때부터 봉평이 마음에 든 것이 반평생을 두고 다니게 되었네. 평생인들 잊을 수 있겠나."

"수 좋았지. 그렇게 신통한 일이란 쉽지 않아. 항용 못난 것 얻어 새끼 낳고, 걱정 늘고

◆ **흐붓이** 넉넉하고 푸근하게.
대궁이 '식물의 줄기'의 방언.
객줏집 예전에, 길 가는 나그네들에게 술이나 음식을 팔고 손님을 재우는 영업을 하던 집.
일색 뛰어난 미인.
장도막 한 장날로부터 다음 장날 사이의 동안을 세는 단위.
상수 자연으로 정하여진 운명.
꿩 구워 먹은 자리 어떠한 일의 흔적이 전혀 없음을 비유적으로 이르는 말.
항용 흔히 늘.
전방 물건을 늘어놓고 파는 가게.

생각만 해두 진저리나지……. 그러나 늘그막바지까지 장돌뱅이로 지내기도 힘드는 노릇 아닌가? 난 가을까지만 하구 이 생애와두 하직하려네. 대화쯤에 조그만 전방이나 하나 벌이구 식구들을 부르겠어. 사시장철 뚜벅뚜벅 걷기란 여간이래야지.”

4 윗글의 내용을 확인하기 위해 한 질문 내용으로 적절하지 <u>않은</u> 것은?

① 허 생원이 물방앗간에 들어간 이유는 무엇인가?
② 조 선달이 장돌뱅이를 그만두려고 하는 이유는 무엇인가?
③ 허 생원이 반평생이 지나도록 봉평에 다니게 된 이유는 무엇인가?
④ 허 생원이 밤중에 혼자 일어나 개울가에 목욕하러 간 이유는 무엇인가?
⑤ 성 서방네 처녀가 달밤에 물방앗간에서 허 생원을 기다린 이유는 무엇인가?

5 ㉠에 담긴 내용으로 적절한 것은?

① 허 생원이 평생 잊지 못하는 추억
② 허 생원이 봉평을 멀리하게 된 이유
③ 허 생원이 동이에게 질투를 느꼈던 이유
④ 허 생원이 조 선달에게 미안해하는 이유
⑤ 허 생원과 조 선달이 가까워지게 된 계기

6 ㉡에 대한 설명으로 적절하지 <u>않은</u> 것은?

① 낭만적인 분위기를 조성한다.
② 향토적인 서정성을 부각한다.
③ 허 생원이 과거의 추억을 떠올리게 한다.
④ 허 생원과 성 서방네 처녀가 이별할 것을 암시한다.
⑤ 메밀꽃이 핀 풍경과 어우러져 허 생원의 추억을 아름답게 만든다.

개념➕ 소설의 배경
• 개념: 행위나 사건이 일어나는 시간과 장소와 같은 구체적인 정황을 말함.
• 특징
– 인물의 행동과 사건을 생생하고 사실적으로 보이게 함.
– 작품의 분위기를 조성하거나 주제를 드러내는 역할을 함.
– 인물의 심리 상태와 사건의 전개를 암시하는 역할을 함.

발단 — 전개 — 절정 — 결말

허 생원이 동이에게 업혀 개울을 건넌 후 동이가 자신과 같은 왼손잡이임을 발견하는 상황이다.

물은 깊어 허리까지 찼다. 속 물살도 어지간히 센 데다가 발에 채이는 돌멩이도 미끄러워 금시에 훌칠 듯하였다. ㉠나귀와 조 선달은 재빨리 거의 건넜으나 동이는 허 생원을 붙드느라고 두 사람은 훨씬 떨어졌다.

"모친의 친정은 원래부터 제천이었던가?"

"웬걸요, 시원스리 말은 안 해 주나 봉평이라는 것만은 들었죠."

"봉평? 그래 그 아비 성은 무엇인구?" / "알 수 있나요. 도무지 듣지를 못했으니까."

"그, 그렇겠지." / 하고 중얼거리며 흐려지는 눈을 까물까물하다가 ㉡허 생원은 경망하게도 발을 빗디디었다. 앞으로 고꾸라지기가 바쁘게 몸째 풍덩 빠져 버렸다. 허비적거릴수록 몸을 걷잡을 수 없어 동이가 소리를 치며 가까이 왔을 때에는 벌써 퍽이나 흘렀었다. 옷째 쫄딱 젖으니 물에 젖은 개보다도 참혹한 꼴이었다. 동이는 물속에서 어른을 해깝게 업을 수 있었다. 젖었다고는 하여도 여윈 몸이라 장정 등에는 오히려 가벼웠다.

"이렇게까지 해서 안됐네. 내 오늘은 정신이 빠진 모양이야."

"염려하실 것 없어요."

㉢"그래 모친은 아비를 찾지는 않는 눈치지?"

"늘 한번 만나고 싶다고는 하는데요." / "지금 어디 계신가?"

"의부와도 갈라져 제천에 있죠. 가을에는 봉평에 모셔 오려고 생각 중인데요. 이를 물고 벌면 이럭저럭 살아갈 수 있겠죠." / "아무렴, 기특한 생각이야. 가을이렷다?"

㉣동이의 탑탁한 등허리가 뼈에 사무쳐 따뜻하다. 물을 다 건넜을 때에는 도리어 서글픈 생각에 좀 더 업혔으면도 하였다.

"진종일 실수만 하니 웬일이오, 생원."

조 선달은 바라보며 기어코 웃음이 터졌다.

"나귀야. 나귀 생각하다 실족을 했어. 말 안 했던가. 저 꼴에 제법 새끼를 얻었단 말이지. 읍내 강릉집 피마에게 말일세. 귀를 종긋 세우고 달랑달랑 뛰는 것이 나귀 새끼같이 귀여운 것이 있을까. 그것 보러 나는 일부러 읍내를 도는 때가 있다네."

"사람을 물에 빠치울 젠 딴은 대단한 나귀 새끼군."

허 생원은 젖은 옷을 웬만큼 짜서 입었다. 이가 덜덜 갈리고 가슴이 떨리며 몹시도 추웠으나 마음은 알 수 없이 둥실둥실 가벼웠다.

"주막까지 부지런히들 가세나. 뜰에 불을 피우고 훗훗이 쉬어. 나귀에겐 더운물을 끓여 주고. 내일 대화 장 보고는 제천이다."

㉤"생원도 제천으로?" / "오래간만에 가 보고 싶어. 동행하려나, 동이?"

나귀가 걷기 시작하였을 때 동이의 채찍은 왼손에 있었다. 오랫동안 아둑시니같이 눈이 어둡던 허 생원도 요번만은 동이의 왼손잡이가 눈에 띄지 않을 수 없었다.

걸음도 가깝고 방울 소리가 밤 벌판에 한층 청청하게 울렸다.

달이 어지간히 기울어졌다.

경망하다 행동이나 말이 가볍고 조심성이 없다.
해깝다 '가볍다'의 방언.
실족 발을 헛디딤.
피마 다 자란 암말.
아둑시니 '눈이 어두워서 사물을 제대로 분간하지 못하는 사람'을 뜻하는 방언.

7 윗글의 결말 처리 방식에 대한 설명으로 적절한 것은?

① 비극적 결말을 통해 독자들의 슬픔을 자아내고 있다.

② 허 생원의 어리석은 생각을 부각함으로써 웃음을 자아내고 있다.

③ 행복한 결말을 통해 허 생원과 동이의 밝은 미래를 보여 주고 있다.

④ 갈등이 완전히 해소되어 인물들의 운명이 결정되었음을 보여 주고 있다.

⑤ 결말 이후의 내용을 독자의 상상에 맡김으로써 여운의 미를 드러내고 있다.

8 〈보기〉의 질문에 대한 답으로 가장 적절한 것은?

> 〈보기〉
>
> 왼손잡이인 허 생원이 동이도 자신과 마찬가지로 왼손잡이라는 사실에 주목하는 까닭은 무엇일까요?

① 동이를 무시하던 자신의 태도를 부끄럽게 여겼기 때문입니다.

② 물에 빠진 자신을 도와준 동이에게 고마움을 느꼈기 때문입니다.

③ 동이가 자신의 아들일 수도 있다는 생각을 하고 있기 때문입니다.

④ 동이를 자신의 양아들로 삼았으면 좋겠다고 생각했기 때문입니다.

⑤ 동이도 자신과 같은 처지라는 사실에 연민을 느끼고 있기 때문입니다.

9 ㉠~㉤에 대한 설명으로 적절하지 않은 것은?

① ㉠: 허 생원과 동이가 둘만의 이야기를 나누는 계기가 된다.

② ㉡: 놀란 허 생원의 심리가 드러난다.

③ ㉢: 동이의 어머니를 원망하는 허 생원의 태도가 드러난다.

④ ㉣: 허 생원이 동이에게서 혈육의 정을 느끼고 있음을 알 수 있다.

⑤ ㉤: 조 선달은 허 생원이 제천으로 가는 것을 의아하게 생각하고 있다.

인물의 특징

1 주요 등장인물의 특징을 다음과 같이 정리할 때, 빈칸에 들어갈 내용을 써 보자.

허 생원

순박하고 숫기가 없으며 소심하지만 성 서방네 처녀와의 (　　　　　)을 소중하게 생각함.

동이

젊은 혈기를 가지고 있지만 순수하며 (　　　　　)에 대한 효심이 깊고, 어른을 공경함.

조 선달

같은 이야기도 끝까지 잘 들어주고 맞춰 줄 정도로 성품이 원만함.

인물의 심리

2 동이에 대한 허 생원의 심리가 어떻게 변화하는지 살펴보고 빈칸에 들어갈 내용을 써 보자.

충줏집과 농탕치는 동이를 보고 동이의 뺨을 때림.	----	동이에게 질투와 분노를 느낌.

▼

아이들이 (　　　　　)를 괴롭힌다는 사실을 동이가 알려 줌.	----	동이에 대한 반감이 해소됨.

▼

동이가 살아온 이야기를 들음.	----	동이가 자신의 (　　　　　)일 수도 있다는 생각을 함.

▼

동이의 어머니가 살고 있는 제천으로 향하기로 결심함.	----	동이가 자신의 아들인지 확인하고 싶음.

소설의 주제

3 이 소설의 배경이 지닌 의미를 바탕으로 주제를 파악하여 빈칸에 들어갈 내용을 써 보자.

낮의 장터	사실적인 장터의 풍경 묘사와 인물 간의 갈등이 심화되는 모습을 통해 장돌뱅이의 고된 삶을 부각함.		
메밀꽃이 핀 (　　　　　)	서정적이고 낭만적인 분위기를 형성하고, 허 생원이 과거 추억을 회상하는 데 필연성을 부여함으로써 허 생원과 동이의 관계를 짐작하게 함.	**주제**	(　　　　　)의 삶의 애환과 인간 본연의 애정
개울	허 생원과 동이 둘만의 대화를 통해 허 생원이 동이에게 (　　　　　)의 정을 느끼게 함.		

장돌뱅이의 역할

이 작품은 봉평에서 대화에 이르는 산길을 배경으로 하여, 장돌뱅이의 삶의 애환과 인간 본연의 애정에 대한 이야기를 담고 있습니다. 여기에서 장돌뱅이는 여러 장으로 돌아다니면서 물건을 파는 장수를 이르는 말입니다.

지금은 슈퍼나 대형 마트, 인터넷 등에서 원하는 물건을 언제든 살 수 있지만 예전에는 그렇지 못했습니다. 삼국 시대에는 시장에서 주로 물건과 물건을 맞바꾸는 물물 교환이 이루어졌고, 고려 시대와 조선 전기에도 시장이 있긴 하였으나, 5일마다 열리는 사설 시장인 장시가 본격적으로 발달한 것은 조선 후기였습니다. 장시에서는 다양한 부류의 상인들이 활동했었는데, 특히 그중 보부상은 장날에 맞추어 여러 지역을 돌아다니며 물건을 팔았기 때문에 장을 돌아다니는 사람이라는 뜻으로 '장돌뱅이'라고도 불렸습니다. 여러 지역으로 돌아다니다 보면 산적이나 맹수를 만나는 등 위험한 상황에 처하는 경우가 있었기 때문에 보부상들은 보통 3~5명 정도가 함께 다니는 경우가 많았습니다. 이러한 보부상은 상설 점포가 거의 없는 지방의 장시에서 상품을 유통하는 데 주도적인 역할을 했고, 도시의 시장과 농촌의 시장을 연결해 주는 매개의 역할도 함으로써 상품 유통을 활성화하는 데에 큰 기여를 하였습니다.

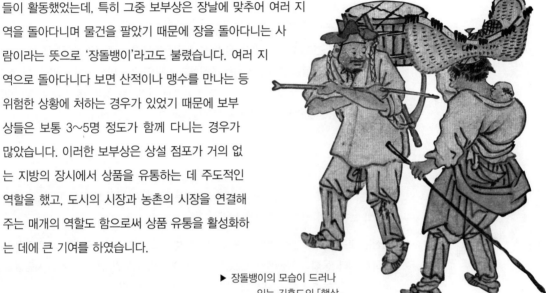

▶ 장돌뱅이의 모습이 드러나 있는 김홍도의 「행상」

자신이 허 생원의 입장이라면 동이를 만나기 전후로 어떻게 행동하였을지 생각해 보자.

02 상록수 | 심훈

문제 풀이·작품 해제
관련 영상·어휘 퀴즈

✿ 전체 줄거리

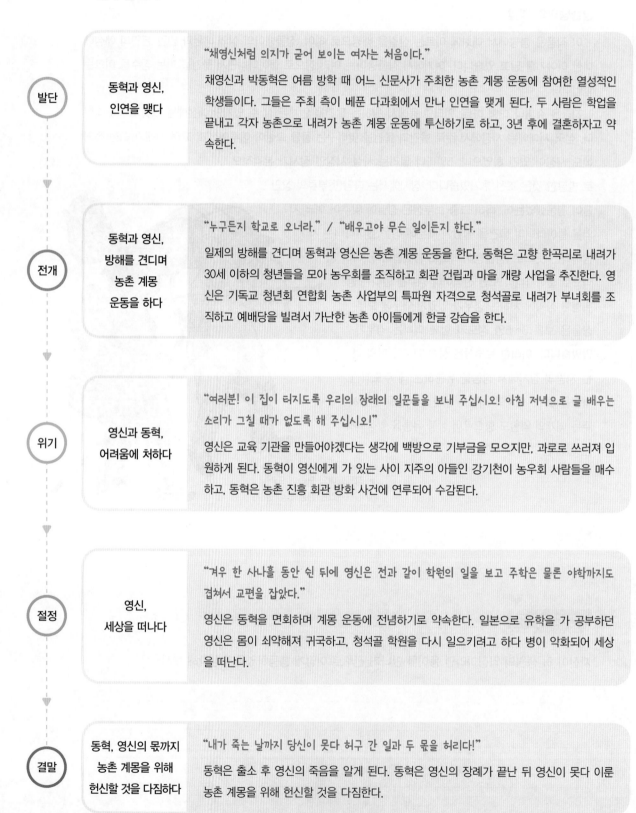

발단

동혁과 영신, 인연을 맺다

"채영신처럼 의지가 굳어 보이는 여자는 처음이다."

채영신과 박동혁은 여름 방학 때 어느 신문사가 주최한 농촌 계몽 운동에 참여한 열성적인 학생들이다. 그들은 주최 측이 베푼 다과회에서 만나 인연을 맺게 된다. 두 사람은 학업을 끝내고 각자 농촌으로 내려가 농촌 계몽 운동에 투신하기로 하고, 3년 후에 결혼하자고 약속한다.

전개

동혁과 영신, 방해를 견디며 농촌 계몽 운동을 하다

"누구든지 학교로 오너라." / "배우고야 무슨 일이든지 한다."

일제의 방해를 견디며 동혁과 영신은 농촌 계몽 운동을 한다. 동혁은 고향 한곡리로 내려가 30세 이하의 청년들을 모아 농우회를 조직하고 회관 건립과 마을 개량 사업을 추진한다. 영신은 기독교 청년회 연합회 농촌 사업부의 특파원 자격으로 청석골로 내려가 부녀회를 조직하고 예배당을 빌려서 가난한 농촌 아이들에게 한글 강습을 한다.

위기

영신과 동혁, 어려움에 처하다

"여러분! 이 집이 터지도록 우리의 장래의 일꾼들을 보내 주십시오! 아침 저녁으로 글 배우는 소리가 그칠 때가 없도록 해 주십시오!"

영신은 교육 기관을 만들어야겠다는 생각에 백방으로 기부금을 모으지만, 과로로 쓰러져 입원하게 된다. 동혁이 영신에게 가 있는 사이 지주의 아들인 강기천이 농우회 사람들을 매수하고, 동혁은 농촌 진흥 회관 방화 사건에 연루되어 수감된다.

절정

영신, 세상을 떠나다

"겨우 한 사나흘 동안 쉰 뒤에 영신은 전과 같이 학원의 일을 보고 주학은 물론 야학까지도 겹쳐서 교편을 잡았다."

영신은 동혁을 면회하며 계몽 운동에 전념하기로 약속한다. 일본으로 유학을 가 공부하던 영신은 몸이 쇠약해져 귀국하고, 청석골 학원을 다시 일으키려고 하다 병이 악화되어 세상을 떠난다.

결말

동혁, 영신의 몫까지 농촌 계몽을 위해 헌신할 것을 다짐하다

"내가 죽는 날까지 당신이 못다 허구 간 일과 두 몫을 허리다!"

동혁은 출소 후 영신의 죽음을 알게 된다. 동혁은 영신의 장례가 끝난 뒤 영신이 못다 이룬 농촌 계몽을 위해 헌신할 것을 다짐한다.

🎬 시험에 꼭 나오는 핵심 장면

아이들이 글을 깨우치자 영신이 기쁨을 느끼는 장면

(왜 자주 출제되는가?) 이 장면은 영신이 글을 깨우치기 시작한 아이들을 보며 기쁨을 느끼는 장면이야. 1930년대 농촌의 열악한 환경 속에서도 영신은 계몽의 의지와 독립의 희망을 놓지 않고 헌신적으로 행동해. 비록 비좁고 후락한 예배당이지만 찾아온 아이들이 한글을 깨치는 모습을 보며 영신은 기쁨과 보람을 느끼지. 이 장면은 앞으로 있을 사건의 전제가 되며, 영신이 이 작품의 제목인 '상록수'의 의미를 형상화하고 있다는 점에서 시험에 자주 출제돼.

영신이 창 앞턱에 칠판을 놓고 수업하는 장면

(왜 자주 출제되는가?) 이 장면은 "배우고야 무슨 일이든지 한다."라는 말과 함께 「상록수」에서 가장 널리 알려진 장면이야. 일제의 탄압에 못 이겨 아이들을 예배당 밖으로 쫓아내고 괴로워하던 영신이 아이들과 함께 수업하는 모습은 큰 감동을 주지. 이 장면은 심훈의 작가적 의식이 뚜렷하게 드러나는 장면으로, 표면적으로는 아이들과의 갈등 해소를 보여 주고 이면적으로는 작품의 주제인 독립을 향한 의지를 보여 준다는 점에서 시험에 자주 출제돼.

간단 확인

■ 정답과 해설 3쪽

다음을 읽고 이 글의 내용과 일치하면 ○, 일치하지 않으면 ✕를 표시해 보자.

1 영신과 동혁은 농촌 계몽 운동을 열심히 하였다. ··· (　)
2 동혁은 고향에 내려가 마을 개량 사업을 추진하고, 영신은 청석골로 내려가 한글 강습을 하였다. ··········· (　)
3 영신은 수감된 동혁의 억울함을 풀어 주기 위해 백방으로 노력하다가 몸이 쇠약해져 쓰러졌다. ··········· (　)
4 동혁은 영신의 죽음에 상심하여 영신과 함께하던 농촌 계몽 운동을 포기하였다. ··················· (　)

상록수

발단 -전개- 위기 - 절정 - 결말

주재소 주임이 한글 강습소 인원을 팔십 명으로 제한할 것을 통보하자, 차마 아이들을 쫓아낼 수 없는 영신이 갈등하는 상황이다.

심훈(1901~1936)
일제 강점기 소설가이자 시인이다. 시 「그날이 오면」, 편지글 「옥중에서 어머니께 올리는 글월」 등을 남겼다.

│작품 개관│
· 갈래: 장편 소설. 농촌 계몽 소설
· 성격: 계몽적, 사실적, 실천적
· 시점: 전지적 작가 시점
· 배경: 일제 강점기, 청석골 (농촌 마을)

◆
노상 한 모양으로 줄곧. 언제나 늘.
주재소 일제 강점기에, 순사가 머무르면서 사무를 맡아보던 경찰의 말단 기관.
출두 어떤 곳에 몸소 나감.
신작로 옛날의 길에 대하여, 차가 다닐 수 있는 '새로운 길'을 이르는 말.
저촉 법률이나 규칙 따위에 위반되거나 어긋남.
을러메다 위협적인 언동으로 을러서 남을 억누르다.

그러다가 어느 날 저녁때였다. 영신의 신변을 노상 주목하고 다니던 순사가 나와서 다짜고짜,

"주임이 당신을 보자는데, 내일 아침까지 주재소로 출두를 하시오."

하고 한마디를 이르고는 말대답을 들을 사이도 없이 자전거를 되짚어 타고 가 버렸다.

'무슨 일로 호출을 할까?'

'강습소 기부금은 오백 원까지 모집을 해도 좋다고, 허가를 해 주지 않았는가.'

영신은 일이 손에 잡히지 않았다. 웬만한 일 같으면 출장 나온 순사에게 통지만 해도 그만일 텐데, 일부러 몇 십 리 밖에서 호출까지 하는 것은 무슨 까닭이 붙은 일인지 도무지 알 수가 없었다.

영신이 처음 내려오던 해부터 이 일 저 일에 줄곧 간섭을 받아 왔지만, 강습소 일이나 부인 친목계며 그 밖에 하는 일을 잘 양해를 시켜 오던 터라, 더욱 의심이 나지 않을 수 없었다.

별별 생각이 다 나서 영신은 그날 밤 잠을 잘 자지 못하고, 이튿날 새벽밥을 지어 달래서 먹고 길을 떠났다. 이십 리는 평탄한 신작로지만 나머지는 가파른 고개를 넘느라고 발이 부르트고 속옷은 땀에 젖었다.

…… 영신과 주재소 주임 사이에 주고받은 대화나 그 밖의 이야기는 기록하지 않는다. 그러나 호출한 요령만 따서 말하면,

[A] '첫째는 예배당이 좁고 후락해서 위험하니 아동을 팔십 명 이외에는 한 사람도 더 받지 말라는 것과, 둘째는 기부금을 내라고 돌아다니며 너무 강제 비슷이 청하면 법률에 ㉠저촉이 된다.'

는 것을 단단히 주의시키는 것이었다. 영신은 여러 가지로 변명도 하고, 오는 아이들을 아니 받을 수 없다고 사정사정하였으나,

"상부의 명령이니까 말을 듣지 아니하면 강습소를 폐쇄시키겠다."

하고 을러메어서 영신은 하는 수 없이 입술을 깨물고 주재소 문밖을 나왔다.

그는 아픈 다리를 간신히 끌고 돌아와서 저녁도 아니 먹고 그날 밤을 꼬박 새우다시피 하였다. / '참자! 이보다 더한 것도 참아 왔는데, 이만한 일이야 참지 못하랴.'

하면서도, 좀 더 시원하게 들이대지를 못하고 온 것이 종시 분하였다. 그러나 혈기를 참지 못하고 떠들었다가는 제한받은 수효의 아이들마저 가르치지 못하게 될 것을 생각하고 꿀꺽 참았던 것이다. 아무튼 어길 수 없는 명령이매, 내일부터 일백사십여 명 중에서 팔십 명만 남기고 나머지는 쫓아내야 한다. 제 손으로 쫓아내야만 한다.

"난 못 하겠다. 차라리 예배당 문에 못질을 하는 한이 있더라도 내 손으로 차마 그 노릇은 못 하겠다."

하고 영신은 부르짖으며 방바닥에 가 쓰러져 버렸다. 한참 동안이나 엎치락뒤치락하며 홀로 고민을 하였다.

1 윗글을 통해 짐작할 수 있는 당시의 시대 상황으로 알맞지 <u>않은</u> 것은?

① 순사가 사람들을 감시하였다.

② 정규 교육을 받지 못하는 아이들이 많았다.

③ 문맹 퇴치를 위해 헌신하는 사람들이 있었다.

④ 일제는 한글 강습을 탐탁하지 않게 생각하였다.

⑤ 일제는 교육보다 아이들의 안전을 더 중시하였다.

◆
퇴치 물리쳐서 아주 없애 버
림.

 2 〈보기〉를 참고하여 [A]에 담긴 주임의 의도를 이해한 내용으로 가장 적절한 것은?

> 보기
>
> 1930년대에는 일제의 민족 말살 정책으로 한글 교육이 억압되고 우리 민족에 대한 수탈이
> 강화되었으며 농촌의 삶 또한 고달파졌다. 이에 지식인들은 민족의 정신을 살리고 나아가 일제
> 로부터 독립하기 위한 발판을 마련하고자 농촌 계몽 운동에 힘쓴다. 농촌 계몽 운동은 러시아
> 에서 시작된 브나로드 운동에 영향을 받은 것으로, 학생이나 학식 있는 지도자들로 구성된 단
> 체가 농민을 대상으로 하여 교양을 기르고 사상을 깨우치며 생활을 개선하도록 하는 운동이다.

① 우리나라 지도자들의 종교 활동을 금지하고자 한다.

② 좁고 낡은 건물을 고쳐 농촌 생활 환경을 개선하려고 한다.

③ 강습소 정원을 제한하여 농촌 계몽 운동을 탄압하려고 한다.

④ 농촌 아이들의 미래를 염려하여 도울 수 있는 방안을 찾고자 한다.

⑤ 농촌 사람들을 강제로 교육시키는 것의 문제점을 지적하고자 한다.

◆
탄압 권력이나 무력 따위로
억지로 눌러 꼼짝 못 하게 함.

 3 ㉠을 다른 말로 바꿀 때, 적절하지 <u>않은</u> 것은?

① 걸린다

② 맞닿는다

③ 위배된다

④ 어긋난다

⑤ 위반된다

개념＋유의어

• **개념**: 말소리는 다르지만
의미가 서로 비슷한 단어

• **특징**: 우리말에는 유의어
가 풍부하게 발달되어 있
으며, 이러한 단어들을 활
용하면 풍요로운 문장 생
활을 영위할 수 있음.

발단 - **전개** - 위기 - 절정 - 결말

영신이 정원 팔십 명 외의 아이들에게 공부를 시킬 수 없다고 말하자, 금 밖의 아이들이 공부하고 싶은 마음에 교단 위로 몰려드는 상황이다.

영신은 입술만 떨며 얼른 말을 꺼내지 못하고 섰다. ㉠사제 간의 정을 한칼로 베어 내는 것 같은 마룻바닥에 그어 놓은 금을 내려다보고, 그 금 밖에 오십여 명 아동이 옹기종기 모여 앉아서, ㉡무슨 무서운 선고나 내리기를 기다리는 듯한 그 천진한 얼굴들을 바라볼 때, 영신은 눈시울이 뜨끈해지며 목이 막혀서 말을 꺼낼 수가 없다. 한참 만에야 그는 용기를 내었다. 그러다가 풀이 죽은 목소리로,

"여러 학생들 조용히 들어요. 오늘은 선생님이 차마 하기 어려운 섭섭한 말을 할 텐데……." / 하고 나서 다시 주저하다가,

"저…… 금 밖에 앉은 아이들은 오늘부터 공부를…… 시킬 수가…… 없게 됐어요!"

하였다. ㉢청천의 벽력은 무심한 어린이들의 머리 위에 떨어졌다. 깜박깜박하고 선생을 쳐다보던 수없는 ㉣눈들이 모두 꽈리처럼 똥그래졌다.

"왜요? 선생님, 왜 글을 안 가르쳐 주신대요?"

그중에 머리가 좀 굵은 아이가 발딱 일어나며 질문을 한다.

영신은 순순히 타이르듯이 집이 좁아서 팔십 명밖에는 더 가르칠 수가 없게 되었다며 올 가을에 새 집을 지으면, 꼭 잊어버리지 않고 한 사람도 빼놓지 않고 불러 주마고 빌다시피 하였다.

"그럼 이때까지는 이 좁은 데서 어떻게 가르쳐 주셨어요?"

이번엔 제법 목소리가 팬 남학생의 질문이 들어왔다. 영신은 ㉤화살이나 맞은 듯이 가슴 한복판이 뜨끔하였다. 그 말대답을 못 하고, 머리가 핑 내둘려서 이마를 짚고 섰는데 금 밖에 앉았던 아이들은 하나둘 앉은 채 엉금엉금 기어서, 혹은 살금살금 뭉치면서 금 안으로 밀려 들어오다가,

"선생님! 선생님!"

하고 연거푸 부르더니, 와르르 교단 위까지 뛰어오른다.

영신은 오십여 명이나 되는 아이들에게 에워싸였다.

"선생님!" / "선생님!"

"전 벌써 왔어요."

"뒷간에 갔다가 쪼금 늦게 왔는데요."

"선생님, 난 막둥이보다도 먼저 온 걸 차순이도 봤어요."

"선생님, 내일부터 일찍 올게요. 선생님보다도 일찍 올게요."

"선생님, 저 좀 보세요. 절 좀 보세요! 이젠 아침도 안 먹고 올게 가라고 그러지 마세요. 네, 네?"

아이들은 엎드러지며 고꾸라지며 앞을 다투어 교단 위로 올라와서, 등을 밀려 넘어지는 아이에, 발등을 밟히고 우는 아이에, 가뜩이나 머리가 횡한 영신은 정신이 아찔아찔해서, 강도상 모서리를 잡고 간신히 서 있다. 제 몸뚱이로 버티고 선 것이 아니라, 아이들에게 포위를 당해서, 쓰러지려는 몸이 억지로 떠받들려 있는 것이다.

◆
선고 선언하여 널리 알림.
청천의 벽력 맑게 갠 하늘에서 치는 날벼락이라는 뜻으로, 뜻밖에 일어난 큰 변고나 사건을 비유적으로 이르는 말.
꽈리 가짓과의 여러해살이 풀. 열매가 둥글고 붉다.
패다 사내아이의 목소리가 변성기를 지나 깊고 굵게 되다.
에워싸이다 둘레를 빙 둘러 싸이다.
횡하다 놀라거나 피곤하거나 또는 머리가 어지러워서 정신을 못 차릴 정도로 머리가 띵하다.
강도상 교회에서 설교를 하는 대.

4 윗글에 드러난 갈등의 양상으로 가장 적절한 것은?

① 공부를 할 수 없는 사회적 상황에 맞서는 아이들의 내적 갈등이 잘 드러난다.

② 팔십 명밖에 가르칠 수 없다는 말을 꺼내지 못해 망설이는 영신의 외적 갈등이 잘 드러난다.

③ 조금 늦게 온 아이들과 제 시간에 맞춰 예배당에 도착한 아이들 사이의 외적 갈등이 잘 드러난다.

④ 금 밖의 아이들을 돌려보내려는 영신과 계속 공부하고 싶다며 금 안으로 들어오려는 아이들 사이의 외적 갈등이 잘 드러난다.

⑤ 금 안에 있어서 공부를 할 수 있는 아이들과 금 밖에 있기 때문에 공부를 할 수 없게 된 아이들 사이의 외적 갈등이 잘 드러난다.

5 윗글에서 아이들을 바라보는 영신의 마음을 표현할 수 있는 한자 성어로 적절한 것은?

① 수구초심(首丘初心)　　② 언감생심(焉敢生心)　　③ 일편단심(一片丹心)

④ 절치부심(切齒腐心)　　⑤ 측은지심(惻隱之心)

속담·한자 성어 익히기

• **수구초심** 고향을 그리워하는 마음을 이르는 말.

• **언감생심** 전혀 그런 마음이 없었음을 이르는 말.

• **일편단심** 진심에서 우러나오는 변치 아니하는 마음을 이르는 말.

• **절치부심** 몹시 분하여 이를 갈며 속을 썩임.

• **측은지심** 불쌍히 여기는 마음.

6 〈보기〉를 참고하여 ㉠~㉤을 감상한 내용으로 적절하지 않은 것은?

보기

　비유법은 표현하려는 대상을 그것과 비슷한 다른 대상에 빗대어 표현하는 방법이다. 비유법을 사용하면 대상의 성격이나 모습, 인상, 상황 등을 생생하게 전달할 수 있으며 인물의 정서, 심리 상태 등도 풍부하게 표현할 수 있다.

① ㉠은 아이들을 돌려보내야 하는 영신의 괴로운 심정을 표현한 것이다.

② ㉡은 단호하고 엄격한 영신의 성격을 효과적으로 드러낸 것이다.

③ ㉢은 영신의 말을 들은 아이들의 충격을 인상적으로 표현한 것이다.

④ ㉣은 영신의 말에 놀란 아이들의 표정을 생생하게 표현한 것이다.

⑤ ㉤은 정곡을 찔려 당혹해하는 영신의 심정을 인상 깊게 드러낸 것이다.

발단-**전개**-위기-절정-결말

아이들을 쫓아내고 힘없이 수업하던 영신이 담 안을 넘어다보는 아이들을 발견하고 칠판을 떼어 창 앞턱에 놓고 수업을 하는 상황이다.

영신은 뜯어진 치마폭을 휩싸 쥐고, 그제야,

"놔라, 놔! 얘들아, 저리들 좀 가 있어. 온, 숨이 막혀서 죽겠구나."

하며, 몸을 뒤틀며 손과 팔에 매어 달린 아이들을 가만히 뿌리쳤다. 아이들은 한 번 떨어졌다가도 혹시나 제가 빠질까 하고 다시 극성스레 달라붙는다.

이 광경을 본 교회의 직원들이 들어와서, 강제로, 금 밖에 앉았던 아이들을 예배당 밖으로 내몰았다.

사내아이, 계집아이 할 것 없이 어머니의 젖을 억지로 뗀 것처럼 눈이 빨개지도록 홀짝홀짝 울면서 또는 흑흑 흐느끼면서 쫓겨 나갔다.

장로는 대머리를 번득이며 쫓아 나가서, 예배당 바깥문을 걸고 빗장까지 질렀다. 아이들이 소동을 해서 시끄러워 골치도 아프거니와, 경찰의 명령을 듣지 않다가는 교회의 책임자인 자기의 발등에 불똥이 튈까 보아 적잖이 겁이 났던 것이다.

아이들의 등 뒤에서 이 정경을 바라보던 영신은 깨물었던 눈물이 주르르 흘러내렸다. 영신은 그 눈물을 아이들에게 보이지 않으려고, 소매로 얼굴을 가리며 돌아섰다. 한참이나 진정을 하고 나서는 저희들 깐에도 동무들을 내쫓고 공부를 하게 된 것이 미안쩍은 듯이 머리를 떨어뜨리고 앉은 나머지 여든 명을 정돈시켜 놓고, 차마 내키지 않는 걸음으로 칠판 앞으로 갔다.

그는 새로운 과정을 가르칠 경황이 없어서,

"오늘은 우리 복습이나 하지."

하고 교과서로 쓰는 『농민독본』을 펴 들었다. 아이들은 독본에 있는 대로,

"누구든지 학교로 오너라." / "배우고야 무슨 일이든지 한다."

하고 풀이 죽은 목소리로 외기를 시작한다.

영신은 그 생기 없는 아이들의 목소리가 듣기 싫은데, 든 사람은 몰라도 난 사람은 안다고, 이가 빠진 듯이 띄엄띄엄 벌려 앉은 교실 한 귀퉁이가 휭한 것을 보지 않으려고 유리창 밖으로 눈을 돌렸다.

창밖을 내다보던 영신은 다시금 콧마루가 시큰해졌다. 예배당을 에두른° 야트막한 담에는 쫓겨 나간 아이들이 머리만 내밀고 죽 매달려서 담 안을 넘겨다보고 있지 않은가. 고목이 된 뽕나무 가지에 닥지닥지 열린 것은 틀림없는 사람의 열매다. 그중에도 키가 작은 계집애들은 나무에도 기어오르지 못하고 땅바닥에 가 주저앉아서 홀짝거리고 울기만 한다.

영신은 창문을 말끔 열어젖혔다. 그리고 청년들과 함께 칠판을 떼어 담 밖에서도 볼 수 있는 창 앞턱에다 버티어 놓고 아래와 같이 커다랗게 썼다.

"누구든지 학교로 오너라." / "배우고야 무슨 일이든지 한다."

나무에 오르고 담에 매달린 아이들은 일제히 입을 열어 목구멍이 찢어져라고 그 독본의 구절을 바라다보고 읽는다. 바락바락 지르는 그 소리는 글을 외는 것이 아니라, 어찌 들으면 누구에게 발악°을 하는 것 같다.

경황 정신적·시간적인 여유나 형편.
독본 글을 읽어서 그 내용을 익히기 위한 책.
에두르다 에워서(사방을 빙 둘러싸서) 둘러막다.
발악 온갖 짓을 다 하며 마구 악을 씀.

7 윗글의 내용과 일치하는 것은?

① 교회 직원들의 설득으로 아이들은 스스로 예배당을 떠났다.

② 장로는 아이들이 다칠까 봐 예배당 바깥문을 걸고 빗장을 질렀다.

③ 영신은 경황이 없음에도 남은 아이들에게 새로운 내용을 가르쳤다.

④ 예배당에 남은 아이들은 영신을 도와 칠판을 떼어 창 앞턱으로 옮겼다.

⑤ 쫓겨난 아이들은 예배당을 둘러싼 담에 매달려 그 안을 넘겨다보았다.

8 윗글에서 알 수 있는 영신의 심리로 적절하지 <u>않은</u> 것은?

① 교회 직원들에 대한 배신감

② 쫓겨난 아이들에 대한 안타까움

③ 담 밖의 아이들을 보고 느끼는 감격스러움

④ 한 귀퉁이가 휑한 교실을 보며 느끼는 슬픔

⑤ 어떤 어려움도 꿋꿋하게 이겨 나가겠다는 의지

9 〈보기〉를 참고할 때 윗글을 읽고 나눈 대화 내용으로 적절하지 <u>않은</u> 것은?

〈보기〉

　　갈등이란 한 인물의 마음속 생각이나 인물 간의 관계가 복잡하게 얽혀 있는 상태로, 소설 속에서는 사건을 발생시키고 진행하는 역할을 한다. 즉, 소설 속 갈등의 진행에 따라 이야기가 전개되며 그 과정에서 인물의 가치관이나 성격이 드러난다. 또한 소설 속 갈등의 해결 과정을 통해 작가는 말하고자 하는 바를 드러내며, 독자가 실제 삶 속에서 갈등을 해결할 수 있도록 실마리를 제시하기도 한다.

① 정훈: 교실 수용 인원을 줄이려는 영신과 계속 공부하고 싶은 아이들 사이에서 갈등이 발생했어.

② 효민: 영신과 아이들 사이에 갈등이 생긴 근본적인 원인은 우리 민족에 대한 일제의 억압과 탄압이라고 생각해.

③ 다솜: 영신은 창문을 열어젖히고 칠판을 옮겨 쫓겨난 아이들도 함께 배울 수 있도록 하여 갈등을 해결하고 있어.

④ 민기: 갈등에 대처하는 영신의 행동에는 시대에 대한 저항 의식이 담겨 있는 것 같아.

⑤ 태호: 예배당 안팎에 있는 아이들이 바락바락 소리를 지르며 독본을 읽는 마지막 장면에서는 영신과 아이들 사이의 갈등이 더욱 심화되었음을 알 수 있어.

인물의 특징

1 주요 인물의 특징을 다음과 같이 정리할 때, 빈칸에 들어갈 내용을 써 보자.

영신
일제의 탄압에 의지를 가지고 맞서는 농촌 계몽 운동가로, 아이들에게 (   )을 가르침.

아이들
영신을 믿고 따르며, 비좁고 열악한 강습소의 환경에도 불구하고 (   )에 대한 열정을 가짐.

주재소 주임
우리 민족에 대한 일제의 탄압을 보여 주는 상징적 인물로 지식인들이 벌이는 농촌 계몽 운동을 탄압하고자 함.

갈등의 진행

2 이 작품의 갈등 양상을 다음과 같이 정리할 때, 빈칸에 들어갈 내용을 써 보자.

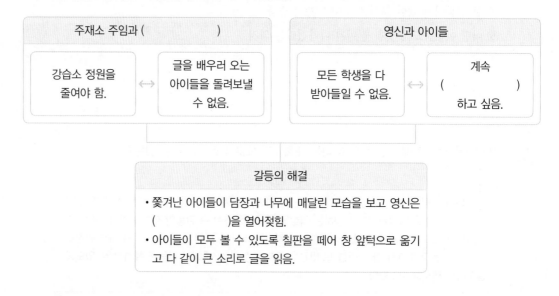

주재소 주임과 ( )	
강습소 정원을 줄여야 함.	글을 배우러 오는 아이들을 돌려보낼 수 없음.

영신과 아이들	
모든 학생을 다 받아들일 수 없음.	계속 ( ) 하고 싶음.

갈등의 해결
• 쫓겨난 아이들이 담장과 나무에 매달린 모습을 보고 영신은 (   )을 열어젖힘.
• 아이들이 모두 볼 수 있도록 칠판을 떼어 창 앞턱으로 옮기고 다 같이 큰 소리로 글을 읽음.

소설의 주제

3 이 소설의 주제를 다음과 같이 정리할 때, 빈칸에 들어갈 내용을 써 보자.

"배우고야 무슨 일이든지 한다."	배움을 통해 좀 더 나은 삶을 살 수 있다는 의미로 해석할 때	농촌 ( )을 위한 헌신적 의지
	배움을 통해 조국 독립을 이룰 수 있다는 의미로 해석할 때	일제에 대한 ( ) 정신과 조국의 독립을 간절히 바라는 마음

1930년대 농촌 계몽 운동

1930년대에는 우리 민족에 대한 일제의 탄압이 심해졌습니다. 일제는 우리 농촌에 대한 수탈을 강화하였고, 우리 민족의 정체성을 말살하기 위해 여러 가지 정책을 세웠습니다. 「상록수」가 발표된 1935년 이후에는 이러한 일본의 제국주의 정책이 더욱 강화되어, 우리 민족의 전통과 문화의 뿌리를 말살하려는 민족 말살 정책으로까지 이어졌습니다.

1930년대 농촌의 열악한 현실을 배경으로 문맹 퇴치와 독립 사상 고취를 위한 농촌 계몽 활동에 애쓴 젊은이들의 이야기를 그리고 있는 「상록수」는 실재 인물인 '최용신'을 모델로 하고 있습니다. 민중 계몽을 통한 민족 자강으로 독립의 기반을 튼튼히 하고자 한 이러한 계몽 운동은 '브나로드 운동'이라고 불렀습니다. '브나로드'는 러시아어로 '민중 속으로'라는 뜻인데, 19세기 말 러시아의 청년들이 민중 속으로 들어가 그들과 함께 생활하며 혁명 운동을 한 데에서 유래하였습니다. 우리나라의 계몽 운동은 1920년대 초부터 서울의 학생과 지식 청년, 문화 단체, 그리고 동경 유학생들로부터 시작되었습니다. 학기 중에는 야학을 개설하여 민족의식을 깨우치며 문맹 퇴치 운동을 계속하였고, 방학 중에는 농촌에서 한글과 간단한 독서, 산수 등을 가르치며 농촌 개발을 위한 여러 가지 계몽 활동을 전개하였습니다. 이 운동을 '상록수 운동'이라고도 불렀는데, 이와 같은 농촌 계몽 운동은 당시 어느 학교를 다니든지 간에 우리나라 학생이라면 누구나 참여하였던 운동이었습니다. 『동아 일보』는 이러한 시대의 요청에 따라 1931년부터 1934년까지 전국 규모의 문맹 퇴치 운동을 전개하였는데, 이 운동은 결국 1935년 당시 조선 총독의 탄압으로 금지되었습니다.

이 소설에서 영신이 일제의 탄압에도 굴하지 않고 아이들에게 한글을 가르치려는 이유는 무엇일지 자신의 생각을 정리하여 써 보자.

_____

_____

_____

_____

03 돌다리 | 이태준

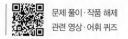

문제 풀이·작품 해제
관련 영상·어휘 퀴즈

✖ 전체 줄거리

발단

창섭,
고향에 내려오다

"창옥아, 기뻐해다구. 이번에 내 병원이 좋은 건물을 만나 커지는 거다."
창섭은 공동묘지를 지나며 죽은 누이를 생각한다. 창섭은 누이동생이 의사의 오진으로 죽자 의전(醫專)에 진학해 의사가 되고, 병원을 확장할 생각으로 고향에 내려온다.

전개

창섭,
돌다리를 고치고
있는 아버지와
만나다

"아버님의 말년을 편안히 해 드리기 위해서도 땅은 전부 없애 버릴 필요가 있는 거다!"
창섭은 돈에 욕심내지 않고 땅을 잘 가꾸는 데 힘을 쏟아 왔던 아버지의 모습을 떠올리며 마을로 향한다. 창섭은 병원을 확장하기 위해 돈이 필요했고, 부모님이 계신 시골의 농토를 파는 것이 자신과 부모님 모두를 위해 좋겠다는 생각을 한다. 창섭은 마을 입구에서 장마 때 무너진 돌다리를 고치고 있는 아버지를 만난다.

위기

창섭, 땅을 팔자고
설득하다

"돈만 있으면 땅은 이담에라도, 서울 가까이라도 얼마든지 좋은 것으로 살 수 있는 것 ……." / "점심이나 먹어라. 나두 좀 생각해 봐야 대답허겠다."
창섭은 자신이 부모님을 서울 집으로 모시는 것이 순리이며 병원을 확장하는 것이 경제적으로 큰 이익이 된다는 점 등을 근거로 들어 땅을 팔고 서울로 가자고 아버지를 설득하고, 아버지는 이러한 창섭의 제안에 생각해 보겠다며 즉답을 피한다.

절정

창섭의 아버지,
창섭의 제안을
거절하다

"천금이 쏟아진대두 난 땅은 못 팔겠다."
아버지는 땅은 천지 만물의 근거이며 금전적인 가치로 환산할 수 없는 소중한 것이라며 창섭의 제안을 거절하고, 자신이 죽을 때가 되면 땅의 가치를 알고 땅을 잘 가꿀 농민에게 팔겠다고 말한다. 창섭은 땅에 대한 아버지의 마음을 이해하면서도 자기 세계와 아버지 세계가 격리되는 결별의 심사를 체험한다.

결말

창섭의 아버지,
천리(天理)를
되새기다

"사람이란 하늘 밑에 사는 날까진 하루라도 천리(天理)에 방심을 해선 안 되는 거다……."
창섭이 떠난 다음 날, 아버지는 고쳐 놓은 돌다리에 나가 양치를 하고 세수를 하면서 땅을 지키는 삶이 천리(天理)임을 되새긴다.

✿ 시험에 꼭 나오는 핵심 장면

창섭이 마을로 들어오다 아버지를 만나는 장면

(왜 자주 출제되는가?) 이 장면은 아들인 창섭이 자신의 목적을 위해 아버지의 땅을 팔고자 하면서도 마치 부모님을 위하는 것처럼 스스로에게 정당화하는 내용으로 시작하기 때문에 창섭의 심리와 행동의 동기를 파악할 수 있어. 또한 돌다리는 아버지가 가진 땅에 대한 애착과 신념을 상징하기 때문에 돌다리를 고치고 있는 아버지와 창섭이 만나는 장면은 두 사람 사이에 갈등이 일어날 것임을 짐작할 수 있게 해 주는 역할을 하기 때문에 시험에 자주 출제돼.

아버지가 땅을 팔지 않는 이유를 설명하는 장면

(왜 자주 출제되는가?) 이 장면은 아버지가 아들의 제안을 거절하며 그 이유를 설명하는 장면이야. 아들의 제안은 요약적 서술로 제시되지만, 아버지의 설명은 대화 형식으로 제시되어 아버지의 감정까지도 잘 전달하고 있어. 이는 서술자가 아버지의 입장을 옹호하기 때문인데, 아버지가 믿는 땅에 대한 신념을 매우 격정적으로 드러내어 작가의 생각을 구체적으로 제시하고 있어. 즉 주제가 구체화되고 있으므로 시험에 자주 출제돼.

🔖 간단 확인

■ 정답과 해설 5쪽

다음을 읽고 이 글의 내용과 일치하면 ○, 일치하지 않으면 ×를 표시해 보자.

1 창섭의 누이동생은 의사의 오진으로 죽었다. ·· (   )
2 창섭은 부모님의 농토를 팔아 병원을 확장하기 위해 필요한 돈을 마련하고자 하였다. ······· (   )
3 창섭의 아버지는 창섭의 제안을 받아들여 당장 땅을 팔겠다고 하였다. ···························· (   )
4 창섭의 아버지는 땅을 가꾸는 것을 중요하게 여겼다. ·· (   )

돌다리

발단 - 전개 - 위기 - 절정 - 결말

병원 확장을 목적으로 아버지의 땅을 팔 생각을 하며 고향으로 내려오던 창섭이 동구에서 돌다리를 고치는 아버지를 만나는 상황이다.

이태준(1904~?)
일제 강점기의 소설가이다. 주요 작품으로는 「달밤」, 「복덕방」 등이 있다.

| 작품 개관 |
· 갈래: 단편 소설
· 성격: 사실적, 교훈적, 비판적
· 시점: 전지적 작가 시점
· 배경: 일제 강점기, 농촌 마을

◆
양관 양옥. 서양식으로 지은 집.
천생 이미 정하여진 것처럼 어쩔 수 없이.
말년 인생의 마지막 무렵.
동구 동네 어귀.
축추기다 '부추기다'의 방언.
쇠고삐 소의 굴레에 매어 끄는 줄.
기장 '길이'의 방언.
상돌 무덤 앞에 제물을 차려 놓기 위하여 넓적한 돌로 만들어 놓은 상.
서껀 '…이랑 함께'의 뜻을 나타내는 보조사.

이런 땅을 팔기에는, 아무리 수입은 몇 배 더 나은 병원을 늘리기 위해서나 아버지께 미안하지 않을 수 없었다. 그러나 잡히기나 해 가지고는 삼만 원 돈을 만들 수가 없었고, 서울서 큰 양관(洋館)을 손에 넣기란 돈만 있다고도 아무 때나 될 일이 아니었다.

'아버지께선 내년이 환갑이시다! 어머니께선 겨울이면 해마다 기침이 도지신다. 진작부터 내가 모셔야 했을 거다. 그런데 내가 시골로 올 순 없고, 천생 부모님이 서울로 가시어야 한다. 한 동네서도 땅을 당신만치 못 거둘 사람에겐 소작을 주지 않으셨다. ㉠땅 전부를 소작을 내어 맡기고는 서울 가 편안히 계실 날이 하루도 없으실 게다. 아버님의 말년을 편안히 해 드리기 위해서도 땅은 전부 없애 버릴 필요가 있는 거다!'

㉡창섭은 샘말에 들어서자 동구에서 이내 아버지를 뵈일 수가 있었다. 아버지는, 가에는 살얼음이 잡힌 찬물에 무릎까지 걷고 들어서서 동네 사람들을 축추겨 돌다리를 고치고 계시었다.

"어떻게 갑재기 오느냐?" / "네. 좀 급히 여쭤봐야 할 일이 생겼습니다."

"그래? 먼저 들어가 있거라."

동네 사람 수십 명이 쇠고삐 두 기장은 흘러 내려간 다릿돌을 동아줄에 얽어 끌어올리고 있었다. 개울은 동네 복판을 흐르고 있어 아래위로 징검다리는 서너 군데나 놓였으나 하룻밤 비에도 일쑤 넘치어 모두 이 큰 돌다리로 통행하던 것이었다. 창섭은 어려서 아버지께 이 큰 돌다리의 내력을 들은 것이 아직도 기억에 남아 있다.

"너이 증조부님 돌아가시어서다. 산소에 상돌을 해 오시는데 징검다리로야 건네올 수가 있니? 그래 너이 조부님께서 다리부터 이렇게 넓구 튼튼한 돌루 노신 거란다."

그 후 오륙십 년 동안 한 번도 무너진 적이 없었는데 몇 해 전 어느 장마엔 어찌 된 셈인지 가운데 제일 큰 장이 내려앉아 떠내려갔던 것이다. 두께가 한 자는 실하고 폭이 여섯 자, 길이는 열 자가 넘는 자연석 그대로라 여간 몇 사람의 힘으로는 손을 대일 염두(念頭)부터 나지 못하였다. 더구나 불과 수십 보 이내에 면(面)의 보조를 얻어 난간까지 달린 한다 한 나무다리가 놓인 뒤의 일이라 이 돌다리는 동네 사람들에게 완전히 잊혀 버린 채 던져져 있던 것이었다.

집에 들어가니, 어머니는 다리 고치는 사람들 점심을 짓노라고 역시 여러 명의 동네 여편네들과 허둥거리고 계시었다.

"웬일인데 어째 혼자만 오느냐?"

어머니는 손자 아이들부터 보이지 않음을 물으신다.

"오늘루 가야겠어서 아무두 안 데리구 왔습니다."

"오늘루 갈 걸 뭘 해 오누?"

"인전 어머니서껀 서울로 모셔 갈 채빌 허러 왔다우."

"서울루! 제발 아이들허구 한데서 살아 봤음 원이 없겠다."

1 〈보기〉를 읽고 윗글에 대해 보인 반응으로 가장 적절한 것은?

┌─────────────── 보기 ───────────────┐

　　이 작품에서 '돌다리'는 만들기 어려운 다리이며, 마을 사람들의 공동 작업이 필요한 다리이
다. 또한 가족의 역사와 추억이 담겨 있으며, 안정적이고 변하지 않는다는 특징을 가지고 있
다. 즉 '돌다리'는 인간적 관계와 정을 중시하는 전통적 가치를 상징하며 아버지의 표상이라
할 수 있다.

└─────────────────────────────────┘

① 창섭이 아버지에게 들은 '돌다리'의 내력을 떠올리는 장면은, 아버지가 지닌 전통적
　 가치관을 보여 주는군.

② 서울로 가고 싶어 하는 어머니처럼, '돌다리'를 다 고치고 난 이후에는 아버지도 근대
　 적 변화를 받아들이게 되겠군.

③ 창섭이 마을에 들어서며 '돌다리'를 고치고 있는 아버지를 만나는 장면은, 인물 간의
　 갈등이 해소될 것임을 암시하는군.

④ 창섭이 '돌다리'를 고치고 있는 아버지를 놔두고 집으로 가는 장면은, 창섭이 돌다리
　 가 안전하다고 생각했기 때문이겠군.

⑤ 나무다리가 새로 만들어진 이후 '돌다리'가 마을 사람들에게서 외면당했다는 점은, 나
　 무다리가 마을 사람들의 공동 작업으로 만들어졌기 때문이겠군.

2 다음 중 ㉠의 상황을 나타내기에 가장 적절한 한자 성어는?

① 풍수지탄(風樹之嘆)　　　② 전전반측(輾轉反側)　　　③ 토사구팽(兔死狗烹)

④ 견마지로(犬馬之勞)　　　⑤ 각주구검(刻舟求劍)

3 ㉡의 생각으로 적절하지 <u>않은</u> 것은?

① 부모님을 모시기 위해 귀향을 생각하고 있다.

② 아버지가 땅을 소중히 여기는 것을 알고 있다.

③ 병원 확장을 위해 갑작스럽게 고향을 방문했다.

④ 아버지의 말년을 위해 땅을 팔아야 한다고 생각한다.

⑤ 아버지는 땅을 소작을 주지 않을 것이라고 생각하고 있다.

┌─ 속담·한자 성어 익히기 ─┐

• **풍수지탄** 효도를 다하지
　못한 채 어버이를 여읜 자
　식의 슬픔을 이르는 말.

• **전전반측** 누워서 몸을 이
　리저리 뒤척이며 잠을 이루
　지 못함.

• **토사구팽** 필요할 때는 쓰
　고 필요 없을 때는 야박하
　게 버리는 경우를 이르는
　말.

• **견마지로** 윗사람에게 충성
　을 다하는 자신의 노력을
　낮추어 이르는 말.

• **각주구검** 융통성 없이 현
　실에 맞지 않는 낡은 생각
　을 고집하는 어리석음을 이
　르는 말.

땅을 팔고 서울로 가자는 아들의 제안에 대답을 미루던 아버지가 땅을 금전적 수단으로만 보는 사람들을 비판하며 땅을 팔지 않겠다고 말하는 상황이다.

아버지는 아들의 뒤를 쫓아 이내 개울에서 들어왔다. 아들은, 의사인 아들은, 마치 환자에게 치료 방법을 이르듯이, 냉정히 채견채견히 ㉠이야기를 시작하였다. 외아들인 자기가 부모님을 진작 모시지 못한 것이 잘못인 것, 한집에 모이려면 자기가 병원을 버리기보다는 부모님이 농토를 버리시고 서울로 오시는 것이 순리인 것, 병원은 나날이 환자가 늘어 가나 입원실이 부족하여 오는 환자의 삼분지 일밖에 수용 못하는 것, 지금 시국에 큰 건물을 새로 짓기란 거의 불가능의 일인 것, 마침 교통 편한 자리에 삼층 양옥이 하나 난 것, 인쇄소였던 집인데 전체가 콘크리트여서 방화 방공으로 가치가 충분한 것, 삼층은 살림집과 직공들의 합숙실로 꾸미었던 것이라 입원실로 변장하기에 용이한 것, 각 층에 수도, 가스가 다 들어온 것, 그러면서도 가격은 염한 것, 염하기는 하나 삼만 이천 원이라, 지금의 병원을 팔면 일만 오천 원쯤은 받겠지만 그것은 새 집을 고치는 데와, 수술실의 기계를 완비하는 데 다 들어갈 것이니 집값 삼만 이천 원은 따로 있어야 할 것, 시골에 땅을 둔대야 일 년에 고작 삼천 원의 실리가 떨어질지 말지 하지만 땅을 팔아다 병원만 확장해 놓으면, 적어도 일 년에 만 원 하나씩은 이익을 뽑을 자신이 있는 것, 돈만 있으면 땅은 이담에라도, 서울 가까이라도 얼마든지 좋은 것으로 살 수 있는 것……. 아버지는 아들의 의견을 끝까지 잠잠히 들었다. 그리고,

"점심이나 먹어라. 나두 좀 생각해 봐야 대답허겠다."

하고는 다시 개울로 나갔고, 떨어졌던 다릿돌을 올려놓고야 들어와 그도 점심상을 받았다.

점심을 자시면서였다.

"원, 요즘 사람들은 힘두 줄었나 봐! ㉡그 다리 첨 놀 제 내가 어려서 봤는데 불과 여남은이서 거들던 돌인데 장정 수십 명이 한나절을 씨름을 허다니!"

"나무다리가 있는데 건 왜 고치시나요?"

"너두 그런 소릴 허는구나. 나무가 돌만 하다든? 넌 그 다리서 고기 잡던 생각두 안 나니? 서울루 공부 갈 때 그 다리 건너서 떠나던 생각 안 나니? 시체 사람들은 모두 인정이란 게 사람헌테만 쓰는 건 줄 알드라! 내 할아버니 산소에 상돌을 그 다리로 건네다 모셨구, 내가 천잘 끼구 그 다리루 글 읽으러 댕겼다. 네 어미두 그 다리루 가말 타구 내 집에 왔어. 나 죽건 그 다리루 건네다 묻어라……. 난 서울 갈 생각 없다."

"네?"

"천금이 쏟아진대두 난 땅은 못 팔겠다. 내 아버님께서 손수 이룩허시는 걸 내 눈으루 본 밭이구, 내 할아버님께서 손수 피땀을 흘려 모신 돈으루 작만(作滿)허신 논들이야. 돈 있다구 어디 가 느르지논 같은 게 있구, 독시장밭 같은 걸 사? 느르지논 둑에 선 느티나문 할아버님께서 심으신 거구, 저 사랑 마당에 은행나무는 아버님께서 심으신 거다. 그 나무 밑을 설 때마다 난 그 어룬들 동상(銅像)이나 다름없이 경건한 마음이 솟아 우러러보군 헌다. 땅이란 걸 어떻게 일시 이해를 따져 사구 팔구 허느냐? 땅 없어 봐라, 집이 어딨으며 나라가 어딨는 줄 아니? 땅이란 천지 만물의 근거야."

방화 방공 불이 나는 것을 미리 막거나, 적의 항공기나 미사일의 공격을 막음.
염하다 값이 싸다.
작만 '장만'을 한자를 빌려서 쓴 말.
느르지논 철원군 철원읍 사요리 일대의 기름진 논을 이르는 말.
독시장밭 철원에 소재한 선비소(늪) 위에 있는 밭 이름.

4 윗글의 갈래상 특징으로 적절한 것은?

① 현실에서 일어난 일을 있는 그대로 서술한다.

② 화자가 운율이 있는 언어로 자신의 감정을 표현한다.

③ 서술자가 인물들의 말과 행동을 독자에게 전달한다.

④ 작가가 자신이 실제로 겪은 일을 독자에게 직접 말한다.

⑤ 이야기 전달자 없이 인물의 대사와 행동으로 사건이 전개된다.

5 ㉠을 통해 알 수 있는 사실이 <u>아닌</u> 것은?

① 직업이 의사인 창섭은 외아들이다.

② 창섭이 새 병원으로 알아본 건물은 후미진 곳의 삼층 양옥이다.

③ 창섭의 병원을 팔더라도 병원을 확장하기 위한 비용은 부족하다.

④ 현재 창섭의 병원 입원실은 오는 환자의 삼분의 일밖에 수용을 못하고 있다.

⑤ 창섭의 생각으로는 현재 땅에서 얻을 수 있는 이윤은 일 년에 삼천 원 정도이다.

◆
후미지다 물가나 산길이 휘어서 굽어 들어간 곳이 매우 깊다.

6 ㉡에 대한 아버지의 생각으로 가장 적절한 것은?

① 돌이 떠내려갈 수 있으므로 나무다리보다는 약할 것이다.

② 가족의 역사와 추억이 담겨 있으므로 나무다리보다 훨씬 더 가치 있다.

③ 아들의 생각처럼 새로 만들어진 나무다리가 있으므로 고칠 필요가 없다.

④ 면의 보조를 받아 만든 다리이기 때문에 마을 사람들이 잘 관리해야 한다.

⑤ 나무다리보다는 튼튼하지만 관리를 하지 않고 있으므로 오래가지 못할 것이다.

아버지가 자신의 땅에 대한 신념을 밝히자 이를 깨달은 창섭은 아버지와 자신의 가치관이 다름을 받아들이는 상황이다.

"자식의 젊은 욕망을 들어 못 주는 게 애비 된 맘으루두 섭섭허다. 그러나 이 늙은이헌테두 그만 신념쯤 지켜 오는 게 있다는 걸 무시하지 말어다구."

아버지는 다시 일어나 담배를 피우며 다리 고치는 데로 나갔다. 옆에 앉았던 어머니는 두 눈에 눈물을 쭈루루 흘리었다.

"너이 아버지가 여간 고집이시냐?"

"아뇨, 아버지가 어떤 어룬이신 건 오늘 제가 더 잘 알았습니다. 우리 아버진 훌륭헌 인물이십니다."

그러나 창섭도 코허리가 찌르르하였다. 자기가 계획하고 온 일이 실패한 것쯤은 차라리 당연하게 생각되었고, 아버지와 자기와의 세계가 격리되는 일종의 결별의 심사를 체험하는 때문이었다.

아들은 아버지가 고쳐 놓은 돌다리를 건너 저녁차를 타러 가 버리었다. 동구 밖으로 사라지는 아들의 뒷모양을 지키고 섰을 때, 아버지의 마음도 정말 임종에서 유언이나 하고 난 것처럼 외롭고 한편 불안스러운 심사조차 설레었다.

아버지는 종일 개울에서 허덕였으나 저녁에 잠도 달게 오지 않았다. 젊어서 서당에서 읽던 백낙천(白樂天)의 시가 다 생각이 났다. 늙은 제비 한 쌍을 두고 지은 노래였다. 제 뱃속이 고픈 것은 참아 가며 입에 얻어 물은 것을 새끼들부터 먹여 길렀으나, 새끼들은 자라서 나래에 힘을 얻자 어디로인지 저희 좋은 대로 다 날아가 버리어, 야위고 늙은 어버이 제비 한 쌍만 가을바람 소슬한 추녀 끝에 쭈그리고 앉았는 광경을 묘사하였고, 나중에는 그 늙은 어버이 제비들을 가리켜, 새끼들만 원망하지 말고, 너희들이 새끼 적에 역시 그러했음도 깨달으라는 풍자의 시였다.

'흥……!'

노인은 어두운 천장을 향해 쓴웃음을 짓고 날이 밝기를 기다려 누구보다도 먼저 어제 고쳐 놓은 돌다리를 보러 나왔다.

흙탕이라고는 어느 돌 틈에도 남아 있지 않았다. 첫 곬으로도, 가운데 곬으로도, 끝에 곬으로도 맑기만 한 소담한 물살이 우쭐우쭐 춤추며 빠져 내려갔다. 가운데 장으로 가 쾅 굴러 보았다. 발바닥만 아플 뿐 끄떡이 있을 리 없다. 노인은 쭈루루 집으로 들어와 소금 접시와 낯 수건을 가지고 나왔다. 제일 낮은 받침돌에 내려앉아 양치를 하고 세수를 하였다. 나중에는 다시 이가 저린 물을 한입 물어 마시며 일어섰다. 속의 모든 게 씻기는 듯 시원하였다. 그리고 수염의 물을 닦으며 이렇게 생각하였다.

'비가 아무리 쏟아져도 어떤 한정을 넘는 법은 없다. 물이 분수 없이 늘어 떠내려갔던 게 아니라 자갈이 밀려 내려와 물구멍이 좁아졌든지, 그렇지 않으면, 어느 받침돌의 밑이 물살에 궁글리어 쓰러졌던 그런 까닭일 게다. ㉠미리 바닥을 치고 미리 받침돌만 제대로 보살펴 준다면 만년을 간들 무너질 리 없을 게다. 그저 늘 보살펴야 허는 거다. 사람이란 하눌 밑에 사는 날까진 하루라도 천리(天理)에 방심을 해선 안 되는 거다…….'

심사 어떤 일에 대한 여러 가지 마음의 작용.
백낙천 백거이의 성(姓)과 자(字)를 함께 이르는 이름. 중국 당나라의 시인(772~846)으로, 일상적인 언어 구사와 풍자에 뛰어났음.
나래 '날개'를 이르는 말.
소슬하다 으스스하고 쓸쓸하다.
곬 한쪽으로 트여 나가는 방향이나 길.
천리 천지자연의 이치. 또는 하늘의 바른 도리.

7 윗글에 나타난 아버지와 창섭의 태도로 적절한 것은?

① 창섭은 끝까지 아버지의 신념을 인정하지 않았다.

② 아버지는 합리성과 효율성을 중시하는 결정을 하였다.

③ 아버지는 창섭의 요청을 들어주지 못해 안타까워했다.

④ 창섭은 아버지를 이용하려는 욕심에 아버지를 존중하는 듯한 모습을 보였다.

⑤ 창섭은 욕심을 부리지 않고 자신의 소임을 다하며 묵묵히 살아갈 것을 다짐하였다.

8 〈보기〉를 참고하여 윗글의 갈등 양상을 파악한 것으로 적절한 것은?

> 보기
>
> 소설 속에 등장하는 갈등의 양상은 크게 네 가지로 구분된다. 첫째, 개인과 개인 사이의 갈등이다. 이는 개인 간의 생각, 가치관의 차이 등에서 기인한다. 둘째, 개인과 자연의 갈등이다. 이는 개인이 자연환경과 부딪쳐 싸우며 겪는 갈등이다. 셋째, 개인과 사회의 갈등이다. 개인은 자신이 속한 사회의 제도나 규칙에 의해 피해를 입을 수 있는데, 이를 이겨 내기 위한 갈등이 여기에 해당한다. 마지막으로 개인과 운명의 갈등이다. 한 인물이 타고난 운명 때문에 겪게 되는 갈등이 이에 해당한다.

① 아들은 개인과 운명 사이에서 갈등을 겪고 있다.

② 아버지는 개인과 사회 제도 사이에서 갈등을 겪고 있다.

③ 두 인물은 개인과 자연환경과 부딪쳐 싸우며 갈등을 겪고 있다.

④ 두 인물은 개인과 개인 사이의 가치관의 차이로 갈등을 겪고 있다.

⑤ 두 인물은 각자 자신의 욕망을 달성하였으므로 갈등이 존재하지 않는다.

9 ㉠과 어울리는 속담으로 적절한 것은?

① 가물에 돌 친다

② 모난 돌이 정 맞는다

③ 굴러온 돌이 박힌 돌 뺀다

④ 믿었던 돌에 발부리 채었다

⑤ 아랫돌 빼서 윗돌 괴고 윗돌 빼서 아랫돌 괴기

속담·한자 성어 익히기

• **가물에 돌 친다** 무슨 일이든지 사전에 미리 준비를 해야 함을 비유적으로 이르는 말.

• **모난 돌이 정 맞는다** 두각을 나타내는 사람이 남에게 미움을 받게 된다는 말. 또는 강직한 사람은 남의 공박을 받는다는 말.

• **굴러온 돌이 박힌 돌 뺀다** 외부에서 들어온 지 얼마 안 되는 사람이 오래전부터 있던 사람을 내쫓거나 해치려 함을 비유적으로 이르는 말.

• **믿었던 돌에 발부리 채었다** 잘되리라고 믿고 있던 일이 어긋나거나 믿고 있던 사람이 배반하여 오히려 해를 입음을 비유적으로 이르는 말.

• **아랫돌 빼서 윗돌 괴고 윗돌 빼서 아랫돌 괴기** 일이 몹시 급하여 임시변통으로 이리저리 둘러맞추어 일함을 비유적으로 이르는 말.

소재의 의미

1 이 소설 속 소재의 의미를 다음과 같이 정리할 때, 빈칸에 들어갈 내용을 써 보자.

돌다리
• 만들기 어려움. • 가족의 역사와 추억이 담겨 있음. • 안정적이고 변하지 않음.

↔

(   )다리
• 돌다리보다 만들기 쉬움. • 건널 수만 있으면 된다는 생각이 담겨 있음. • 불안정함.

▼

(   ) 가치관을 상징함.

▼

근대적 가치관을 상징함.

소설의 갈등

2 이 소설 속 아들과 아버지의 갈등 상황을 다음과 같이 정리할 때, 빈칸에 들어갈 내용을 써 보자.

아들(창섭)
• 땅을 팔아 병원을 확장하기 위한 돈을 마련하고자 함. • 땅은 돈이 있으면 다시 살 수 있음.

↔

아버지
• 땅은 삶의 터전이자 (   )의 근거임. • 땅은 조상의 피땀이 어린 것으로 이해를 따져 사고 파는 것이 아님.

▼

땅을 경제적인 이익의 수단으로 생각하며, 땅의 (   ) 가치를 중시함.

▼

땅을 가꾸고 돌봐야 한다고 여기며 땅의 본래적 가치를 중시함.

결말의 의미

3 이 소설의 결말이 의미하는 바를 다음과 같이 정리할 때, 빈칸에 들어갈 내용을 써 보자.

결말
창섭은 아버지의 생각을 존중하여 서울로 돌아가고, 아버지는 (   )에 순응하며 살겠다고 다짐함.

▶

의미
땅의 가치를 되새기고 (   ) 만능주의를 비판함.

깊이 읽기

근대 자본주의 사회의 가치관

　일제 강점 말기에는 일본과 서구의 문물이 본격적으로 들어오면서 우리 사회에는 많은 변화가 생겨났습니다. 1930년대 경성에는 서양 건축물이 들어섰고, 전차나 자동차와 같은 교통수단이 발달했으며, 백화점이나 영화관과 같은 문화생활을 누릴 수 있는 시설도 갖추어졌습니다. 그리고 이러한 변화의 영향으로 자유연애와 같은 자유주의 사상이나 물질적 가치를 중시하는 물질 만능주의와 같은 자본주의적 가치관이 자리 잡기 시작했습니다. 이처럼 이 시기는 자본주의와 근대적 생활양식이 뿌리내리기 시작한 과도기적인 상황이었다고 할 수 있습니다. 이러한 과도기적인 사회 변화의 모습은 이 작품에서도 쉽게 찾아볼 수 있습니다. 이 작품에서 창섭은 근대적 가치관을 지닌 인물이라고 볼 수 있습니다. 병원을 확장하기 위한 자금을 마련하기 위해 땅을 팔고자 하고, 땅을 도구나 교환의 대상으로 인식하여 경제적 효용성을 우선적 가치로 여기기 때문입니다. 반면 그의 아버지는 그와 달리 땅은 천지 만물의 근거라고 생각하여 땅의 본래적 가치를 중시하는 전통적인 가치관을 가지고 있는 인물이라고 볼 수 있습니다. 작가는 이처럼 창섭과 아버지의 대립으로 상징되는 근대적 가치관과 전통적 가치관의 대립을 보여 줌으로써 물질 만능주의로 물들어 가고 있는 근대 자본주의 사회에 대한 비판적인 시선을 드러냈습니다.

▲ 옛 경성 거리의 모습

사고력 키우기

이 소설에서 아들인 창섭은 아버지의 신념을 인정하면서도 자신의 갈 길을 가는 모습을 보여 준다. 이와 관련된 창섭의 복합적인 심리 상태를 추측해 보자.

_____

_____

_____

_____

_____

04 장마 | 윤흥길

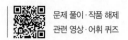

문제 풀이·작품 해제
관련 영상·어휘 퀴즈

☀ 전체 줄거리

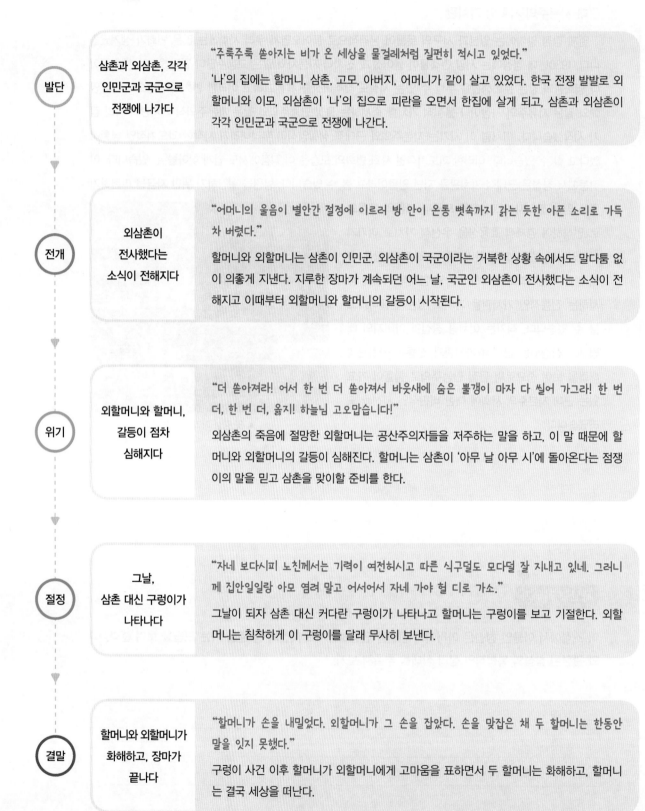

발단

삼촌과 외삼촌, 각각 인민군과 국군으로 전쟁에 나가다

"주룩주룩 쏟아지는 비가 온 세상을 물걸레처럼 질펀히 적시고 있었다."

'나'의 집에는 할머니, 삼촌, 고모, 아버지, 어머니가 같이 살고 있었다. 한국 전쟁 발발로 외할머니와 이모, 외삼촌이 '나'의 집으로 피란을 오면서 한집에 살게 되고, 삼촌과 외삼촌이 각각 인민군과 국군으로 전쟁에 나간다.

전개

외삼촌이 전사했다는 소식이 전해지다

"어머니의 울음이 별안간 절정에 이르러 방 안이 온통 뼛속까지 갉는 듯한 아픈 소리로 가득 차 버렸다."

할머니와 외할머니는 삼촌이 인민군, 외삼촌이 국군이라는 거북한 상황 속에서도 말다툼 없이 의좋게 지낸다. 지루한 장마가 계속되던 어느 날, 국군인 외삼촌이 전사했다는 소식이 전해지고 이때부터 외할머니와 할머니의 갈등이 시작된다.

위기

외할머니와 할머니, 갈등이 점차 심해지다

"더 쏟아져라! 어서 한 번 더 쏟아져서 바웃새에 숨은 뿔갱이 마자 다 씰어 가그라! 한 번 더, 한 번 더, 옳지! 하늘님 고오맙습니다!"

외삼촌의 죽음에 절망한 외할머니는 공산주의자들을 저주하는 말을 하고, 이 말 때문에 할머니와 외할머니의 갈등이 심해진다. 할머니는 삼촌이 '아무 날 아무 시'에 돌아온다는 점쟁이의 말을 믿고 삼촌을 맞이할 준비를 한다.

절정

그날, 삼촌 대신 구렁이가 나타나다

"자네 보다시피 노친께서는 기력이 여전허시고 따른 식구덜도 모다덜 잘 지내고 있네. 그러니께 집안일일랑 아모 염려 말고 어서어서 자네 가야 헐 디로 가소."

그날이 되자 삼촌 대신 커다란 구렁이가 나타나고 할머니는 구렁이를 보고 기절한다. 외할머니는 침착하게 이 구렁이를 달래 무사히 보낸다.

결말

할머니와 외할머니가 화해하고, 장마가 끝나다

"할머니가 손을 내밀었다. 외할머니가 그 손을 잡았다. 손을 맞잡은 채 두 할머니는 한동안 말을 잇지 못했다."

구렁이 사건 이후 할머니가 외할머니에게 고마움을 표하면서 두 할머니는 화해하고, 할머니는 결국 세상을 떠난다.

✿ 시험에 꼭 나오는 핵심 장면

구렁이가 나타나는 장면

(왜 자주 출제되는가?) 이 장면은 점쟁이가 삼촌이 돌아온다고 말한 날 집에 구렁이가 나타나고, 이를 본 할머니가 기절하자 외할머니가 할머니 대신 구렁이를 대접하는 장면이야. 구렁이가 죽은 삼촌이라고 믿는 무속적 사고가 갈등 해소의 실마리가 된다는 점과, 구렁이로 환생한 삼촌의 한을 우리 민족의 한으로 확대하여 해석할 수 있다는 점에서 시험에 자주 출제돼.

할머니와 외할머니가 화해하는 장면

(왜 자주 출제되는가?) 이 장면은 할머니와 외할머니가 화해하는 장면이야. 외할머니가 할머니의 방에 출입한 것은 할머니와 외할머니의 화해를 상징하지. 이 장면은 우리 민족도 두 할머니처럼 갈등을 해소할 수 있음을 드러낸다는 점에서 이 작품의 주제와 관계가 깊기 때문에 시험에 자주 출제돼.

간단 확인

■ 정답과 해설 7쪽

다음을 읽고 이 글의 내용과 일치하면 ○, 일치하지 않으면 ×를 표시해 보자.

1 '나'의 외삼촌은 국군으로, 삼촌은 인민군으로 한국 전쟁에 참전하였다. ······················· (   )
2 외할머니와 할머니는 '나'의 아버지가 전사했다는 소식에 갈등하기 시작하였다. ··············· (   )
3 할머니는 삼촌이 '아무 날 아무 시'에 돌아온다는 점쟁이의 말을 믿지 않았다. ················· (   )
4 할머니와 외할머니는 삼촌 대신 나타난 구렁이를 죽은 삼촌의 현신이라고 여겼다. ··············· (   )

장마

발단 - 전개 - 위기 - 절정 - 결말

할머니가 삼촌이 '아무 날 아무 시'에 돌아온다는 점쟁이의 말을 믿고 삼촌을 맞이할 준비를 하는 상황이다.

윤흥길(1942~)
소설가이다. 작품으로 「날개 또는 수갑」, 「아홉 켤레의 구두로 남은 사내」 등이 있다.

|작품 개관|
· **갈래**: 현대 소설, 분단 소설, 성장 소설
· **성격**: 토속적, 사실적, 상징적
· **시점**: 1인칭 관찰자 시점
· **배경**: 한국 전쟁 중 장마철, 어느 농촌

◆
무시로 특별히 정한 때가 없이 아무 때나.
연줄 인연이 닿는 길.
진시 십이시의 다섯째 시. 오전 일곱 시부터 아홉 시까지이다.
구장 예전에, 시골 동네의 우두머리를 이르던 말.
걸다 음식 따위가 가짓수가 많고 푸짐하다.
추호 매우 적거나 조금인 것을 비유적으로 이르는 말.

하늘은 아직도 흐렸다. 오랜만에 햇빛을 볼 수 있을지 모른다고 기대했던 날씨가 아무래도 신통치 않았다. 그러나 서녘 하늘 한 귀퉁이가 빠끔히 열려 있었고, 구름을 몰아가는 서늘한 바람이 불었다. 다시 비가 내릴 기미 같은 건 어디에도 안 보였다. 그것만도 우리에겐 참으로 다행스러운 일이었다. 우리뿐만 아니라 모든 사람이 다 그러했다. ㉠이른 아침부터 우리 집에 찾아오는 동네 사람들이 내미는 첫마디가 한결같이 날씨에 관한 얘기였다. 그리고 그다음 차례가 삼촌 얘기였다. 그들은 날씨부터 시작해 가지고 아주 자연스럽게 아버지한테 접근했으며, 아낙네들은 부엌을 무시로 드나들었다.

우리 집은 완전히 잔칫집답게 동네 사람들로 북적거렸고, 저마다 연줄을 찾아 말을 걸어 보려는 사람들 때문에 식구들은 도무지 정신을 못 차릴 정도였다. ㉡그들이 가장 궁금해하는 것은 우리 식구들이 어느 정도 미신을 믿고 있는가였다. 물론, 그들은 미신이란 말은 입 밖에 비치지도 않았다. 점쟁이의 말 한마디가 이만큼 일을 크게 벌여 놓을 수 있었던 데 대해 놀라움을 표시하면서도 속셈이 빤히 보일 만큼 노골적이지는 않았다.

이야기 끝에 그들은, 가족들 정성에 끌려서라도 삼촌이 틀림없이 돌아올 거라는 격려의 말을 잊지 않았다. 아버지는 그저 웃고만 있었다. 그런 말을 하는 몇 사람의 태도에서 아버지는 그들이 우리 일을 가지고 자기네 나름으로 한창 즐기고 있다는 사실을 충분히 눈치챘을 것이다. 마치 죽어 가는 환자 앞에서 금방 나을 병이니 아무 염려 말라고 위로하는 의사와 흡사한 태도를 취하는 사람이 더러 있었기 때문이다.

㉢시간이 진시에 점점 가까워질수록 사람이 늘어 우리 집은 더욱더 붐볐다. 마을 안에서 성한 발을 가진 사람은 하나도 안 빠지고 다 모인 성싶었다. 혼자 진구네 집 마루에 앉아 담배를 피우는 낯선 사내의 모습도 보였다. 장터처럼 북적거리는 속에서 우리는 아직 아침밥도 먹지 못했다. 삼촌이 오면 같이 먹는다고 할머니가 상을 못 차리게 했던 것이다. 아주 굶는 건 아니니까 진득이 참는 도리밖에 없지만, 그러자니 배가 굉장히 고팠다.

마침내 진시였다. 진시가 시작되는 여덟 시였다. 모두들 흥분에 싸여 초조하게 기다리는 가운데 자꾸만 시간이 흘렀다. 아홉 시가 지나고 어느덧 열 시가 다 되었다. 그런데도 우리 집엔 아무 일도 일어나지 않았다.

㉣사람들이 죄다 흩어진 다음에야 비로소 우리는 점심이나 다름없는 아침을 먹을 수 있었다. 구장 어른과 진구네 식구들만이 나중까지 남아 실의에 잠긴 우리 일가의 말동무가 되어 주었다. 안방에 혼자 남은 할머니를 제외하고 모두들 침통한 표정으로 건넌방에 차려진 상머리에 둘러앉았다. 뜨적뜨적 수저를 놀리는 심란한 얼굴들에 비해 반찬만은 명절날만큼이나 ⓐ걸었다. 기왕 해 놓은 밥이니까 먼저들 들라고 말하면서도 할머니 자신은 한사코 조반상을 거부해 버렸다. ㉤진시가 벌써 지났는데도 할머니는 여전히 태평이었다. 적어도 겉으로는 그렇게 보였다. 애당초 말이 났을 때부터 자기는 시간 같은 건 그리 염두에 두지 않았다는 것이다. 중요한 것은 '아무 날'이지 그까짓 '아무 시' 따위는 별것 아니라는 것이었

다. 하늘이 주관하는 일에도 간혹 실수가 있는 법인데 하물며 사람이 하는 일이야 따져 무얼 하겠냐는 것이었다. 아무리 점쟁이가 용하다고는 해도 시간만큼은 이쪽에서 너그럽게 받아들여야 된다는 주장이었다. 할머니한테는 아직도 그날 하루가 창창히 남아 있었던 것이다. 어느 때 와도 기필코 올 사람이니까 그때까지 더 두고 기다렸다가 모처럼 한번 모자 겸상을 받겠다면서 할머니는 추호도 지친 기색을 나타내지 않았다.

 1 윗글에 등장하는 인물에 대한 설명으로 적절한 것은?

① 할머니: 삼촌이 돌아올 것을 굳게 믿는다.
② 아버지: 동네 사람들에게 고마움을 느낀다.
③ 동네 사람들: 삼촌이 돌아올 것을 확신한다.
④ '나': 동네 사람들의 마음을 이해하지 못한다.
⑤ 동네 사람들: '나'의 가족을 진심으로 걱정한다.

2 ㉠~㉤ 중, 〈보기〉의 밑줄 친 부분과 관계가 깊은 것은?

〈보기〉
　이 작품은 어른이 된 서술자가 어린 시절의 시각에서 이야기를 전달하고 있다. 어린이의 시각이기 때문에 이념 대립에 대해 직접적으로 설명하지 않으면서 가족사에서 겪은 전쟁의 비극성을 효과적으로 전달할 수 있지만, 어린이가 갖는 경험·지식·사고 등의 한계 때문에 서술할 수 있는 내용이 제한되기도 한다. 이 작품에서 작가는 어른이 된 서술자의 시각을 부분적으로 활용하여 이와 같은 어린이의 시각이 가진 제약을 극복하고 있다.

① ㉠　　② ㉡　　③ ㉢　　④ ㉣　　⑤ ㉤

 3 다음 밑줄 친 부분이 ⓐ와 같은 뜻으로 사용된 것은?

① 벽에 못을 박아 사진을 걸어 두었다.
② 어머니는 항상 반찬을 걸게 차려 주신다.
③ 퇴비를 사용하면 땅을 걸게 만들 수 있다.
④ 풀을 너무 걸게 쑤어서 풀칠하기가 어렵다.
⑤ 이웃집 총각은 입이 어찌나 건지 아무도 못 당한다.

발단 – 전개 – 위기 – **절정** – 결말

삼촌이 돌아오기로 한 날 삼촌 대신 구렁이가 나타나고, 구렁이를 보고 혼절한 할머니 대신 외할머니가 구렁이를 달래서 보내는 상황이다.

•

삽시 매우 짧은 시간.
북새 많은 사람이 야단스럽게 부산을 떨며 법석이는 일.
애오라지 '오로지'를 강조하여 이르는 말.
울바자 대, 갈대, 수수깡, 싸리 따위로 발처럼 엮거나 결어서 만든 울타리.
창사구 '창자'의 방언.
주리 죄인의 두 다리를 한데 묶고 다리 사이에 두 개의 주릿대를 끼워 비트는 형벌.
충그리다 머물러서 웅크리고 있거나 머뭇거린다는 의미의 방언.

난데없는 구렁이의 출현으로 말미암아 우리 집은 삽시에 엉망진창이 되어 버렸다. 무엇보다 큰 걱정이 할머니의 졸도였다. ㉠식구들이 모두 안방에만 매달려 수족을 주무르고 얼굴에 찬물을 뿜어대는 등 야단법석을 떨어 가며 할머니가 어서 깨어나기를 빌었다. 그 바람에 일단 물러갔던 동네 사람들이 재차 모여들기 시작했고, 제멋대로 떼뭉쳐 서서 떠들어 대는 소리 때문에 혼란은 더욱 가중되었다. 모두가 제정신이 아닌 그 북새 속에서도 끝까지 냉정을 잃지 않는 사람은 애오라지 외할머니 혼자뿐이었다. 미리 정해 놓은 순서라도 밟듯 외할머니는 놀라우리만큼 침착한 태도로 하나씩 하나씩 혼란을 수습해 나갔다. 맨 먼저, 사람들을 몰아내는 일부터 서둘러 했다. 외할머니는 구장 어른과 진구네 아버지 등의 도움을 받아 집 안에 들어온 사람들을 모조리 밖으로 내쫓은 다음 대문을 단단히 걸어 잠갔다. 대문 밖에 내쫓긴 아이들과 어른들이 감나무가 있는 울바자 쪽으로 우르르 몰려갔다. 고비에 다다른 혼란의 사이를 틈탄 구렁이는 아욱과 상추가 자라고 있는 텃밭 이랑을 지나 어느새 감나무에 올라앉아 있었다. 감나무 가지에 누런 몸뚱이를 둘둘 감고서는 철사처럼 가늘고 긴 혓바닥을 대고 날름거렸다. 무엇에 되알지게 얻어맞아 꼬리 부분이 거지반 동강 날 정도로 상해서 몸뚱이의 움직임과는 각 놀고 있었다. 아이들의 극성이 감나무에까지 따라와 아직도 돌멩이나 나뭇개비들이 날아들고 있었다.

"돌멩이를 땡기는 게 어떤 놈이냐!"

외할머니의 고함은 서릿발 같았다. 팔매질이 뚝 멎었다. 그러자 외할머니는 천천히 감나무 아래로 걸어가기 시작했다. 외할머니의 몸이 구렁이가 친친 감긴 늙은 감나무 바로 밑에 똑바로 서 있는데도 아무 일도 일어나지 않자, 그때까지 숨을 죽여 가며 지켜보던 많은 사람들 입에서 저절로 한숨이 새어 나왔다. 바로 머리 위에서 불티처럼 박힌 앙증스런 눈깔을 요모조모로 빛내면서 자꾸 대가리를 숙여 꺼뜩꺼뜩 위협을 주는 커다란 구렁이를 보고도 외할머니는 조금도 두려워하지 않았다. 외할머니는 두 손을 천천히 가슴 앞으로 모아 합장했다.

"에구 이 사람아, 집안일이 못 잊어서 이렇게 먼 질을 찾아왔능가?"

꼭 울어 보채는 아이한테 자장가라도 불러 주는 투로 조용히 속삭이는 그 말을 듣고 누군가 큰 소리로 웃는 사람이 있었다. 그러자 외할머니의 눈이 단박에 세모꼴로 변했다.

"어떤 창사구 빠진 잡놈이 그렇게 히득거리고 섰냐? 누구냐? 어서 이리 썩 나오니라. 주리 댈 놈!"

외할머니의 대갈 호령에 사람들은 쥐 죽은 소리도 못 했다. 외할머니는 몸을 돌려 다시 구렁이를 상대로 했다.

"자네 보다시피 노친께서는 기력이 여전허시고 따른 식구덜도 모다덜 잘 지내고 있네. 그러니께 집안일일랑 아모 염려 말고 어서어서 자네 가야 헐 디로 가소."

구렁이는 움쩍도 하지 않았다. 철사 토막 같은 혓바닥을 날름거리면서 대가리만 두어 번 들었다 놓았다 했다.

"가야 헐 디가 보통 먼 질이 아닌디 여그서 이러고 충그리고만 있어서야 되겠능가. 자꼬 이러면은 못쓰네, 못써. 자네 심정은 내 짐작을 허겄네만 집안 식구덜 생각도 혀야지. 자네 노친 양반께서 자네가 이러고 있는 꼴을 보면 얼마나 가슴이 미어지겄능가."

4 윗글에서 확인할 수 있는 내용으로 적절하지 <u>않은</u> 것은?

① 외할머니는 구렁이를 전혀 두려워하지 않았다.
② 외할머니는 사람을 대하듯이 구렁이를 대했다.
③ 아이들은 구렁이에게 돌멩이나 나뭇개비를 던졌다.
④ 외할머니는 다른 사람의 도움 없이 상황을 정리했다.
⑤ 구렁이가 출현하자 동네 사람들이 모여들기 시작했다.

5 〈보기〉의 밑줄 친 부분에 대한 설명으로 적절한 것은?

> 이 작품에 등장하는 '구렁이'는 인물 간의 갈등을 해소하는 데에 중요한 역할을 한다. 구렁이가 출현하자 할머니가 기절한 것과 외할머니가 구렁이를 돌봐 준 데에는 <u>비슷한 생각</u>이 밑바탕에 깔려 있다고 할 수 있다. 구렁이의 출현으로 비슷한 생각을 하는 두 인물 간의 공감대가 형성되었고, 이는 갈등 해소의 실마리로 작용하고 있다.

① 힘든 상황에서는 서로 도와야 한다.
② 구렁이는 죽은 삼촌이 환생한 것이다.
③ 작은 동물도 함부로 대해서는 안 된다.
④ 동네 사람들에게 구렁이를 보여 주면 안 된다.
⑤ 이념의 대립으로 발생한 전쟁은 무의미한 것이다.

6 ㉠에 드러난 식구들의 심정을 나타내는 한자 성어로 적절한 것은?

① 목불식정(目不識丁)
② 감탄고토(甘呑苦吐)
③ 역지사지(易地思之)
④ 유구무언(有口無言)
⑤ 노심초사(勞心焦思)

속담·한자 성어 익히기

• **목불식정** 아주 까막눈임을 이르는 말.

• **감탄고토** 자신의 비위에 따라서 사리의 옳고 그름을 판단함을 이르는 말.

• **역지사지** 처지를 바꾸어서 생각하여 봄.

• **유구무언** 변명할 말이 없거나 변명을 못함을 이르는 말.

• **노심초사** 몹시 마음을 쓰며 애를 태움.

발단 – 전개 – 위기 – 절정 – **결말**

구렁이 사건 이후 할머니와 외할머니가 화해를 하고 할머니가 죽음을 맞는 상황이다.

"갔냐?"

이것이 맑은 정신을 되찾고 나서 맨 처음 할머니가 꺼낸 말이었다. 고모가 말뜻을 재빨리 알아듣고 고개를 끄덕거렸다. 인제는 안심했다는 듯이 할머니는 눈을 지그시 내리깔았다. 할머니가 까무러친 후에 일어났던 일들을 고모가 조용히 설명해 주었다. 외할머니가 사람들을 내쫓고 감나무 밑에 가서 타이른 이야기, 할머니의 머리카락을 태워 감나무에서 내려오게 한 이야기, 대밭 속으로 사라질 때까지 시종일관 행동을 같이하면서 바래다준 이야기……. 간혹가다 한 대목씩 빠지거나 약간 모자란다 싶은 이야기는 어머니가 옆에서 상세히 설명을 보충해 놓았다. 할머니는 소리 없이 울고 있었다. ㉠두 눈에서 하염없이 솟는 눈물방울이 홀쭉한 볼 고랑을 타고 베갯잇으로 줄줄 흘러내렸다. 이야기를 다 듣고 나서 할머니는 사돈을 큰방으로 모셔 오도록 아버지한테 분부했다. 사랑채에서 쉬고 있던 외할머니가 아버지 뒤를 따라 큰방으로 건너왔다. 외할머니로서는 벌써 오래전에 할머니하고 한 다래끼 단단히 벌인 이후로 처음 있는 큰방 출입이었다.

"고맙소."

정기가 꺼진 우묵한 눈을 치켜 간신히 외할머니를 올려다보면서 할머니는 목이 꽉 메었다.

"사분도 별시런 말씀을 다…….." / 외할머니도 말끝을 마무르지 못했다.

"야한티서 이얘기는 다 들었소. 내가 당혀야 헐 일을 사분이 대신 맡었구랴. 그 험헌 일을 다 치르노라고 얼매나 수고시렀으꼬?" / "인자는 다 지나간 일이닝게 그런 말씀 고만 두시고 어서어서 뭼이나 잘 추시리기라우." / "고맙소, 참말로 고맙구랴."

할머니가 손을 내밀었다. 외할머니가 그 손을 잡았다. 손을 맞잡은 채 두 할머니는 한동안 말을 잇지 못했다. 그러다가 할머니 쪽에서 먼저 입을 열어 아직도 남아 있는 근심을 털어놓았다.

"탈 없이 잘 가기나 혔는지 몰라라우." / "염려 마시랑게요. 지금쯤 어디 가서 펜안히 거처험시나 사분댁 터주 노릇을 퇵퇵이 하고 있을 것이오."

그만한 이야기를 나누는 데도 대번에 기운이 까라져 할머니는 가쁜 숨을 몰아쉬었다. 가까스로 할머니가 잠들기를 기다려 구완을 맡은 고모만을 남기고 모두들 큰방을 물러 나왔다.

그날 저녁에 할머니는 또 까무러쳤다. 의식이 없는 중에도 댓 숟갈 흘려 넣은 미음과 탕약을 입 밖으로 죄다 토해 버렸다. 그리고 이튿날부터는 마치 육체의 운동장에서 정신이란 이름의 장난꾸러기가 들어왔다 나갔다 숨바꼭질하기를 수없이 되풀이하는 것 같은 고통의 시간의 연속이었다. 대소변을 일일이 받아 내는 고역을 치러 가면서 할머니는 꼬박 한 주일을 더 버티었다. 안에 있는 아들보다 밖에 있는 아들을 언제나 더 생각했던 할머니는 마지막 날 밤에 다 타 버린 촛불이 스러지듯 그렇게 눈을 감았다. 할머니의 긴 일생 가운데서, 어떻게 생각하면, 잠도 안 자고 먹지도 않고 그러고도 놀라운 기력으로 며칠 동안이나 식구들을 들볶아 대면서 삼촌을 기다리던 그 짤막한 기간이 사실은 꺼지기 직전에 마지막 한순간을 확 타오르는 촛불의 찬란함과 맞먹는, 할머니에겐 가장 자랑스럽고 행복에 넘치던 시

한 다래끼 '한 판'을 뜻하는 방언.
사분 사부인. '안사돈'의 높임말.
터주 집터를 지키는 지신.
까라지다 기운이 빠져 축 늘어지다.
구완 아픈 사람이나 해산한 사람을 간호함.

간이었었나 보다. 임종의 자리에서 할머니는 내 손을 잡고 내 지난날을 모두 용서해 주었다. 나도 마음속으로 할머니의 모든 걸 용서했다.

ⓛ정말 지루한 장마였다.

---

7 〈보기〉를 참고하여 윗글을 이해한 내용으로 적절한 것은?

〈보기〉

성장 소설은 미숙하고 불완전한 작중 인물이 성숙하고 완전한 성인의 세계로 편입하는 과정에서 겪는 정신적 아픔과 성장, 현실 인식 과정을 주로 다룬다.

① 토속적 미신에 사로잡혀 있는 '나'는 완전한 성인이 될 수 없겠군.

② 구렁이는 '나'가 성숙하고 완전한 성인으로 성장하는 데 도움을 주었군.

③ 계절감을 잘 느낀다는 점에서 '나'는 정신적으로 성숙했다고 할 수 있겠군.

④ 어린 시절의 철없던 행동에 대해 후회만 하고 있는 것으로 보아 '나'는 성숙한 성인이 될 수 없겠군.

⑤ '나'가 할머니와 서로 용서하고 화해하며 정신적으로 성숙하는 것으로 보아 성장 소설로 볼 수 있겠군.

개념➕ 성장 소설

유년기에서 소년기를 거쳐 성인의 세계로 들어가는 과정에서 한 인물의 경험을 통해 깨달음을 얻고 정신적으로 성장하는 과정을 담고 있는 소설임.

---

8 ㉠에 드러나는 할머니의 심리로 적절하지 않은 것은?

① 아들의 죽음으로 인한 슬픔

② 아들을 직접 배웅하지 못한 것에 대한 미안함

③ 자신이 할 일을 대신 한 외할머니에 대한 고마움

④ 구렁이가 무사히 돌아갔다는 사실에 대한 안도감

⑤ 점쟁이의 말을 믿었던 자신의 어리석음에 대한 자책감

---

9 ⓛ에 대한 설명으로 적절하지 않은 것은?

① 전쟁으로 겪은 고통을 극복하겠다는 의지를 나타낸다.

② 소설의 배경이 소설의 내용과 관계가 있음을 나타낸다.

③ 전쟁으로 빚어진 민족의 비극이 종결되었음을 의미한다.

④ '지루한'이라는 표현을 통해 견디기 힘든 시기였음을 암시한다.

⑤ 여운을 통해 할머니와 외할머니의 갈등이 남아 있음을 의미한다.

인물의 특징

1 주요 인물의 특징을 다음과 같이 정리할 때, 빈칸에 들어갈 내용을 써 보자.

외할머니

• 국군인 아들을 잃고 할머니와 갈등함.
• 할머니의 마음을 이해하고 (   )를 달래서 배웅함.

할머니

• 인민군인 삼촌이 돌아올 것을 기다리며 외할머니와 갈등함.
• 외할머니가 구렁이를 달래어 보낸 것에 고마움을 느낌.

'나'

어린아이답게 분별력이 부족하지만, 일련의 사건을 겪으며 (   )함.

소설의 주제

2 인물 간의 갈등 관계를 바탕으로 이 소설의 주제를 정리하여 빈칸에 들어갈 내용을 써 보자.

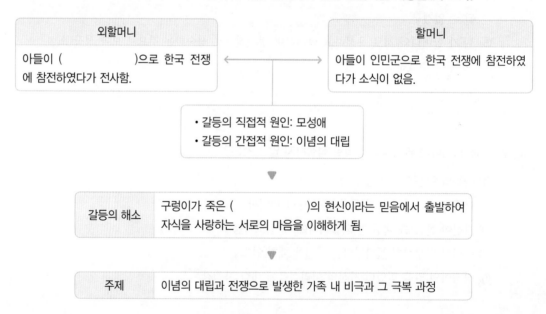

외할머니	할머니
아들이 ( )으로 한국 전쟁에 참전하였다가 전사함.	아들이 인민군으로 한국 전쟁에 참전하였다가 소식이 없음.

• 갈등의 직접적 원인: 모성애
• 갈등의 간접적 원인: 이념의 대립

▼

갈등의 해소	구렁이가 죽은 ( )의 현신이라는 믿음에서 출발하여 자식을 사랑하는 서로의 마음을 이해하게 됨.

▼

주제	이념의 대립과 전쟁으로 발생한 가족 내 비극과 그 극복 과정

제목의 의미

3 이 소설의 제목인 '장마'의 상징적 의미를 파악하여 빈칸에 들어갈 내용을 써 보자.

'장마'의 상징적 의미	• ( ) 내의 갈등에 따른 고통의 시간을 상징함. • 한국 전쟁에 따른 ( ) 전체의 비극의 시간을 상징함.

깊이 읽기

한국 전쟁

　이 작품의 시간적 배경은 한국 전쟁 동안의 장마철입니다. 이때 장마는 한 가족의 갈등과 불행이 지속되는 고통스러운 기간을 의미하며, 나아가 우리 민족의 불행이었던 한국 전쟁이라는 비극적 사건을 상징합니다. 국군으로 전쟁에 참전했다 죽은 아들을 둔 외할머니와, 빨치산이 되어 밤에나 찾아오는 아들을 둔 할머니가 한집에서 살고 있는 상황을 다룬 이 소설은 바로 한국 전쟁을 겪은 우리 사회의 축소판을 보여 주는 것이라 할 수 있습니다.

　한국 전쟁은 제2차 세계 대전 이후 미국과 소련으로 대표되는 자본주의 진영과 사회주의 진영 간의 이데올로기적인 대결 구도의 결과였습니다. 전쟁 기간(1950~1953) 동안 한반도 전체가 폐허로 변했으며, 수많은 사람들이 목숨을 잃었습니다. 전쟁 중에는 양측 군대가 민간인을 학살하는 일이 벌어지기도 하였으며, 전선이 변할 때마다 상대측에 협조하였던 사람들을 처형하는 보복도 전개되었습니다. 인민군이 점령하면 남한의 관리, 경찰, 군인, 지주와 그 가족들을 반동분자로 취급하여 죽였고, 국군이 점령할 때면 사회주의 이념을 가졌거나 전쟁 중 북한 치하에서 활동한 사람들을 빨갱이로 몰아 죽였습니다. 이 전쟁은 남북한을 서로 싸워 이겨야 하는 적(敵)으로 간주하게 만들고, 동족 상호 간에 원한과 불신의 벽을 높였을 뿐만 아니라 남과 북으로 분단되는 바람에 떨어져 살게 된 이산가족이 생겨나게 하였습니다.

사고력 키우기

할머니와 외할머니의 갈등 해소가 의미하는 바를 바탕으로 지금의 남북 관계를 개선할 수 있는 방법에는 무엇이 있을지 자신의 생각을 정리하여 써 보자.

05 황만근은 이렇게 말했다 | 성석제

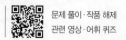

✖ 전체 줄거리

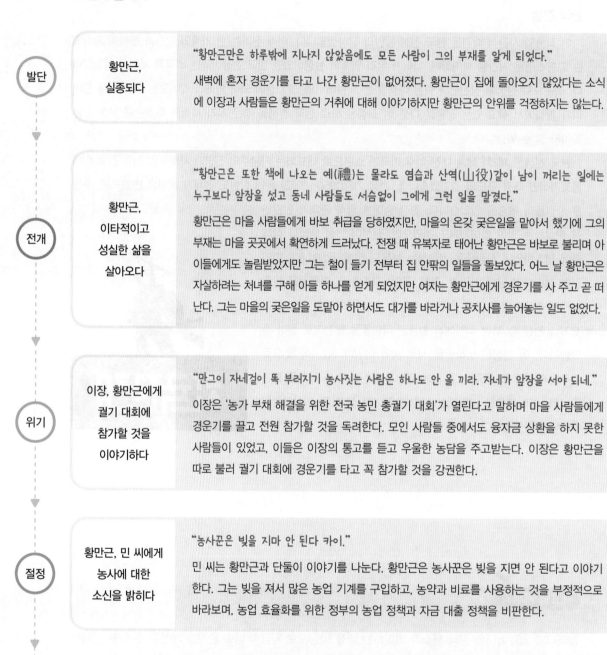

발단

황만근, 실종되다

"황만근만은 하루밖에 지나지 않았음에도 모든 사람이 그의 부재를 알게 되었다."

새벽에 혼자 경운기를 타고 나간 황만근이 없어졌다. 황만근이 집에 돌아오지 않았다는 소식에 이장과 사람들은 황만근의 거취에 대해 이야기하지만 황만근의 안위를 걱정하지는 않는다.

전개

황만근, 이타적이고 성실한 삶을 살아오다

"황만근은 또한 책에 나오는 예(禮)는 몰라도 염습과 산역(山役)같이 남이 꺼리는 일에는 누구보다 앞장을 섰고 동네 사람들도 서슴없이 그에게 그런 일을 맡겼다."

황만근은 마을 사람들에게 바보 취급을 당하였지만, 마을의 온갖 궂은일을 맡아서 했기에 그의 부재는 마을 곳곳에서 확연하게 드러났다. 전쟁 때 유복자로 태어난 황만근은 바보로 불리며 아이들에게도 놀림받았지만 그는 철이 들기 전부터 집 안팎의 일들을 돌보았다. 어느 날 황만근은 자살하려는 처녀를 구해 아들 하나를 얻게 되었지만 여자는 황만근에게 경운기를 사 주고 곧 떠난다. 그는 마을의 궂은일을 도맡아 하면서도 대가를 바라거나 공치사를 늘어놓는 일도 없었다.

위기

이장, 황만근에게 궐기 대회에 참가할 것을 이야기하다

"만그이 자네걸이 똑 부러지기 농사짓는 사람은 하나도 안 올 끼라. 자네가 앞장을 서야 되네."

이장은 '농가 부채 해결을 위한 전국 농민 총궐기 대회'가 열린다고 말하며 마을 사람들에게 경운기를 끌고 전원 참가할 것을 독려한다. 모인 사람들 중에서도 융자금 상환을 하지 못한 사람들이 있었고, 이들은 이장의 통고를 듣고 우울한 농담을 주고받는다. 이장은 황만근을 따로 불러 궐기 대회에 경운기를 타고 꼭 참가할 것을 강권한다.

절정

황만근, 민 씨에게 농사에 대한 소신을 밝히다

"농사꾼은 빚을 지마 안 된다 카이."

민 씨는 황만근과 단둘이 이야기를 나눈다. 황만근은 농사꾼은 빚을 지면 안 된다고 이야기한다. 그는 빚을 져서 많은 농업 기계를 구입하고, 농약과 비료를 사용하는 것을 부정적으로 바라보며, 농업 효율화를 위한 정부의 농업 정책과 자금 대출 정책을 비판한다.

결말

민 씨, 황만근의 죽음과 그에 대해 평가하다

"남의 비웃음을 받으며 살면서도 비루하지 아니하고 홀로 할 바를 이루어 초지를 일관하니 이 어찌 하늘이 낸 사람이라 아니할 수 있겠는가."

일주일 뒤에 황만근은 유골이 되어 돌아온다. 다른 사람들은 차를 타고 궐기 대회에 갔지만 황만근은 이장의 지시대로 경운기를 끌고 악천후에 고생하며 백 리 길을 갔다. 하지만 이미 대회는 끝나 있었고, 돌아오던 길에 경운기가 논바닥에 처박혀 동사하고 만 것이다. 민 씨는 황만근의 삶과 죽음에 대해 밝히며 그의 인품을 칭송하는 글을 남긴다.

✖ 시험에 꼭 나오는 핵심 장면

황만근의 실종 후 민 씨와 이장이 갈등하는 장면

(왜 자주 출제되는가?) 이 장면은 황만근이 없어졌다는 사실을 알게 된 마을 사람들이 그의 행적을 떠올리다가 민 씨와 이장이 말씨름을 벌이며 갈등을 겪는 장면이야. 마을 사람들의 입을 통해 황만근이 어떤 사람인지 알 수 있고, 결말에 드러나는 황만근의 죽음에 이장에게도 어느 정도 책임이 있다는 점을 암시하기도 하지. 이처럼 황만근이라는 인물에 대한 정보를 얻을 수 있고, 등장인물 사이의 갈등 양상 또한 잘 드러나기 때문에 시험에 자주 출제돼.

민 씨가 쓴 묘비명이 등장하는 장면

(왜 자주 출제되는가?) 이 장면은 전(傳)의 형식을 계승한 이 작품의 형식적 특징을 잘 보여 주는 장면이지. 민 씨의 묘비명은 전의 논찬처럼 인물에 대한 평가를 고문의 형식을 빌려 서술하고 있어. 이를 통해 황만근이라는 인물의 훌륭한 점과, 그가 죽음을 맞이하게 된 과정, 그리고 그에 대해서 민 씨가 얼마나 긍정적으로 평가하고 있었는지를 보여 주고 있어. 특히 작품 전체의 내용을 요약적으로 보여 준다는 점에서 시험에 자주 출제돼.

💬 간단 확인

■ 정답과 해설 8쪽

다음을 읽고 이 글의 내용과 일치하면 ◯, 일치하지 않으면 ✕를 표시해 보자.

1 황만근이 집에 돌아오지 않았다는 소식에 마을 사람들은 모두 그의 안위를 걱정하였다. ················ (   )

2 황만근은 다른 사람들을 잘 돕지 못해서 마을 사람들에게 무시를 당하였다. ························· (   )

3 황만근은 농사꾼이 빚을 지는 것에 대해 부정적으로 생각하였다. ······························· (   )

4 황만근은 트럭을 타고 '농가 부채 해결을 위한 전국 농민 총궐기 대회'로 향했다. ················· (   )

황만근은 이렇게 말했다

발단-전개-위기-절정-결말

마을의 온갖 궂은일을 맡아서 했던 황만근이 실종된 후 마을 곳곳에서 여러 가지 문제점이 드러나는 상황이다.

성석제(1960~)
시인이자 소설가이다. 작품으로는 소설 「오렌지 맛 오렌지」, 「약방 할매」, 「내가 그린 히말라야시다 그림」 등이 있다.

|작품 개관|
· **갈래:** 단편 소설, 농촌 소설
· **성격:** 해학적, 향토적, 비극적
· **시점:** 전지적 작가 시점
· **배경:** 1990년대 말, 신대 1리 농촌 마을

◆
분뇨 분(糞)과 요(尿)를 아울러 이르는 말. '똥오줌'으로 순화.
여리 '여럿이'의 방언.
곡석 '곡식'의 방언.
공평무사 공평하여 사사로움이 없음.

아들은 시험공부 하느라고 친구 집에서 밤을 새우고 아침에 들어오는 길이었다. 길에서 아버지를 만난 아들은 대번에 아버지가 자신의 방에서 잔 사실을 알아차렸다. 아버지가 자신의 점퍼를 입고 있었기 때문이다. ⓐ그래서 당장 옷을 벗어 내놓으라, 다시는 내 방에 들어오지 말라고 소리쳤고 덧붙여 제발 좀 목욕탕에 가서 씻고 오라고 했던 것이다. 황만근은 그 길로 목욕탕으로 간 것인지도 몰랐다. 아니면 궐기 대회가 열리는 읍의 반대편에 있는 온천에 갔든가.

"내 평생 반그이가 한 번 씻는 걸 못 봤다. 냇가를 가도 샘에를 가도 들어갈 생각을 안 하는구마. 목욕탕에 우째 가는 줄도 모를 낀데 온천이 여게서 어데라고 지가 찾아가노."

황규수가 입을 비틀며 웃었다. 민 씨는 자신이 알고 있는 사실을 말할까 말까 하다가 끝내 입을 열지 못했다. 그 자신도 황만근에게 궐기 대회장으로 꼭 가야 한다고 충동질한 사실이 있었다. 〈중략〉

그러는 동안 모든 사람들이 알게 되었다. 황만근이 집으로 돌아오지 않았다. 동네 사람 누구든 하루 이틀, 또는 한두 달 집을 비울 수도 있지만 그렇다고 그 사실을 모든 사람이 알게 되는 것은 아니다. 그러나 ⓑ황만근만은 하루밤에 지나지 않았음에도 모든 사람이 그의 부재를 알게 되었다. 그렇지만 누구도 적극적으로 황만근을 찾아 나서려 하지 않았다. 그는 있으나 마나 한 존재이면서 있었고 없어서는 안 되는 존재이면서 지금처럼 없기도 했다. 동네 사람들은 그를 바보라고 했다. 두어 해 전에야 신대 1리로 들어와 황만근의 탄생과 성장, 삶을 처음부터 지켜보지 못한 민 씨만은 그렇게 생각하지 않았다.

마을에서 젊은 축에 드는 마흔다섯 살의 황영석은 황만근이 벽돌을 찍고 구덩이를 파서 지은 마을 회관 변소에서 분뇨를 퍼내면서 황만근의 부재를 알게 되었다.

"만그이 자석이 있었으마 내가 돈을 백만 원 준다 캐도 이런 일을 안 할 낀데. 아이구, 이 망할 놈의 똥 냄새, 여리가 싸 놔 그런지 독하기도 하네. 이기 곡석한테 독이 될지 약이 될지도 모르겠구마."

황만근이 있었으면 군말 없이 했을 일이었다. 늘 그렇듯이 벙글벙글 웃으면서.

"만그이가 있었으모 저 거름이 우리 밭으로 올 낀데, 만그이가 도대체 어데 갔노."

마을 회관 곁 조그만 밭에 채소를 심어 먹는 여씨 노인도 황만근의 부재를 알게 되었다. 황만근은 마을 공통의 분뇨를, 역시 자신이 판 마을 공통의 분뇨장으로 가져가서 충분히 익힌 뒤에, 공평하게 나누어 주었다. 황영석처럼 제가 펐다고 바로 제 밭에 가져다가 뿌리지는 않았다. 특히 여씨 노인처럼 일찍 남편을 잃고 혼잣몸이 된 노인들에게는, 알고 그러는지 모르고 그러는지 더 자주 거름을 가져다주었다.

"만그이한테 물어보자."

아이들은 소꿉장난을 하다가 황만근의 부재를 알게 되었다. 공평무사한 것이 황만근의 평생의 처사였다. 그에게는 판단 능력이 없는 듯했지만 시비를 물으러 가면, 가노라면 언제나 공평무사한 자연의 이법에 대해 깨우치게 되고 분쟁은 종식되었다.

㉠을 통해 알 수 있는 내용으로 가장 적절한 것은?

① 아버지가 아들에게 옷을 빌려주었음을 알 수 있다.

② 아들이 아버지를 무시하고 있다는 것을 알 수 있다.

③ 아들이 아버지에게 매우 무관심하다는 것을 알 수 있다.

④ 아버지가 아들에게 매우 강압적이라는 것을 알 수 있다.

⑤ 아들이 아버지의 행동을 긍정적으로 평가한다는 것을 알 수 있다.

 ㉡과 같은 상황을 나타내는 속담으로 가장 적절한 것은?

① 말 타면 경마 잡히고 싶다

② 하룻강아지 범 무서운 줄 모른다

③ 드는 줄은 몰라도 나는 줄은 안다

④ 똥 묻은 개가 겨 묻은 개 나무란다

⑤ 물에 빠지면 지푸라기라도 움켜쥔다

속담·한자 성어 익히기

• 말 타면 경마 잡히고 싶다 사람의 욕심이란 한이 없다는 말.

• 하룻강아지 범 무서운 줄 모른다 철없이 함부로 덤비는 경우를 비유적으로 이르는 말.

• 드는 줄은 몰라도 나는 줄은 안다 사람이나 재물이 붙는 것은 눈에 잘 띄지 않아도 그것이 줄어드는 것은 곧 알아차릴 수 있다는 말.

• 똥 묻은 개가 겨 묻은 개 나무란다 자기는 더 큰 흉이 있으면서 남의 작은 흉을 본다는 말.

• 물에 빠지면 지푸라기라도 움켜쥔다 위급한 때를 당하면 무엇이나 닥치는 대로 잡고 늘어지게 됨을 이르는 말.

3 〈보기〉를 참고하여 윗글에 대해 평가한 내용으로 적절하지 <u>않은</u> 것은?

> 주인공의 실종으로 시작되는 소설의 경우, 발단 부분에서 독자의 호기심을 자극할 수 있다는 장점이 있다. 「황만근은 이렇게 말했다」의 경우 특히 황만근의 일생을 돌아보는 구성을 자연스럽게 유도하며, 결말에 드러나는 그의 죽음과 조응하여 구성적 완결성을 갖게 한다.

① 황만근의 실종 후 그에 대한 평가는 그의 일생 중 일부를 보여 주는 역할을 한다.

② 황만근이 없어졌다는 사실이 처음에 드러나기 때문에 독자의 호기심을 유발할 수 있다.

③ 황만근의 실종 후 그동안 그가 마을에서 했던 일이 드러나면서 그의 삶을 엿볼 수 있다.

④ 황만근의 실종으로 시작된 이야기가 그의 죽음으로 끝나며 구성적으로 완결된 느낌을 준다.

⑤ 황만근의 실종 후 마을 사람들이 그 사실을 알아차리지 못하게 함으로써 독자들의 참여를 유도한다.

발단 ─ 전개 ─ 위기 ─ 절정 ─ 결말

황만근의 이타적이고 성실한 삶을 드러내고 있는 상황이다.

어쩌다 그가 만든 음식에 숟가락을 대 본 사람은 이구동성으로 감탄을 하게 마련이었다. 그러고 나서는 남녀노소를 막론하고 "희한할세, 바보가." 하는 말을 덧붙이는 것을 잊지 않았다. 그는 만들어져 있는 조미료를 몰랐지만 재료가 가지고 있는 맛을 흠뻑 우려내어 조화를 시킬 줄 알았다.

황만근은 또한 책에 나오는 예(禮)는 몰라도 염습과 산역(山役)같이 남이 꺼리는 일에는 누구보다 앞장을 섰고 동네 사람들도 서슴없이 그에게 그런 일을 맡겼다. 똥구덩이를 파고 우리를 짓고 벽돌을 찍는 일 또한 황만근이 동네 사람 누구보다 많이 했다. 마을 길 풀 깎기, 도랑 청소, 공동 우물 청소 …… 용왕제에 쓸 돼지를 산 채로 묶어서 내다가 싫다고 요동질하는 돼지에게 때때옷을 입히는, 세계적으로 유례가 드문 일에는 그가 최고의 전문가였다. 동네의 일, 남의 일, 궂은일에는 언제나 그가 있었다. 그런 일에 대한 대가는 없거나(동네 일인 경우), 반값이거나(다른 사람의 농사일을 하는 경우), 제값이면(경운기와 함께 하는 경우) 공치사가 따랐다.

"반근아, 너는 우리 동네 아이고 어데 인정 없는 대처 읍내 같은 데 갔으마 진작에 굶어 죽어도 죽었다. 암만 바보라도 고마와할 줄 알아야 사람이다. 아나 어른이나 너한테는 다 고마운 사람인께 상 찡그리지 말고 인사 잘하고 다니라. 아이?"

㉠황만근은 황재석 씨의 이런 긴 사설을 들을 때조차 벙글거렸다. 일이 끝나면 굽신굽신 인사를 했다. 춤을 추듯이, 흥겹게.

그의 집에는 그가 수십 년 동안 만져 온 연장이 그가 아니면 이해할 수 없는 순서로 잘 정리되어 있었다. 그 연장들 역시 그의 집이나 어머니나 아들과 마찬가지로 그가 매일 돌보는 덕분에 윤기가 흘렀다. 그는 집에 있는 모든 것을 일목요연하게 잘 알고 있어서 대부분의 고장은 스스로 고쳤다. 특히 경운기는 초기에 나온 모델로 지금은 부품도 제대로 없는 고물 중의 고물이었지만 자주 망가지는 수레만 열 번 넘게 갈았을 뿐, 엔진이 달려 있는 앞부분은 계속 고쳐 썼다. 그의 경운기는 구식인 데다 하도 고친 데가 많아서 그가 아니면 운전은커녕 시동조차 걸 수 없었다.

다만 황만근은 술을 좋아했는데 가난한 까닭에 자주 취하게 마실 수는 없었다. 어쩌다 동네에 애경사가 있어 술을 공짜로 마실 기회가 생기면 반드시 고꾸라지도록 마셨다. 고꾸라진 그를 떠메어 집에 데려다 뉘어 줄 사람이 없었던 까닭에, 동네 사람들이 몰인정하고 야박해서가 아니라 그런 일이 한두 번도 아니고 태어나서 한 번도 제대로 씻지 않은 몸에서 풍기는 야릇하고 기이한 냄새가 남의 옷이나 몸에 배면 솥에 넣고 삶아도 쉽게 가시지 않는다는 평판이 있어서 떠메기를 싫어했다. 마당이나 길섶을 가리지 않고 누워서 잠을 잤다. 겨울에 애경사가 생기면 길에서 얼어 죽을지도 몰라 아예 그를 부르지도 않았다. 그렇지만 그는 어떻게 알았는지는 몰라도 어김없이 그런 자리에 나타나 탄압과 만류를 무릅쓰고 반드시 고꾸라지도록 마셨으며 역시 취해서 마당에 쓰러졌다. 그래서 황만근의 아들은 철이 들면서부터 겨울이 되면 취한 아버지를 부축하고 집에 데려오는 게 일이 되었다. 얼마나 그

염습 시신을 씻긴 뒤 수의를 갈아입히고 베로 묶는 일.
산역 시체를 묻고 뫼를 만들거나 이장하는 일.
때때옷 어린아이의 말로, 알록달록하게 곱게 만든 아이의 옷을 이르는 말.
궂은일 언짢고 꺼림칙하여 하기 싫은 일.
공치사 남을 위하여 수고한 것을 생색내며 스스로 자랑함.
대처 사람이 많이 살고 상공업이 발달한 번잡한 지역. 도회지.
애경사 슬픈 일과 경사스러운 일을 아울러 이르는 말.
길섶 길의 가장자리. 흔히 풀이 나 있는 곳을 가리킨다.

런 일이 잦아 단련이 되었는지 중학생이 되자 벌써 아버지를 업을 정도였고 고등학생이 되어
서는 발로 차며 올 수도 있게 되었다.

4 황만근이 마을에서 한 일이 <u>아닌</u> 것은?

① 마을의 똥구덩이 파는 일을 하였다.

② 다른 사람의 농사일을 돕기도 하였다.

③ 마을 사람이 죽으면 장례 치르는 일을 도왔다.

④ 제사에 쓸 돼지를 옷과 바꾸는 일을 도맡아 하였다.

⑤ 공동 우물 청소와 같이 마을 전체에 도움이 되는 일을 하였다.

5 황만근에 대한 마을 사람들의 태도로 가장 적절한 것은?

① 마을 사람들은 마을의 일을 도와주는 황만근을 존경하고 있다.

② 마을 사람들은 마을에서 도움이 되지 않는 황만근을 혐오하고 있다.

③ 마을 사람들은 마을의 궂은일을 도맡아 하는 황만근을 무시하고 있다.

④ 마을 사람들은 공짜 술만 찾는 황만근에 대해 인색하다고 생각하고 있다.

⑤ 마을 사람들은 마을의 여러 가지 일을 맡아서 하는 황만근을 시샘하고 있다.

◆
인색 재물을 아끼는 태도가
몹시 지나침.
시샘 '시새움'의 준말. 자기
보다 잘되거나 나은 사람을
공연히 미워하고 싫어함. 또
는 그런 마음.

6 〈보기〉를 읽고 난 후 ㉠에 대해 보인 반응으로 가장 적절한 것은?

〈보기〉

　　소설에 등장하는 바보형 인물은 어리숙하고 시대의 흐름에 맞지 않는 언행으로 주변 사람
들에게 바보 취급을 받는다. 주변 사람들은 한 단계 더 나아가 이 인물을 이용하거나 불편하게
만들기도 한다. 하지만 이 인물은 보통 사람들처럼 반응하지 않아서 바보라는 오해를 받는 것
뿐이다. 작가는 이 인물을 통해 순수하고 이타적인 사람이 오히려 바보로 여겨지는 현대 사회
의 비인간성을 비판한다.

① 황만근은 황재석의 이타적인 말에 감동하고 있군.

② 황만근은 황재석이 바보라고 생각하여 그의 말에 동조하고 있군.

③ 황만근은 황재석의 말을 듣고 그가 순수한 사람이라고 생각하고 있군.

④ 황만근은 황재석의 말에 기분 나빠하기는커녕 보통 사람과는 다르게 반응하고 있군.

⑤ 황만근은 황재석의 말을 듣고 자신을 이용한 마을 사람들에게 적대감을 보이고 있군.

발단 – 전개 – 위기 – 절정 – **결말**

이장의 지시대로 경운기를 끌고 궐기 대회에 참가했다가 돌아오던 길에 경운기가 논바닥에 처박혀 동사한 황만근의 속되지 않고 뛰어난 인품을 묘비명 형식을 통해 밝히고 있는 상황이다.

황만근, 황 선생은 어리석게 태어났는지는 모르지만 해가 가며 차츰 신지(神智)가 돌아왔다. 하늘이 착한 사람을 따뜻이 덮어 주고 땅이 은혜롭게 부리를 대어 알껍질을 까 주었다. 그리하여 후년에는 그 누구보다 지혜로웠다. 그는 누구에게도 해를 끼치지 않았듯 그 지혜로 어떤 수고로운 가르침도 함부로 남기지 않았다. ㉠스스로 땅의 자손을 자처하여 늘 부지런하고 근면하였다. ㉡사람들이 빚만 남는 농사에 공연히 뼈를 상한다고 하였으나 개의치 아니하였다. ㉢사람 사이에 어려움이 있으면 언제나 함께하였고 공에는 자신보다 남을 내세워 뒷사람을 놀라게 했다. ㉣하늘이 내린 효자로서 평생 어머니 봉양을 극진히 했다. 아들에게는 따뜻하고 이해심 많은 아버지였고 훈육을 할 때는 알아듣기 쉽게 하여 마음으로 감복시켰다.

㉤선생은 천성이 술을 좋아하였는데 사람들은 선생이 가난한 것은 술 때문이라고 했다. 선생은 어느 농사꾼보다 부지런했고 농사일에도 익어 있었다. 문중 땅과 나이가 들어 농사가 힘에 부친 사람의 땅을 빌려 농사를 지었다. 농사를 짓되 땅에서 억지로 빼앗지 않고 남으면 술을 빚어 가벼운 기운은 하늘에 바치고 무거운 기운은 땅에 돌려주었다. 그러므로 선생은 술로써 망한 것이 아니라 술의 물감으로 인생을 그려 나간 것이다. 선생이 마시는 막걸리는 밥이면서 사직(社稷)의 신에게 바치는 헌주였다. 힘의 근원이고 낙천(樂天)의 뼈였다.

전일에, 선생은 경운기를 끌고 면 소재지로 갔지만 경운기를 타고 온 사람이 없어 같이 갈 사람을 만나지 못했다. 선생은 다시 경운기를 끌고 백 리 길을 달려 약속 장소인 군청까지 갔다. 가는 동안 선생은 여러 번 차에 부딪힐 뻔했다. 마른 봄바람에 섞인 먼지가 눈을 괴롭혔다. 날은 흐렸고 추웠다. 이윽고 비가 내리기 시작했다. 경운기에는 비를 피할 만한 덮개가 없어서 선생은 뼛속까지 젖어 드는 추위에 몸을 떨었다. 선생이 군청 앞까지 갔을 때 이미 대회는 끝나고 아무도 없었다. 어머니에게 가져다줄 생선을 사고 몸을 녹인 선생은 날이 어두워 오는 줄도 모르고 경운기에 올라 집으로 향했다. 경운기에는 빠르게 달리는 차량의 주의를 끌 만한 표지가 없어서 선생은 몇 번이나 사고를 당할 뻔했다. 그때마다 멈추었다가 다시 출발하는 바람에 시간은 점점 늦어졌다. 어두워지면서 경운기는 길옆의 논으로 떨어졌고 수레는 부서졌다. 결국 선생은 그 밤 안으로 집에 돌아갈 수 없다는 걸 알았다. 선생은 경운기에 실려 있는 땅의 젖에 취하여 경운기 옆에 앉아 경운기를 지켰다. 그러나 경운기는 선생을 지켜 주지 않았다. 추위와 졸음으로부터 선생을 지켜 주지 못했다. 아아, 선생이 좀 더 살았더라면 난세의 혹염에 그늘의 덕을 널리 베푸는 큰 나무가 되었을 것이다.

어느 누구도 알아주지 아니하고 감탄하지 않는 삶이었지만 선생은 깊고 그윽한 경지를 이루었다. 보라. 남의 비웃음을 받으며 살면서도 비루하지 아니하고 홀로 할 바를 이루어 초지를 일관하니 이 어찌 하늘이 낸 사람이라 아니할 수 있겠는가. 이 어찌 하늘이 내고 땅이 일으켜 세운 사람이 아니랴.

신지 신령스럽고 기묘한 지혜.
문중 성과 본이 같은 가까운 집안.
사직 나라 또는 조정을 이르는 말.
낙천 세상과 인생을 즐겁고 좋은 것으로 여김.
혹염 몹시 심한 더위.
비루하다 행동이나 성질이 너절하고 더럽다.
초지 처음에 품은 뜻.

7 윗글은 민 씨가 쓴 황만근의 묘비명이다. 이에 대한 설명으로 적절하지 <u>않은</u> 것은?

① 민 씨는 황만근이 매우 근면한 일꾼이었다고 생각하며 묘비명을 썼다.

② 민 씨는 황만근이 매우 지혜로운 사람이었다고 생각하며 묘비명을 썼다.

③ 민 씨는 황만근이 효자이면서 자애로운 아버지였다고 생각하며 묘비명을 썼다.

④ 민 씨는 황만근이 술을 좋아해서 부유해질 수 있었다고 생각하며 묘비명을 썼다.

⑤ 민 씨는 황만근이 오래 살았으면 더 큰 업적을 남길 수 있었다고 생각하며 묘비명을 썼다.

8 〈보기〉를 참고할 때, 황만근의 죽음에 대해 잘못 설명한 것은?

> ─〈보기〉─
>
> 농민 궐기 대회에 참가하는 문제로 이장은 사람들에게 경운기를 가지고 갈 것을 독려한다. 또한 황만근에게도 경운기를 가지고 가도록 요구한다. 황만근의 경운기는 매우 오래되어 황만근 외에는 아무도 몰지 못할 정도이다. 황만근은 농민 궐기 대회에 이러한 자신의 경운기를 몰고 참가하려고 나갔다.

① 황만근은 결국 약속을 지키려고 군청까지 갔다가 죽음을 맞았다.

② 황만근의 오래된 경운기는 그가 죽음을 맞이하게 된 원인 중의 하나이다.

③ 전통을 고수하던 황만근은 현대 기술을 대표하는 자동차 때문에 죽음을 맞았다.

④ 농민들이 암울한 현실을 벗어나고자 궐기 대회를 열었지만 황만근은 대회에 제대로 참석하지도 못하고 죽음을 맞았다.

⑤ 황만근을 죽음으로 내몬 원인 중의 하나는 그의 경운기가 오래되어 농민 궐기 대회에 참여하기 어려운 것을 알면서도 그를 그 대회에 참여하게 만든 사람들이다.

9 ㉠～㉤ 중, 윗글의 배경이 드러나는 부분으로 가장 적절한 것은?

① ㉠   ② ㉡   ③ ㉢   ④ ㉣   ⑤ ㉤

개념➕ '전(傳)'의 계승

• 개념: 본래 '전(傳)'은 사마천의 『사기(史記)』에 나오는 서술 형식으로 한 인물의 일대기를 정리한 글을 말함.

• 특징

– 보통 가계를 정리하고, 살아 있는 동안의 행적을 기록하며, 마지막에 그의 삶을 간략하게 평가하는 구조로 이루어짐.

– 한국 문학에서는 이러한 형식을 계승하여 고려 시대에는 사물을 의인화한 '가전(假傳)'이 등장했고, 조선 시대에도 고전 소설에 이러한 형식이 원용됨.

– 현대 문학에서는 이문구의 「유자소전」이 '전'의 형식을 계승하여 현실을 풍자하였는데, 「황만근은 이렇게 말했다」에서도 마지막에 묘비명이 그의 삶을 평가하고 있어 역시 '전'의 형식을 계승하였다는 평가를 받음.

작품 독해

인물의 특징

1 이 소설에 등장하는 인물들의 특징과 관계를 다음과 같이 정리할 때, 빈칸에 들어갈 내용을 써 보자.

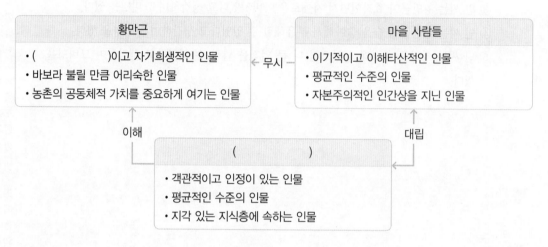

황만근
• (　　　　　　)이고 자기희생적인 인물
• 바보라 불릴 만큼 어리숙한 인물
• 농촌의 공동체적 가치를 중요하게 여기는 인물

← 무시

마을 사람들
• 이기적이고 이해타산적인 인물
• 평균적인 수준의 인물
• 자본주의적인 인간상을 지닌 인물

이해 ↑　　대립 ↑

(　　　　　)
• 객관적이고 인정이 있는 인물
• 평균적인 수준의 인물
• 지각 있는 지식층에 속하는 인물

소설의 구성

2 이 소설의 구성을 '전(傳)'의 구성과 비교하여 다음과 같이 정리할 때, 빈칸에 들어갈 내용을 써 보자.

구성	'전(傳)'	「황만근은 이렇게 말했다」
가계	인물의 집안, 출생, 성장 과정이 서술됨.	황만근의 출생, 가족, 살아온 과정 등이 서술됨.
행적	인물의 업적, 잘못 등을 열거하고 원인과 결과 등을 분석함.	황만근이 (　　　　　)에서 행한 업적들을 구체적으로 서술함.
평가	인물에 대한 평가, 교훈이 제시됨.	(　　　　　)을 통해 황만근의 삶을 정리하고 그에 대해 평가함.

소설의 주제

3 이 소설의 시대적 배경과 황만근의 죽음의 의미를 바탕으로 주제를 정리하여 빈칸에 들어갈 내용을 써 보자.

시대적 배경		황만근의 죽음		주제
1990년대 말 농촌 해체가 지속되고 농산물 수입 개방에 따른 경제적 위기감이 가중되던 때 농가의 (　　　　)가 급증하고 농사로 생활을 유지하기가 어려워짐.	＋	이타적이고 선량한 인물의 (　　　　)은 끝없이 암울한 농촌의 현실을 드러냄.	▶	부채로 무너져 가는 농촌 현실 고발과 인정이 메말라 가는 현대인에 대한 (　　　　)

1990년대 말 농촌의 현실

이 작품의 시대적 배경이 되는 1990년대 말은 농촌의 해체가 계속되고 농산물 수입 개방이 확대되면서 농촌 경제의 위기가 심해지고 있던 때였습니다. 농산물 시장 개방 이후 우리 농산물의 수출은 늘어나지 않는 상태에서 값싼 농산물이 급격히 수입되면서 농가는 직접적인 타격을 받게 되었습니다. 농업의 구조를 개선하고 경쟁력을 강화하기 위해 정부는 농촌 시설 및 설비의 현대화·기계화, 영농의 규모화를 위해 농업 자금 공급을 확대하였으나 농가 소득은 늘지 않고 부채만 증가한 경우도 많았습니다. 또한 농산물 시장의 경쟁이 심해지고, 가격 파동 또한 심해지면서 큰 손실을 보는 농가가 많았습니다.

또한 1997년은 우리나라가 외환 위기로 국제 통화 기금(IMF)으로부터 자금 지원을 받은 해입니다. 당시 외국 자본이 빠져나가면서 우리나라가 보유한 외환은 급속히 줄어들어 우리 정부는 국제 통화 기금에 긴급 지원 요청을 하여 국제 통화 기금의 관리를 받았습니다. 당시 외환 부족으로 사료와 기름 구입이 어렵게 되어 많은 농가가 파산하였으며, 농산물 가격이 하락하고 경영비가 증가하면서 농가의 자금 흐름이 악화되었습니다. 이전부터 지속적으로 증가하고 있던 농가 부채는 국제 통화 기금 관리 체제 상황과 겹치면서 농촌 경제에 매우 큰 타격을 주었습니다. 1998년과 1999년에 들어 파산 농가 수가 증가하면서 이들 농가에 보증을 서 준 연대 보증인의 피해 역시 확산되었습니다. 이 소설은 당시 위기에 처한 이러한 농촌의 현실을 잘 보여 주고 있습니다.

▲ 1990년대 말 금 모으기 운동에 참여하고 있는 시민들의 모습

이 소설에서 민 씨가 황만근의 삶을 평가한 것과 같이 황만근의 행동이나 말을 근거로 들어 그의 삶을 평가해 보자.

_____

_____

_____

_____

_____

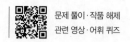

06 운수 좋은 날 ㅣ현진건

소설

✖ 전체 줄거리

발단

김 첨지,
오랜만에
운수가 좋다

"이날이야말로 동소문 안에서 인력거꾼 노릇을 하는 김 첨지에게는 오래간만에도 닥친 운수 좋은 날이었다."

인력거꾼 노릇을 하는 김 첨지에게 오랜만에 행운이 찾아온다. 근 열흘 동안 돈 구경도 못했던 김 첨지는 아침부터 손님을 이어서 태우게 되어 오랫동안 아픈 아내에게 설렁탕을 사 줄 수도 있다는 생각이 들면서 마음이 넉넉해진다.

전개

김 첨지,
계속되는 행운에
불안해하며
귀가를 망설이다

"오늘은 나가지 말아요. 제발 덕분에 집에 붙어 있어요. 내가 이렇게 아픈데…….."

김 첨지는 계속해서 손님을 태워 돈을 잘 벌게 된다. 그는 멀리 가자는 손님의 말에 잠깐 주저하며 오늘은 나가지 말라는 아내의 부탁이 떠올라 불안해하면서도 이를 회피하고 싶은 마음에 귀가 시간을 늦추려 애쓴다.

위기

김 첨지, 술을
마시며 아내에
대한 생각에
불안해하다

"마누라 시체를 집에 버들쳐 놓고 내가 술을 먹다니, 내가 죽일 놈이야, 죽일 놈이야."

김 첨지는 길가 선술집에서 친구 치삼이를 만나 그와 함께 술을 마신다. 김 첨지는 돈을 많이 벌었다며 호기를 부리고 돈에 대한 원망을 드러내는 등 행여 아내가 죽었을지도 모른다는 불안감에 휩싸여 횡설수설한다.

절정

김 첨지, 정적에
싸인 집에서
허장성세를 부리다

"이년, 주야장천(晝夜長川) 누워만 있으면 제일이야! 남편이 와도 일어나지를 못해?"

아내를 위해 설렁탕을 사 들고 들어온 김 첨지는 평소와는 달리 이상하리만큼 조용한 집 앞에서 불길함을 느끼며 일부러 고함을 친다.

결말

김 첨지, 아내의
죽음을 확인하고
슬퍼하다

"설렁탕을 사다 놓았는데 왜 먹지를 못하니? 왜 먹지를 못하니…….? 괴상하게도 오늘은 운수가 좋더니만……."

결국 아내가 죽은 사실을 확인한 김 첨지는 아내의 죽음에 허탈감과 절망감을 느끼며 비통해한다.

✖ 시험에 꼭 나오는 핵심 장면

비 오는 겨울 김 첨지가 행운을 만나는 장면

(왜 자주 출제되는가?) 이 장면은 눈이 올 듯하다가 비가 추적추적 내린다고 서술한 부분으로 작품 전체의 내용과 분위기를 암시하고 있지. 그래서 문학적으로도 굉장히 높은 평가를 받고 있어. 또한 운수가 좋아 돈을 많이 번 김 첨지가 병에 걸린 아내를 떠올리며 조금은 원망스러운 마음을 표현하지만, 결국 아내에 대한 미안함을 드러내고 있어 김 첨지의 심리 상태가 잘 부각된 장면이기 때문에 시험에 자주 출제돼.

김 첨지가 죽은 아내를 발견하는 장면

(왜 자주 출제되는가?) 이 장면은 김 첨지가 집에 돌아왔을 때 이미 아내가 죽었다는 암시가 깔려 있는 배경 묘사로 시작되는데, 이 표현 또한 문학적으로 높은 평가를 받고 있지. 뿐만 아니라 아내를 위해 설렁탕을 사 온 김 첨지가 죽은 아내를 발견하고 "괴상하게도 오늘은 운수가 좋더니만……." 하고 슬퍼하며 작품이 끝나는데, 여기에서 제목과 김 첨지의 마지막 말이 대응하며 반어법의 극치를 보여 주기 때문에 시험에 자주 출제돼.

📖 간단 확인

■ 정답과 해설 10쪽

다음을 읽고 이 글의 내용과 일치하면 ○, 일치하지 않으면 ×를 표시해 보자.

1 인력거꾼 김 첨지는 계속되는 행운에 마냥 기쁘기만 하였다. ································· (   )

2 김 첨지의 아내는 그에게 오늘은 나가지 말아 달라고 부탁하였다. ····················· (   )

3 아내를 위해 설렁탕을 사 들고 집으로 온 김 첨지는 불길함을 느껴 일부러 고함을 쳤다. ··· (   )

4 아내의 죽음을 확인한 김 첨지는 허탈감과 절망감을 느끼며 비통해하였다. ·············· (   )

운수 좋은 날

발단-전개-위기-절정-결말

가난한 인력거꾼 김 첨지에게 손님이 계속 생기는 행운이 지속되는 상황이다.

현진건(1900~1943)
일제 강점기 소설가이자 언론인이다. 대표 작품으로는 「술 권하는 사회」, 「할머니의 죽음」, 「고향」 등이 있다.

| 작품 개관 |
· **갈래**: 단편 소설, 사실주의 소설
· **성격**: 사실적, 반어적, 비극적
· **시점**: 전지적 작가 시점
· **배경**: 일제 강점기, 서울 동소문 주변

◆
새침하다 짐짓 쌀쌀한 기색을 꾸미다.
인력거 사람이 끄는, 바퀴가 두 개 달린 수레. 주로 사람을 태운다.
문안 사대문 안.
백통화 구리와 니켈의 합금으로 만든 돈.
모주 술을 거르고 남은 찌꺼기에 물을 타서 뿌옇게 걸러 낸 탁주.
새로에 '고사하고', '그만두고', '커녕'의 뜻을 나타내는 보조사.
푼푼하다 모자람이 없이 넉넉하다.

새침하게 흐린 품이 눈이 올 듯하더니, ㉠눈은 아니 오고 얼다가 만 비가 추적추적 내리었다.

이날이야말로 동소문 안에서 인력거꾼 노릇을 하는 김 첨지에게는 오래간만에도 닥친 운수 좋은 날이었다. 문안에(거기도 문밖은 아니지만) 들어간답시는 앞집 마나님을 전찻길까지 모셔다 드린 것을 비롯하여 행여나 손님이 있을까 하고 정류장에서 어정어정하며, 내리는 사람 하나하나에게 거의 비는 듯한 눈길을 보내고 있다가, 마침내 교원인 듯한 양복쟁이를 동광 학교(東光學校)까지 태워다 주기로 되었다.

첫 번에 삼십 전, 둘째 번에 오십 전 — 아침 댓바람에 그리 흥하지 않은 일이었다. 그야말로 재수가 옴 붙어서 근 열흘 동안 돈 구경도 못한 김 첨지는 십 전 짜리 백통화 서 푼, 또는 다섯 푼이 찰깍하고 손바닥에 떨어질 제 거의 눈물을 흘릴 만큼 기뻤다. 더구나 이날 이때에 이 팔십 전이라는 돈이 그에게 얼마나 유용한지 몰랐다. 컬컬한 목에 모주 한 잔도 적실 수 있거니와, 그보다도 앓는 아내에게 설렁탕 한 그릇도 사다 줄 수 있음이다.

그의 아내가 기침으로 쿨룩거리기는 벌써 달포가 넘었다. ㉡조밥도 굶기를 먹다시피 하는 형편이니 물론 약 한 첩 써 본 일이 없다. 구태여 쓰려면 못 쓸 바도 아니로되, 그는 병이란 놈에게 약을 주어 보내면 재미를 붙여서 자꾸 온다는 자기의 신조(信條)에 어디까지 충실하였다. 따라서 의사에게 보인 적이 없으니 무슨 병인지는 알 수 없으나, 반듯이 누워 가지고 일어나기는새로에 모로도 못 눕는 걸 보면 중증은 중증인 듯, 병이 이대도록 심해지기는 열흘 전에 조밥을 먹고 체한 때문이다. 그때도 김 첨지가 오래간만에 돈을 얻어서 좁쌀 한 되와 십 전짜리 나무 한 단을 사다 주었더니, 김 첨지의 말에 의하면, 그년이 천방지축(天方地軸)으로 냄비에 대고 끓였다. 마음은 급하고 불길은 달지 않아, 채 익지도 않은 것을 그년이 숟가락은 고만두고 손으로 움켜서 두 뺨에 주먹덩이 같은 혹이 불거지도록 누가 빼앗는 듯이 처박질하더니만 그날 저녁부터 가슴이 땅긴다, 배가 켕긴다 하고 눈을 흡뜨고 지랄병을 하였다. 그때, 김 첨지는 열화와 같이 성을 내며,

"에이, 조랑복은 할 수가 없어, 못 먹어 병, 먹어서 병, 어쩌란 말이야! 왜 눈을 바루 뜨지 못해!"

하고 김 첨지는 앓는 이의 뺨을 한 번 후려갈겼다. 흡뜬 눈은 조금 바루어졌건만 이슬이 맺히었다. 김 첨지의 눈시울도 뜨끈뜨끈한 듯하였다.

이 환자가 그러고도 먹는 데는 물리지 않았다. 사흘 전부터 설렁탕 국물이 마시고 싶다고 남편을 졸랐다.

"이런, 조밥도 못 먹는 년이 설렁탕은……. 또 처먹고 지랄을 하게."

라고 야단을 쳐 보았건만, 못 사 주는 마음이 시원치는 않았다.

인제 설렁탕을 사 줄 수도 있다. 앓는 어미 곁에서 배고파 보채는 개똥이(세살먹이)에게 죽을 사 줄 수도 있다. — 팔십 전을 손에 쥔 김 첨지의 마음은 푼푼하였다.

1 윗글을 통해 알 수 있는 김 첨지의 심리로 가장 적절한 것은?

① 병든 아내를 위해 자신이 아무것도 해 주지 못하는 것에 분노하고 있다.

② 가족을 먹여 살리는 일이 너무 힘들어 가족을 버리고 도망갈 생각을 하고 있다.

③ 아내의 병이 자신의 탓이라고 생각하며 그 죄책감으로 자신의 남은 삶을 포기하려 하고 있다.

④ 아픈 아내에게는 관심이 전혀 없고, 어떻게 하면 많은 돈을 벌 수 있을지에 대해서만 궁리하고 있다.

⑤ 아픈 아내가 원망스러우면서도 아내에게 설렁탕도 못 사 주는 자신의 형편 때문에 미안함을 느끼고 있다.

2 ㉠에 대한 설명으로 가장 적절한 것은?

① 인물 간 갈등 해소의 실마리를 제공한다.

② 주인공의 삶에 행운만이 따를 것임을 암시한다.

③ 주인공이 처한 비극적 삶과 암울한 분위기를 나타낸다.

④ 앞으로 유쾌하고 흥미로운 사건이 전개될 것을 암시한다.

⑤ 주인공이 비 때문에 곤란한 처지에 놓일 것임을 암시한다.

┌ 속담·한자 성어 익히기 ┐

• **구밀복검** 말로는 친한 듯 하나 속으로는 해칠 생각이 있음을 이르는 말.

• **삼순구식** 몹시 가난함을 이르는 말.

• **금란지계** 친구 사이의 매우 두터운 정을 이르는 말.

• **후생가외** 후진들이 선배들보다 젊고 기력이 좋아, 학문을 닦음에 따라 큰 인물이 될 수 있으므로 가히 두렵다는 말.

• **수주대토** 한 가지 일에만 얽매여 발전을 모르는 어리석은 사람을 비유적으로 이르는 말.

3 ㉡의 상황을 나타내는 한자 성어로 가장 적절한 것은?

① 구밀복검(口蜜腹劍)

② 삼순구식(三旬九食)

③ 금란지계(金蘭之契)

④ 후생가외(後生可畏)

⑤ 수주대토(守株待兔)

김 첨지는 계속되는 행운에 기뻐하지만 동시에 앓아누운 아내에 대한 불안감 역시 커져 가는 상황이다.

그리고 집을 나올 제, 아내의 부탁이 마음에 켕기었다. 앞집 마나님한테서 부르러 왔을 제 병인은 그 뼈만 남은 얼굴에 유일의 생물 같은 유달리 크고 움푹한 눈에다 애걸하는 빛을 띠며,

"오늘은 나가지 말아요. 제발 덕분에 집에 붙어 있어요. 내가 이렇게 아픈데⋯⋯."

하고 모깃소리같이 중얼거리며 숨을 걸그렁걸그렁하였다. 그때에 김 첨지는 대수롭지 않은 듯이,

"압다, 젠장맞을. 빌어먹을 소리를 다 하네. 맞붙들고 앉았으면 누가 먹여 살릴 줄 알아?" / 하고 훌쩍 뛰어나오려니까, 환자는 붙잡을 듯이 팔을 내저으며

"나가지 말라도 그래. 그러면 일찍이 들어와요." / 하고 목멘 소리가 뒤를 따랐다.

정거장까지 가잔 말을 들은 순간에 경련적으로 떠는 손, 유달리 큼직한 눈, 울 듯한 아내의 얼굴이 김 첨지의 눈앞에 어른어른하였다.

"그래, 남대문 정거장까지 얼마란 말이오?"

하고 학생은 초조한 듯이 인력거꾼의 얼굴을 바라보며 혼잣말같이,

"인천 차가 열한 점에 있고, 그다음에는 새로 두 점이던가?" / 라고 중얼거린다.

"일 원 오십 전만 줍시오."

이 말이 저도 모를 사이에 불쑥 김 첨지의 입에서 떨어졌다. 제 입으로 부르고도 스스로 그 엄청난 돈 액수에 놀랐다. 한꺼번에 이런 금액을 불러라도 본 지가 그 얼마 만인가! 그러자 그 돈 벌 욕기가 병자에 대한 염려를 사르고 말았다. 설마 오늘 안으로 어떠랴 싶었다. 무슨 일이 있더라도 제일 제이의 행운을 곱친 것보다도 오히려 갑절이 많은 이 행운을 놓칠 수 없다 하였다.

"일 원 오십 전은 너무 과한데." / 이런 말을 하며 학생은 고개를 기웃하였다.

"아니올시다. 이수로 치면 여기서 거기가 시오 리가 넘는답니다. 또 이런 진날에는 좀 더 주셔야지요."

하고 빙글빙글 웃는 차부의 얼굴에는 숨길 수 없는 기쁨이 넘쳐흘렀다.

"그러면 달라는 대로 줄 터이니 빨리 가요."

관대한 어린 손님은 그런 말을 남기고 총총히 옷도 입고 짐도 챙기러 갈 데로 갔다.

그 학생을 태우고 나선 김 첨지의 다리는 이상하게 거뿐하였다. 달음질을 한다느니보다 거의 나는 듯하였다. 바퀴도 어떻게 속히 도는지, 구른다느니보다 마치 얼음을 지쳐 나가는 스케이트 모양으로 미끄러져 가는 듯하였다. 언 땅에 비가 내려 미끄럽기도 하였지만⋯⋯.

이윽고 끄는 이의 다리는 무거워졌다. 자기 집 가까이 다다른 까닭이다. 새삼스러운 염려가 그의 가슴을 눌렀다.

"오늘은 나가지 말아요. 내가 이렇게 아픈데!"

이런 말이 잉잉 그의 귀에 울렸다. 그리고 병자의 움쑥 들어간 눈이 원망하는 듯이 자기를 노리는 듯하였다. 그러자 엉엉하고 우는 개똥이의 곡성을 들은 듯싶다. 딸국딸국하고 숨 모으는 소리도 나는 듯싶다.

병인 병을 앓고 있는 사람.
걸그렁걸그렁 가래 따위가 목구멍에 걸려 숨 쉴 때마다 자꾸 거칠게 나는 소리.
점 예전에, 시각을 세던 단위.
욕기 분수에 넘치게 무엇을 탐내거나 누리고자 하는 마음. 욕심.
갑절 어떤 수나 양을 두 번 합한 만큼.
이수 거리를 '리(里)'의 단위로 나타낸 수.
차부 마차나 우차 따위를 부리는 사람.

4 윗글에 대한 설명으로 적절한 것은?

① 다양한 사건이 병렬적으로 배치되었다.

② 한 이야기 속에 다른 이야기가 들어 있다.

③ 공간의 이동에 따라 갈등이 점차 해결된다.

④ 작품 속 서술자가 자신의 이야기를 전달한다.

⑤ 현재의 사건 사이에 과거의 사건이 삽입되어 있다.

5 윗글의 내용과 일치하지 <u>않는</u> 것은?

① 김 첨지의 아내는 김 첨지에게 나가지 말라고 당부하였다.

② 김 첨지의 인력거를 타려는 학생의 목적지는 남대문 정거장이었다.

③ 김 첨지는 비가 오기 때문에 인력거 요금을 더 받아야 한다고 말하였다.

④ 김 첨지는 계속되는 행운이 불안하여 학생의 요금을 깎아 주기로 하였다.

⑤ 김 첨지의 인력거를 타려는 학생은 일 원 오십 전을 지불하기로 합의하였다.

6 〈보기〉를 참고하여 윗글을 분석한 내용으로 적절하지 <u>않은</u> 것은?

> ─── 보기 ───
> 소설에서 앞으로 일어날 사건에 대해서 미리 독자에게 암시하는 장면 혹은 장치를 복선이라고 한다. 복선은 사건의 원인과 결과가 합리적으로 연결될 수 있도록 배치한 단서로서, 뒤에일어날 일에 대한 추측을 가능하게 한다. 독자는 이런 복선을 알아채고 뒷이야기를 추측함으로써 문학 작품을 읽는 재미가 확장된다.

① 김 첨지가 아내의 부탁이 마음에 켕긴 것은 다가올 사건의 비극성을 알려 주는 복선이라고 볼 수 있다.

② 오늘은 나가지 말라는 아내의 말은 아내가 자신에게 닥쳐올 비극적 사건을 예견하고 있음을 알려 주는 복선이라고 볼 수 있다.

③ 김 첨지가 집 근처에서 새삼스러운 염려가 가슴을 누르는 것을 느낀 것은 가족에게 닥칠 비극적 운명에 대한 복선이라고 볼 수 있다.

④ 학생을 태운 김 첨지의 발걸음이 거뿐한 것은 목적지까지 무사하게 도착할 것이라는 김 첨지의 미래를 알려 주는 복선이라고 볼 수 있다.

⑤ 경련적으로 떠는 손, 유달리 큼직한 눈, 울 듯한 아내의 얼굴이 김 첨지의 눈앞에 어른거린 것은 아내의 비극적 운명을 알려 주는 복선이라고 볼 수 있다.

발단 · 전개 · 위기 · **절정** · 결말

아내가 먹고 싶어 하던 설렁탕을 사 들고 귀가한 김 첨지가 아내의 죽음을 확인하고 오열하는 상황이다.

김 첨지는 취중에도 ㉠설렁탕을 사 가지고 집에 다다랐다. 집이라 해도 물론 셋집이요, 또 집 전체를 세든 게 아니라 안과 뚝 떨어진 행랑방 한 칸을 빌려 든 것인데 물을 길어 대고 한 달에 일 원씩 내는 터이다. 만일 김 첨지가 주기를 띠지 않았던들 한 발을 대문 안에 들여놓았을 제 ⓐ그곳을 지배하는 무시무시한 정적(靜寂) ― 폭풍우가 지나간 뒤의 바다 같은 정적에 다리가 떨렸으리라. ⓑ쿨룩거리는 기침 소리도 들을 수 없다. 그르렁거리는 숨소리조차 들을 수 없다. 다만 이 ⓒ무덤 같은 침묵을 깨뜨리는 ― 깨뜨린다느니보담 한층 더 침묵을 깊게 하고 불길하게 하는 ⓓ빡빡하는 그윽한 소리 ― 어린애의 젖 빠는 소리가 날 뿐이다. 만일 청각이 예민한 이 같으면, ⓔ그 빡빡 소리는 빨 따름이요, 꿀떡꿀떡하고 젖 넘어가는 소리가 없으니, 빈 젖을 빤다는 것도 짐작할는지 모르리라.

혹은, 김 첨지도 이 불길한 침묵을 짐작했는지도 모른다. 그렇지 않으면 대문에 들어서자마자 전에 없이, / "남편이 들어오는데 나와 보지도 않아, 이년."

이라고 고함을 친 게 수상하다. 이 고함이야말로 제 몸을 엄습해 오는 무시무시한 증을 쫓아 버리려는 허장성세(虛張聲勢)인 까닭이다.

하여간 김 첨지는 방문을 왈칵 열었다. 구역을 나게 하는 추기 ― 떨어진 삿자리 밑에서 나온 먼지내, 빨지 않은 기저귀에서 나는 똥내와 오줌내, 가지각색 때가 켜켜이 앉은 옷내, 병인의 땀 썩은 내가 섞인 추기가 무딘 김 첨지의 코를 찔렀다. / 방 안에 들어서며 설렁탕을 한구석에 놓을 사이도 없이 주정꾼은 목청을 있는 대로 다 내어 호통을 쳤다.

"이년, 주야장천(晝夜長川) 누워만 있으면 제일이야! 남편이 와도 일어나지를 못해?"

라는 소리와 함께 발길로 누운 이의 다리를 몹시 찼다. 그러나 발길에 차이는 건 사람의 살이 아니고 나뭇등걸과 같은 느낌이 있었다. 이때에 빡빡 소리가 응아 소리로 변하였다. 개똥이가 물었던 젖을 빼어 놓고 운다. 운대도 온 얼굴을 찡그려 붙여서 운다는 표정을 할 뿐이라, 응아 소리도 입에서 나는 게 아니고, 마치 뱃속에서 나는 듯하였다. 울다가 울다가 목도 잠겼고 또 울 기운조차 시진한 것 같다.

발로 차도 그 보람이 없는 걸 보자 남편은 아내의 머리맡으로 달려들어 그야말로 까치집 같은 환자의 머리를 껴들어 흔들며,

"이년아, 말을 해, 말을! 입이 붙었어?" / "……." / "으응, 이것 봐, 아무 말이 없네."

"……." / "이년아, 죽었단 말이냐, 왜 말이 없어?" / "……."

"으응, 또 대답이 없네, 정말 죽었나 보이."

이러다가 누운 이의 흰창이 검은창을 덮은, 위로 치뜬 눈을 알아보자마자,

"이 눈깔! 이 눈깔! 왜 나를 바루 보지 못하고 천장만 바라보느냐, 응?" / 하는 말끝엔 목이 메었다. 그러자 산 사람의 눈에서 떨어진 닭똥 같은 눈물이 죽은 이의 뻣뻣한 얼굴을 어룽어룽 적시었다. 문득 김 첨지는 미친 듯이 제 얼굴을 죽은 이의 얼굴에 비비대며 중얼거렸다.

"설렁탕을 사다 놓았는데 왜 먹지를 못하니? 왜 먹지를 못하니……? 괴상하게도 오늘은 운수가 좋더니만……."

허장성세 실속은 없으면서 큰소리치거나 허세를 부림.
추기 송장이 썩어서 흐르는 물.
삿자리 갈대를 엮어서 만든 자리.
주야장천 밤낮으로 쉬지 아니하고 연달아.
시진 기운이 빠져 없어짐.
흰창 '흰자위'의 방언.

7 ㉠에 대한 설명으로 가장 적절한 것은?

① 김 첨지가 가장 좋아하는 음식으로 향토적 정서를 부각시킨다.

② 김 첨지가 술을 먹으면 자신도 모르게 매번 집에 사 오는 음식이다.

③ 엄마 젖을 잘 먹지 못하는 아들 개똥이를 먹이기 위해 산 음식이다.

④ 김 첨지가 인력거꾼 생활을 끝낼 수 있다는 가능성을 암시하는 소재이다.

⑤ 아내에 대한 김 첨지의 사랑을 보여 주는 동시에 결말의 비극성을 심화시킨다.

8 ⓐ~ⓔ가 암시하는 바로 적절하지 <u>않은</u> 것은?

① ⓐ: 아주 고요한 분위기를 통해 비극적인 일이 일어났음을 암시한다.

② ⓑ: 기침 소리가 안 들리는 것을 통해 아내의 죽음을 암시한다.

③ ⓒ: 비유적 표현을 통해 아내의 죽음으로 무덤이 되어 버린 집을 암시한다.

④ ⓓ: 그윽한 소리를 통해 김 첨지가 평소에 자신의 집에서 아늑함을 느껴왔음을 암시한다.

⑤ ⓔ: 빈 젖을 빠는 소리를 통해 엄마가 죽어 더는 젖이 안 나온다는 것을 암시한다.

9 〈보기〉를 읽은 후 윗글에 대해 보인 반응으로 가장 적절한 것은?

> ──〈보기〉──
>
> 현진건의 「운수 좋은 날」은 일제 강점기를 배경으로 비참하게 살아가는 한 인력거꾼의 하루를 통해 비극적인 삶의 단면을 제시한다. 사실주의적 수법으로 그의 삶을 그려 내고 있는 이 소설은, 주인공이 체험하는 사건이 자신의 생각과 정반대로 전개되는 '상황적 반어' 수법을 효과적으로 활용하여 비극성을 심화시키고 있다.

① 상황적 반어는 김 첨지의 운수 좋은 날이 결국 가장 불행한 날이 된 것이군.

② 김 첨지가 술에 취했음에도 불구하고 설렁탕을 사 오는 장면이 상황적 반어에 해당하는군.

③ 김 첨지가 고된 하루를 마치고 집에 돌아올 수 있었다는 것이 상황적 반어에 해당하는군.

④ 김 첨지는 운수 탓을 하지 않음으로써 가장 운수 좋은 날을 맞이하게 되는 상황적 반어를 겪는군.

⑤ 상황적 반어는 김 첨지가 가난한 인력거꾼임에도 불구하고 가족과 함께 단란한 삶을 살고 있다는 것이군.

개념⁺ 반어의 종류

• 언어적 반어: 겉으로 드러난 말과 실질적 의도가 다르거나 정반대로 표현하는 경우를 말함.

• 상황적 반어: 주인공이 체험하는 사건이나 의도하는 일이 자신의 생각과 정반대로 전개되는 경우를 말함. 「운수 좋은 날」은 상황적 반어 수법이 사용된 대표적인 작품에 해당함.

1 이 소설에 사용된 소재의 의미를 다음과 같이 정리할 때, 빈칸에 들어갈 내용을 써 보자.

(   )

주인공이 처한 우울한 삶의 전체적인 분위기를 표현하고 결말 부분을 암시함.

(   )

하층민의 궁핍한 삶을 드러내고 아내에 대한 김 첨지의 근심과 배려, 사랑을 상징함.

돈

배고픔과 추위를 해결해 주는 것이면서도 김 첨지의 비극이 발생하게 된 원인으로 원망과 울분의 대상임.

술

김 첨지의 힘든 처지를 잠시 잊게 해 주고, 불행한 예감을 잠시 떨칠 수 있게 해 줌.

2 다음과 같은 행동을 통해 김 첨지의 성격을 정리하여 빈칸에 들어갈 내용을 써 보자.

- 앓는 아내의 (   )을 때림.
- 아내에게 비속어를 사용하며 야단을 침.
- 아내를 위해 설렁탕을 사 가지고 집으로 돌아옴.
- 죽은 아내의 얼굴에 제 얼굴을 비비대며 슬피 욺.

▶

겉과 달리 속으로는 아내를 (   ) 하는 마음이 깊은 사람임.

3 이 소설의 결말 부분에 드러난 표현상의 특징과 효과를 정리하여 빈칸에 들어갈 내용을 써 보자.

"괴상하게도 오늘은 운수가 좋더니만……."

특징 | 돈을 잘 번 운수 좋은 날이 결국 아내가 죽은 운수 나쁜 날이 되어 상황이 반전됨.

효과 |
- 아내의 죽음이 가지는 비극성이 고조됨.
- (   )의 비참한 삶을 강조함.
- 비극적 (   )을 부각시킴.

일제 강점기 인력거꾼의 삶

이 작품은 1920년대 일제 강점 당시 조선인의 궁핍하고 비참한 삶의 모습을 서울 동소문 안에 사는 김 첨지라는 인력거꾼의 삶을 통해서 사실적으로 그리고 있습니다.

인력거꾼은 주로 사람을 태우는 바퀴가 두 개 달린 수레인 인력거를 끄는 일을 직업으로 하는 사람을 말합니다. 인력거가 우리나라에 들어온 것은 1894년으로, 한 일본인이 인력거 10대를 수입하여 운행한 것이 시초입니다. 인력거는 서울뿐만 아니라 부산, 평양, 대구 등 지방 도시에까지 보급되었으며, 초기에는 관리, 중산층, 노약자, 기생 등이 가마를 대신하는 교통수단으로 많이 이용하였습니다. 1920년대는 이러한 인력거의 전성기로, 1923년에 전국의 인력거는 약 4,600대에 이르렀습니다. 하지만 인력거꾼의 근무 조건은 좋지 않았고, 사회적 지위는 매우 낮았으며, 수입도 변변하지 못하였습니다. 게다가 전차가 보급되고, 버스와 임대 승용차(택시)가 등장하면서 인력거를 이용하는 사람은 점점 줄어들었습니다. 그에 따라 인력거꾼의 생활은 더욱 어려워졌으며 많은 인력거꾼들이 차츰 직업을 잃게 되었습니다.

▶ 인력거 체험 행사

이 소설에서 김 첨지는 마지막 장면에서 아내에게 고함을 치며 폭력적인 행동까지 한다. 김 첨지의 상황을 고려하여 김 첨지가 아내를 이렇게 대했던 이유는 무엇일지 추측해 보자.

_____

_____

_____

_____

_____

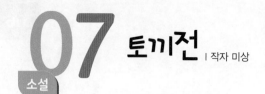

07 토끼전 | 작자 미상

소설

문제 풀이·작품 해제
관련 영상·어휘 퀴즈

🎴 전체 줄거리

발단

용왕,
토끼의 간이
병을 낫게 할 약이
된다는 말을 듣다

"소신이 비록 재주가 없사오나 인간 세상에 나가 토끼를 사로잡아 오겠습니다."
갑자기 병을 얻게 된 용왕은 병을 낫게 해 줄 약을 백방으로 찾았지만 효험이 있는 약을 찾지 못하고 병세가 날로 깊어 갔다. 그러던 어느 날, 한 도사에게 토끼의 간이 약이 된다는 말을 듣고 용왕은 기뻐하며 육지에 가 토끼를 잡아 올 신하를 찾는다. 이때 별주부가 자청하여 토끼를 사로잡아 오기로 한다.

전개

별주부,
감언이설로
토끼를 꼬드기다

"아침에는 안개를 타고 저녁에는 구름을 잡아타고 온 세상을 잠깐 사이에 왕래하며 옥으로 만든 피리를 불며 공중으로 마음대로 다니니 한 몸의 맑은 흥취를 어찌 다 헤아릴 수 있겠는가?"
육지에 올라온 별주부는 토끼를 만나 수궁의 아름다운 경치와 풍성한 먹을거리를 자랑하기도 하고, 육지에서 살다가는 언제 어떻게 죽을지 모른다고 하며 온갖 감언이설로 토끼를 유혹한다. 결국 별주부의 말에 속은 토끼는 별주부를 따라 수궁으로 간다.

절정

토끼,
꾀를 내어
용왕을 속이다

"비록 지금 죽는다고 한들 어찌 조금이라도 여한이 있겠사옵니까? 다만 애달픈 바는 제가 비록 하찮은 짐승이오나 보통 짐승과 달라, 지금은 간이 없나이다."
용왕이 토끼의 간을 꺼내 오라고 명령하자, 토끼는 살아날 방법을 생각한다. 토끼는 용왕에게 자신의 간을 육지에 두고 왔다고 거짓말을 하고 용왕은 토끼의 꾀에 속아 넘어간다. 용왕은 토끼의 거짓말을 믿고 별주부를 시켜 토끼를 육지로 데려다 준다.

결말

토끼는 돌아가고,
별주부는
탄식하다

"미련한 자라야, 뱃속에 든 간을 어이 들이고 낼 수 있겠느냐? 이는 잠시 나의 묘한 꾀로 미련하고 어리석은 너희 용왕과 수궁 신하들을 속인 말이로다."
육지에 도착한 토끼는 별주부를 비웃으며 숲속으로 달아나고 별주부는 토끼에게 속았음을 알고 탄식하며 자결한다. 용왕은 자신의 잘못을 반성하며 태자에게 자리를 물려주고 죽음을 맞이한다.

토끼가 거짓말로 용왕을 속이는 장면

(왜 자주 출제되는가?) 이 장면은 토끼가 자신의 간을 육지에 놓고 왔다는 거짓말로 용왕을 속이는 장면이야. 죽을 위험에 처한 토끼는 목숨을 구하기 위해 꾀를 생각해 내지. 토끼의 말을 믿지 않으려는 용왕과 토끼의 치열한 머리싸움이 흥미를 더하고 갈등이 최고조에 달한다는 점에서 시험에 자주 출제돼.

토끼가 육지로 돌아와 자취를 감추는 장면

(왜 자주 출제되는가?) 이 장면은 계책이 성공하여 육지로 살아 돌아온 토끼가 별주부를 비웃으며 숲속으로 자취를 감추고, 별주부는 속았다는 것을 알고 탄식하며 죽음에 이르는 장면이야. 용왕과 토끼의 갈등이 지혜로운 토끼의 승리로 끝나는데 이를 통해 이 작품의 주제가 명확하게 드러나기 때문에 시험에 자주 출제돼.

🖌 간단 확인

■ 정답과 해설 12쪽

다음을 읽고 이 글의 내용과 일치하면 ○, 일치하지 않으면 ✕를 표시해 보자.

1 용왕은 토끼의 간이 병을 낫게 할 약이 된다는 말을 듣고 토끼를 잡아 오라고 하였다. ·················· (　)

2 토끼는 용왕의 병을 낫게 하여 그 보답으로 부귀영화를 누리려고 수궁으로 갔다. ····················· (　)

3 토끼는 용왕에게 자신의 간을 육지에 두고 왔다고 거짓말을 하였다. ··· (　)

4 별주부는 토끼의 거짓말을 믿지 않았기 때문에 토끼와 육지까지 함께 갔다. ····························· (　)

토끼전

발단─전개─**절정**─결말

토끼가 자신의 간을 꺼내려는 용왕에게 간을 육지에 두고 왔다고 말하며 죽을 위기에서 벗어나고자 하는 상황이다.

│작품 개관│

·**갈래**: 고전 소설, 판소리계 소설
·**성격**: 해학적, 풍자적, 교훈적
·**배경**: 옛날 옛적, 용궁, 바닷가, 산속, 유교 사상이 강조되던 시대

과인 임금이 자기를 낮추어 이르는 말.
사당 조상의 신주를 모셔 놓은 집.
영화롭다 몸이 귀하게 되어 이름이 세상에 빛날 만하다.
나졸 조선 시대에, 포도청에 속하여 관할 구역의 순찰과 죄인을 잡아들이는 일을 맡아 하던 하급 병졸.
축지법 도술로 지맥을 축소하여 먼 거리를 가깝게 하는 술법.
방책 방법과 꾀를 아울러 이르는 말.
영약 영묘한 효험이 있는 신령스러운 약.
일언반구 한 마디 말과 반 구절이라는 뜻으로, 아주 짧은 말을 이르는 말.

용왕이 토끼에게 가로되,

"과인은 수궁의 으뜸인 임금이요, 너는 산중의 조그마한 짐승이라. 과인이 우연히 병을 얻어 고생한 지 오래되었도다. 네 간이 약이 된다는 말을 듣고 특별히 별주부를 보내어 너를 데려왔으니, 너는 죽는 것을 한스럽게 여기지 마라. 너 죽은 후에 비단으로 몸을 싸고 구슬로 장식한 관에 넣어 천하의 명당자리에 묻어 줄 것이니라. 또한, 과인의 병이 낫게 되면, 마땅히 사당을 세워 너의 공을 표하겠노라. 이것이 산중에서 살다가 호랑이나 솔개의 밥이 되거나 사냥꾼에게 잡혀 죽는 것보다 어찌 영화로운 일이 아니겠느냐? 과인의 말은 결코 거짓이 아니니, 너는 죽은 혼이 되더라도 조금도 나를 원망하지 말지어다."

하고는 즉시 토끼의 간을 꺼내 오라고 명령을 내렸다. 그러자 뜰 아래에 늘어서 있던 나졸들이 토끼의 배를 가르려 일시에 달려들었다.

이때, 토끼는 용왕의 말을 듣고 ㉠난데없는 날벼락을 맞은 듯 정신이 아득해졌다.

'㉡부귀영화를 누리게 해 준다는 별주부의 말에 속아 가족과 고향을 버리고 이렇게 왔으니, 어찌 이런 재앙이 없을쏘냐? 이제는 ㉢날개가 있어도 능히 하늘로 날아가지 못할 것이요, 축지법을 쓸지라도 여기서 능히 벗어나지 못하리니 어찌하리오?'

토끼는 절망감에 빠져들었다. 그러다가 다시 생각하되,

'옛말에 이르기를 호랑이 굴에 들어가도 정신만 차리면 산다고 하였으니, 어찌 죽기만 생각하고 살아날 방책을 헤아리지 아니하리오?'

하더니 ㉣문득 한 묘한 꾀를 생각해 냈다.

이에, 얼굴빛을 태연스럽게 하고 고개를 들어 용왕을 우러러보며 가로되,

"제가 비록 죽을지라도 한 말씀 아뢰리다. 용왕님은 수궁의 임금이시요, 저는 산중의 하찮은 짐승일 따름이옵니다. 만일, 제 간으로 용왕님의 병환을 낫게 할 수만 있다면, 어찌 한낱 간 따위를 아끼겠나이까? 게다가 ㉤죽은 뒤에 후하게 장사를 지내 주고 사당까지 세워 주신다고 하시니, 그 은혜는 하늘과 같이 넓고 크나이다. 비록 지금 죽는다고 한들 어찌 조금이라도 여한이 있겠사옵니까? 다만 애달픈 바는 제가 비록 하찮은 짐승이오나 보통 짐승과 달라, 지금은 간이 없나이다. 저는 본래 하늘의 정기를 타고 태어난 까닭에 아침이면 옥 같은 이슬을 받아 마시며 밤낮으로 향기로운 풀을 뜯어 먹고 사옵니다. 제 간이 영약이 되는 것은 그런 까닭입니다. 그래서 세상 사람은 저를 만날 때마다 간을 달라고 심히 보채지요. 저는 이런 간절한 부탁을 매번 거절하기 어려워 간을 염통과 함께 꺼내 맑은 계곡물에 여러 번 씻어 높은 산, 깊은 바위틈에 감춰 두고 다닌답니다. 그러다가 우연히 별주부를 만나 여기에 따라온 것이니, 만일 용왕님의 병환이 이러한 줄 알았던들 어찌 가져오지 아니하였겠나이까?" / 하며 도리어 자라를 꾸짖었다.

"네 진정 임금을 위하는 정성이 있을진대, 어이 이러한 사정을 일언반구도 말하지 아니하였는가?"

1 윗글을 통해 알 수 있는 내용으로 적절한 것은?

① 용왕이 병에 걸린 것은 그리 오래되지 않았다.
② 용왕은 자신의 병이 낫기 위한 방법을 묻기 위해 별주부를 보냈다.
③ 토끼는 자신의 간으로 용왕의 병을 고칠 수 있을 것이라고 믿었다.
④ 토끼는 자신의 배를 가를 것이라는 용왕의 말에 전혀 당황하지 않았다.
⑤ 별주부는 용궁에 오기 전에 토끼에게 용왕의 상황을 이야기하지 않았다.

2 〈보기〉를 참고하여 윗글의 내용을 이해한 것으로 적절하지 <u>않은</u> 것은?

> 【 보기 】
>
> 　소설의 인물은 한 명의 개인이면서 동시에 특정한 사회 집단을 대표하는 경우가 많다. 이 작품에 등장하는 용왕이나 토끼도 특정한 사회 집단을 대표한다고 볼 수 있다. 이 작품 속 인물이 상징하는 집단을 파악하기 위해서는 이 작품이 지배 계층의 권위가 하락한 조선 후기에 향유되었다는 점에 주목할 필요가 있다.

① 용왕은 권력을 지닌 지배 계층을 대표한다.
② 용왕이 병이 든 것은 당시 지배 체제가 위기에 처했다는 것을 보여 준다.
③ 용왕이 병을 치료하기 위해 토끼를 죽이려는 것은 지배 계층의 횡포를 의미한다.
④ 토끼와 자라는 지배 계층에 저항하기 위해 단결하는 피지배 계층의 모습을 나타낸다.
⑤ 꾀를 내어 어려운 상황을 극복하려는 토끼는 여러 가지 어려움을 극복하려는 피지배 계층의 모습을 보여 준다.

3 ㉠~㉤에 대한 설명으로 적절하지 <u>않은</u> 것은?

① ㉠: 토끼는 용왕의 말이 청천벽력(靑天霹靂)과 같다고 생각했겠군.
② ㉡: 토끼는 별주부의 감언이설(甘言利說)에 속았다고 생각했겠군.
③ ㉢: 토끼는 고립무원(孤立無援)의 상황에 처하게 되었다고 생각했겠군.
④ ㉣: 토끼는 하늘이 무너져도 솟아날 구멍이 있다고 생각했겠군.
⑤ ㉤: 토끼의 말은 반포지효(反哺之孝)를 나타낸다고 할 수 있겠군.

【 속담·한자 성어 익히기 】

• **청천벽력** 뜻밖에 일어난 큰 변고나 사건을 비유적으로 이르는 말.

• **감언이설** 귀가 솔깃하도록 남의 비위를 맞추거나 이로운 조건을 내세워 꾀는 말.

• **고립무원** 고립되어 도움을 받을 데가 없음.

• **하늘이 무너져도 솟아날 구멍이 있다** 아무리 어려운 경우에 처하더라도 살아 나갈 방도가 생긴다는 말.

• **반포지효** 자식이 자란 후에 어버이의 은혜를 갚는 효성을 이르는 말.

발단 — 전개 — **절정** — 결말

간이 없다는 토끼의 말에 용왕은 속아 넘어가지만, 자가 사리만은 용왕에게 토끼의 간사한 말을 듣지 말라고 간언하는 상황이다.

토끼의 말이 하도 그럴듯하여 용왕이 그 말이 사실인가 나졸에게 확인해 보라고 하니, 과연 엉덩이에 간을 들이고 내는 듯한 구멍이 별도로 있었다. 그래도 용왕은 의혹이 가시지 아니하였다.

"네 말대로 간을 내는 곳이 있는 듯하나, 간을 넣을 때도 그리로 넣는가?"

토끼가 속으로 생각하기를 / '이제는 내 계교가 거의 맞아 간다.' / 하고 여쭈었다.

"저에게는 다른 짐승과 같지 아니한 일이 많사오니, 잉태를 할 때에는 보름달을 바라보아야 잉태를 하고, 새끼를 낳을 때에는 입으로 낳습니다. 이런 까닭에 간을 넣을 때에는 입으로 넣나이다."

용왕이 더욱 의심하여 말하였다. / "네가 간을 들이고 낼 수 있다 하니, 뱃속에 간이 있는데 혹시 착각하고 있는 것은 아닌가? 그렇다면 배를 갈라 보아야 하지 않겠는가?"

토끼가 다시 여쭈었다.

"제가 비록 간을 들이고 낼 수 있으나, 그 또한 정해진 때가 있사옵니다. 매달 초하루부터 보름까지는 뱃속에 넣어 해와 달의 정기를 받아 천지의 기운을 온전히 간직하고, 보름부터 그믐까지는 배에서 꺼내 옥처럼 깨끗한 계곡물에 씻어 소나무와 대나무가 우거진 깨끗한 바위틈에 아무도 모르게 감춰 둔답니다. 그렇기에 제 간을 두고 세상 사람들이 모두 영약이라고 하는 것이지요. 별주부를 만난 때는 곧 오월 하순이었습니다. 만일, 별주부가 용왕님의 병환이 이렇듯 위급함을 미리 말했더라면 며칠 기다렸다 간을 가져왔을 것이니, 이는 모두 별주부의 미련한 탓이로소이다."

대개 수궁은 육지의 사정에 밝지 못한 까닭에 용왕은 토끼의 말을 묵묵히 듣고 있다가 속으로 헤아리되,

'만일 저 말과 같을진대, 배를 갈라 간이 없으면 애써 잡은 토끼만 죽일 따름이요, 다시 누구에게 간을 얻을 수 있으리오? 차라리 살살 달래어 육지에 나가 간을 가져오게 함이 옳도다.'

하고, 좌우에 명하여 토끼의 결박을 풀고 자리를 마련해 편히 앉도록 했다. 토끼가 자리에 앉아 황공함을 이기지 못하거늘, 용왕이 가로되,

"토 선생은 과인의 무례함을 너무 탓하지 마시게." / 하고, 옥으로 만든 술잔에 귀한 술을 가득 부어 권하며 재삼 위로하니, 토끼가 공손히 받아 마신 후 황송함을 아뢰었다.

그때, 한 신하가 문득 앞으로 나와 아뢰었다.

"신이 듣사오니 토끼는 본디 간사한 짐승이라 하옵니다. 바라옵건대 토끼의 간사한 말을 곧이듣지 마시고 바삐 간을 내어 옥체를 보중하옵소서."

모두 바라보니, 간언을 잘하는 자가사리였다. 하지만, 토끼의 말을 곧이듣게 된 용왕은 기꺼워하지 않으며 말하였다.

"토 선생은 산중의 점잖은 선비인데, 어찌 거짓말로 과인을 속이겠는가? 경은 부질없는 말을 내지 말고 물러가 있으라."

계교 요리조리 헤아려 보고 생각해 낸 꾀.
잉태 아이나 새끼를 뱀. 임신.
보중 몸의 관리를 잘하여 건강하게 유지함.
간언 웃어른이나 임금에게 옳지 못하거나 잘못된 일을 고치도록 하는 말.
기꺼워하다 마음속으로 은근히 기쁘게 여기다.

4 용왕에 대한 설명으로 적절하지 <u>않은</u> 것은?

① 토끼의 말을 믿지 않는 신하의 말을 불쾌하게 생각했다.

② 자신만의 특별한 점을 강조하는 토끼의 말을 믿게 되었다.

③ 토끼의 간을 얻기 위해 토끼를 달래야겠다는 생각을 하였다.

④ 육지의 사정에 밝아서 토끼의 간이 영약이라는 사실을 알고 있었다.

⑤ 처음에는 토끼의 말을 의심하다가 점차 토끼의 말을 믿기 시작하였다.

5 〈보기〉를 참고하여 윗글을 읽은 후에 보인 반응으로 적절하지 <u>않은</u> 것은?

 개념➕ 우화

<보기>

> 이 작품은 동물이 주인공인, 일종의 우화(寓話)라고 할 수 있다. 우화에 등장하는 동물들은 특정한 인간의 유형을 형상화한 것으로, 우화에서는 동물들의 모습을 통해 인간 사회에 대해 비판을 하거나 사람들에게 교훈을 전달한다.

① 이 작품에 등장하는 동물들의 특성에 주목하면서 글을 다시 읽어야겠군.

② 위급한 상황에서 포기하지 않고 해결책을 찾아내는 토끼의 태도를 배워야겠군.

③ 용왕에게 간언을 하는 자가사리는 소신이 있는 인간의 유형을 형상화한 것이겠군.

④ 간을 육지에 두고 왔다고 말하는 토끼는 지혜로운 인간의 유형을 형상화한 것이겠군.

⑤ 토끼를 토 선생으로 부르는 용왕은 상대방을 존중하는 인간의 유형을 형상화한 것이겠군.

• **개념**: 동물이나 식물 또는 무생물 등을 통해 인간의 성격을 풍자적으로 나타내어 유익한 교훈을 주는 짤막한 이야기

• **특징**
  – 인물: 사람 대신 동물이나 식물 또는 무생물이 등장함.
  – 배경: 시대, 장소 등이 막연함.
  – 사건: 본격적인 소설과 달리 갈등이 심각하지 않음.
  – 주제: 도덕적이고 교훈적인 이야기가 많음.

6 토끼의 말하기 방식에 대한 평가로 적절한 것은?

① 동정에 호소하며 상대방의 반성을 유도하고 있다.

② 상대방의 권위에 의문을 품으며 자신감 있는 태도로 말하고 있다.

③ 상대방의 주장을 일부 인정하면서 그에 대한 반론을 펼치고 있다.

④ 상대방의 질문에 적절하게 대답하면서 상대방의 신뢰를 얻고 있다.

⑤ 상대방 주장의 문제점을 지적하면서 상대방의 문제를 해결할 여러 가지 방법을 제시하고 있다.

별주부와 함께 육지로 돌아온 토끼는 별주부를 한껏 비웃은 뒤 숲속으로 사라지고 용왕은 반성하며 죽음을 맞는 상황이다.

그리하여 토끼는 다시 별주부의 등에 올라앉아 너른 바닷물을 건너 육지에 이르렀다. 별주부가 토끼를 내려놓으니, 토끼는 기쁨에 겨워 노래하되,

"㉠이는 진실로 그물을 벗어난 새요, 함정에서 도망 나온 범이로다. 만일, 나의 묘한 꾀가 아니었더라면, 어찌 고향 산천을 다시 볼 수 있었으리오?"

하며 사방으로 팔짝팔짝 뛰놀았다.

별주부가 토끼의 이런 모습을 보고 말하였다.

"㉡우리의 갈 길이 바쁘니, 그대는 속히 돌아갈 일을 생각하라."

토끼가 큰 소리로 웃으며,

"미련한 자라야, 뱃속에 든 간을 어이 들이고 낼 수 있겠느냐? ㉢이는 잠시 나의 묘한 꾀로 미련하고 어리석은 너희 용왕과 수궁 신하들을 속인 말이로다. 또, 너희 용왕이 병든 것이 나와 무슨 관계가 있다는 말이냐? 예로부터 전해지는 풍마우불상급(風馬牛不相及)이란 말은 이를 두고 이름이라. 그리고 이놈, 별주부야! 아무 걱정 없이 산속에서 한가로이 지내던 나를 유인하여 너의 공을 이루려 하였으니, 수궁에서 죽을 뻔한 일을 생각하면 아직도 머리털이 꼿꼿이 서는 듯하다. 너를 죽여 나의 분을 풀어야 마땅하겠지만, 네가 나를 업고 만리창파 너른 바닷길을 왕래하던 수고를 생각하여 목숨만은 살려 주겠노라. 죽고 사는 일은 모두 하늘의 명에 달린 것이니, 속히 돌아가 다시는 부질없는 생각을 내지 말라고 용왕에게 전하여라. 나는 청산으로 돌아가노라."

하고는 소나무 우거진 숲속으로 자취를 감추어 버렸다.

이때, 별주부는 토끼가 간 곳을 바라보며 길게 탄식하여 가로되,

"㉣충성이 부족한 탓에 간특한 토끼에게 속아 빈손으로 돌아가게 되었으니 무슨 면목으로 우리 용왕과 신하들을 대하리오? 차라리 이곳에서 죽는 것만 같지 못하도다."

하고 토끼에게 속은 사연을 적어 바위에 붙이고, 머리를 바위에 부딪쳐 죽었다.

별주부가 떠난 뒤 소식이 없자 용왕은 거북을 보내어 자세한 사정을 알아 오라 분부했다. 거북이 즉시 물가에 이르러 살펴보니, 바위 위에 글이 붙어 있고, 곁에 별주부의 시체가 있었다.

거북이 돌아와 용왕에게 아뢰니, 용왕이 별주부를 불쌍히 여겨 후하게 장사를 지내 주었다. 그 후, 여러 신하들은 산중의 하찮은 토끼가 수궁의 군신을 속인 죄를 묻기 위해서 토끼를 잡아들여야 한다며 용왕에게 상소를 올렸다. 하지만, 용왕이 이르기를

"여러 신하들의 말은 옳지 않다. ㉤과인이 하늘의 명을 모르고 무고한 토끼의 목숨을 빼앗으려 하였으니 어찌 현명하다 하겠느냐? 그대들은 다시 아무 말도 하지 마라."

하고는 태자에게 자리를 물려주고 죽으니, 그때 용왕의 나이 일천팔백 세였다. 태자와 여러 신하들은 애통해하며 성대하게 장사를 치르니, 그 광경이 매우 엄숙하였다.

풍마우불상급 말과 소가 짝을 찾지만 멀리 떨어져 있어 서로 미치지 못한다는 뜻으로, 전혀 관계가 없음을 이르는 말.
만리창파 만 리까지 펼쳐진 푸른 물결이라는 뜻으로, 끝없이 넓은 바다를 이르는 말.
간특하다 간사하고 악독하다.
장사 죽은 사람을 땅에 묻거나 화장하는 일.
군신 임금과 신하를 아울러 이르는 말.

7 다음 중 윗글에서 답을 찾을 수 있는 질문이 **아닌** 것은?

① 용왕은 죽은 별주부를 어떻게 생각했을까?

② 용왕은 별주부의 죽음을 어떻게 알게 되었을까?

③ 별주부가 죽음을 결심하게 된 까닭은 무엇일까?

④ 숲속으로 도망간 토끼는 이후에 어떻게 살았을까?

⑤ 용왕이 토끼를 잡아들이지 못하게 한 까닭은 무엇일까?

8 〈보기〉는 「토끼전」의 다른 결말이다. 〈보기〉에 대한 설명으로 적절한 것은?

> ┌─ 보기 ─┐
>
> 토끼가 사라지고 별주부가 깊이 탄식할 때 관음보살이 나타난다. 별주부의 정성에 감동한 관음보살은 별주부에게 용왕의 병을 고칠 수 있는 약을 주고, 별주부가 가지고 간 약을 먹은 용왕은 병이 낫는다.

① 〈보기〉는 윗글에 비해 토끼의 지혜로움을 부각하고 있군.

② 〈보기〉는 윗글과 달리 지배층의 무능함을 부각하고 있군.

③ 〈보기〉는 윗글과 달리 별주부를 충성스러운 신하로 설정하고 있군.

④ 〈보기〉는 윗글에 비해 별주부의 충성심을 더 긍정적으로 평가하고 있군.

⑤ 〈보기〉는 윗글에 비해 당시 지배층에 대한 민중의 반감이 강하게 드러나 있군.

9 ㉠~㉤에 대한 설명으로 적절하지 **않은** 것은?

① ㉠: 위험한 상황에서 벗어난 토끼의 심정이 드러난다.

② ㉡: 별주부가 토끼의 거짓말을 눈치챘다는 사실이 드러난다.

③ ㉢: 지배층에 대한 비판적인 시각이 드러난다.

④ ㉣: 별주부의 충성스러운 마음이 드러난다.

⑤ ㉤: 용왕이 자신의 잘못을 반성하는 모습이 드러난다.

인물의 특징

1 주요 인물의 특징을 다음과 같이 정리할 때, 빈칸에 들어갈 내용을 써 보자.

토끼
- 욕심이 많아서 위험한 상황에 처함.
- 남의 말을 쉽게 믿음.
- (   )를 지혜롭게 극복하는 모습을 보임.

별주부
- 용왕의 병을 고치기 위해 노력하는 (   )스러운 모습을 보임.
- 토끼에게 속은 것을 알고 괴로워하다가 죽음.

용왕
- 자신의 병을 고치기 위해 죄 없는 토끼를 희생시키려는 (   )인 모습을 보임.
- 자신의 잘못을 반성하는 모습도 보임.

소설의 주제

2 이 소설의 등장인물과 창작 당시의 현실을 바탕으로 주제를 정리하여 빈칸에 들어갈 내용을 써 보자.

등장인물	
토끼	기지를 발휘하여 위기를 극복함.
별주부	토끼의 간을 구하기 위해 노력함.

▶

주제
토끼의 (   )와 별주부의 (   )

창작 당시의 현실
조선 시대 후기에 지배층이 횡포를 일삼고 무능력함을 드러내어 권위가 약해짐.

▶

주제
조선 후기 무능한 (   )에 대한 비판

소설의 형성 과정

3 이 소설이 형성된 과정을 다음과 같이 정리할 때, 빈칸에 들어갈 내용을 써 보자.

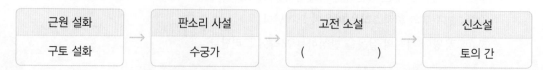

근원 설화		판소리 사설		고전 소설		신소설
구토 설화	→	수궁가	→	( )	→	토의 간

「토끼전」의 다양한 결말

「토끼전」은 구전 설화가 판소리 사설을 거쳐 조선 시대 후기에 이르러 소설로 정착된 판소리계 소설 가운데 하나입니다. 여러 사람의 입에서 입으로 전해지다 정착된 작품인 까닭에 조선 후기에 이르러서는 100개가 넘는 다양한 이본이 만들어지기도 하였습니다. 「춘향전」과 같은 다른 고전 소설도 이본이 많지만 대부분 결말이 비슷한 것과는 달리, 「토끼전」은 이본마다 결말이 다른 특징을 찾아볼 수 있습니다.

앞에서 살펴보았던 이야기의 결말과 달리 토끼에게 속은 뒤 처벌이 두려웠던 별주부가 수궁으로 돌아가지 않고 강가에서 살았고, 용왕은 별주부가 토끼의 간을 가져오기만 기다리다가 병으로 죽게 되는 결말도 있습니다. 이 결말에는 지배층을 대표하는 용왕의 죽음을 통해 당시 부패하고 무능한 지배층에 대한 피지배층의 반감과, 신하들을 대표하는 별주부가 숨어 사는 것을 통해 당시 왕에 대한 신하들의 충성심이 약화된 모습이 반영되어 있다고 볼 수 있습니다. 또 다른 판본에서는 별주부가 자신의 충성심이 부족함을 탓하며 자결하려 할 때 귀인 또는 관음보살이 나타나 약을 주고, 용왕은 그 약을 먹고 병을 치유한다는 내용의 결말도 있습니다. 이 결말에는 별주부의 충성심을 보다 긍정적으로 평가하고, 무능한 지배층이지만 그대로 죽게 내버려 둘 수는 없다는 사람들의 생각이 반영되어 있는 것이라고 할 수 있습니다. 이처럼 「토끼전」은 여러 가지 결말을 가진 이야기이지만, 서민 의식을 바탕으로 한 날카로운 풍자와 해학이 잘 드러나 있다는 공통점 또한 가지고 있습니다.

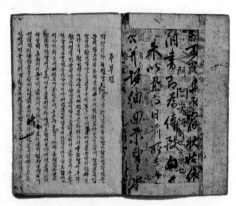

▲ 「토끼전」의 다양한 이본 중 하나인 「주부전」(필사본, 1922년 추정)
－ 국립 한글 박물관

이 소설에서 별주부는 충성스러운 신하이지만 별주부의 충성 때문에 토끼는 죽을 위험에 처하게 된다. 별주부의 행동을 어떻게 평가해야 할지 생각해 보자.

 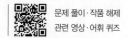

08 운영전 | 작자 미상

✖ 전체 줄거리

발단

유영,
꿈속에서
운영과 김 진사를
만나다

"제가 이야기를 해 볼 터이니 혹시 빠지는 데가 있거든 채워 주세요."

어느 봄날, 선비 유영이 안평 대군의 집이었던 수성궁 옛터에서 홀로 술을 마시다 잠이 든다. 그는 꿈속에서 안평 대군의 궁녀였던 운영과 그녀의 애인 김 진사를 만나 그들의 사랑 이야기를 듣게 된다.

전개

운영과 김 진사,
사랑에 빠지다

"진사님을 살포시 보고 나니 그만 정신이 어지럽고 가슴이 울렁거렸지. 진사님도 나를 자주 돌아보면서 웃음을 머금은 채 눈길을 보내곤 하시더구나."

안평 대군을 찾아온 김 진사를 본 운영은 김 진사의 재주와 용모에 끌려 그를 사모하게 되고 김 진사 역시 운영을 좋아하게 된다. 두 사람은 편지로 서로의 마음을 나누고 다른 궁녀들의 도움으로 수정궁에서 몰래 만난다.

위기

운영과 김 진사,
함께 도망치려
하다

"도망가는 것이 좋겠소. 어제 지은 시를 대군이 의심하는 것 같은데 시간을 지체했다가는 일을 당할까 봐 두렵소."

안평 대군이 운영과 김 진사 사이를 의심하게 되어 더 이상 궁에서 만날 수 없게 되자 두 사람은 함께 도망치려 한다. 김 진사의 노비인 특은 운영의 재물을 가로채고, 점쟁이를 찾아가 김 진사와 운영의 일을 거짓으로 말하여 그 이야기가 알려진다.

절정

운영과 김 진사,
세상을 떠나다

"대군의 은혜로 만에 하나 죽음을 면하게 되더라도 저는 자결하여 대군의 처분을 기다리겠사옵니다."

안평 대군이 운영과 김 진사의 사이를 알게 되어 궁녀들을 문책하고, 궁녀들은 이에 적극적으로 변론한다. 안평 대군은 운영을 별당에 가두지만, 운영은 자결하고 김 진사도 뒤따라 죽는다.

결말

유영, 깨어 보니
운영과 김 진사의
일을 기록한 책만
남아 있다

"안개는 땅 위에 자욱하고 새벽빛은 멀리 어렴풋한데 사방을 살펴보아도 사람은 보이지 않았다. 다만 김 진사가 기록한 책만 두 사람이 앉았던 자리에 놓여 있었다."

유영이 졸다가 깨어 보니 운영과 김 진사의 일을 기록한 책만 남아 있었다. 유영은 그것을 가지고 돌아와 간직하고, 때때로 그 책을 펼쳐 보았다. 그러던 어느 날 그는 좋은 산, 좋은 계곡을 찾아 여행을 떠났는데 그가 어떻게 살다 세상을 떠났는지 알지 못한다고 한다.

✪ 시험에 꼭 나오는 핵심 장면

김 진사가 글씨를 쓰던 중 먹물 한 방울이 운영의 손에 튄 장면

(왜 자주 출제되는가?) 이 장면은 「운영전」의 비극적인 사랑이 시작되는 장면이야. 지금의 관점에서 봐도 아름다운 첫 만남으로 손색이 없는 장면이지. 하지만 먹물 한 방울은 두 사람이 앞으로 헤쳐 나가야 할 사랑의 험난한 과정이 시작되었음을 의미하기도 해. 두 사람이 운명적으로 만나게 된다는 점에서 또, 진사에 대한 운영의 마음이 잘 드러난다는 점에서 시험에 자주 출제돼.

운영이 벽의 구멍 사이로 편지를 전달하는 장면

(왜 자주 출제되는가?) 이 장면은 운영과 김 진사가 현실적인 한계 속에서도 이를 극복하고 사랑을 이루기 위해 노력하는 장면이야. 운영은 궁녀이기 때문에 김 진사와의 만남이 자유롭지 못해서 문틈으로 엿보곤 했지. 그러한 어려운 상황에서도 자신의 마음을 전하기 위해 벽의 구멍으로 김 진사에게 편지를 보낸 거야. 운영의 이러한 적극적인 모습과 두 사람의 안타까운 마음이 잘 드러난다는 점에서 시험에 자주 출제돼.

🔖 간단 확인
■ 정답과 해설 14쪽

다음을 읽고 이 글의 내용과 일치하면 ○, 일치하지 않으면 ×를 표시해 보자.

1 유영은 운영과 김 진사의 사랑 이야기를 직접 목격하고 이를 책으로 집필하였다. ⋯⋯⋯⋯⋯⋯⋯ (　　)
2 김 진사와 운영은 서로 좋아하게 되어 몰래 만났다. ⋯⋯⋯⋯⋯⋯⋯⋯⋯⋯⋯⋯⋯⋯⋯⋯⋯⋯⋯⋯⋯ (　　)
3 안평 대군은 운영과 김 진사가 서로 좋아하게 된 것을 끝내 알지 못했다. ⋯⋯⋯⋯⋯⋯⋯⋯⋯⋯ (　　)
4 궁녀들은 안평 대군의 문책에 아무 말도 하지 못했다. ⋯⋯⋯⋯⋯⋯⋯⋯⋯⋯⋯⋯⋯⋯⋯⋯⋯⋯⋯⋯ (　　)

발단 · 전개 · 위기 · 절정 · 결말

안평 대군의 궁녀인 운영은
수성궁에 찾아온 김 진사를
보고 첫눈에 반하여 사랑에
빠진 상황이다.

| 작품 개관 |
· 갈래: 염정 소설, 몽유 소설,
　액자 소설
· 성격: 염정적, 비극적
· 시점: 전지적 작가 시점(외화),
　1인칭 주인공 시점(내화)
· 배경: 조선 초~중기, 한양의
　수성궁

◆ **섬돌** 집채의 앞뒤에 오르내
릴 수 있게 놓은 돌층계.
존명 남의 이름을 높여 이르
는 말.
백설곡 중국 초(楚)나라에서
가장 고상하다는 가곡인 '양
춘백설(陽春白雪)'을 이름.

저는 자란의 성의와 우정에 감동하여 마음속에만 두었던 이야기를 조금씩 꺼내 놓기 시
작했습니다.

　궁녀들이 많으니 시끄럽게 떠들까 두려워서 감히 입을 열지 못했는데, 네가 이렇듯 물으
니 어찌 숨길 수 있겠니? 지난가을, 국화가 피고 단풍이 질 무렵이었지. 대군이 서당에 앉
아 시녀들에게 먹을 갈고 비단을 펼치게 한 다음 시를 쓰고 계셨어. 그때 하인 아이가 들어
와 고하더구나.

　"나이 어린 선비가 김 진사라고 하면서 뵙겠다고 하옵니다." / "김 진사가 왔구나!"

　대군은 환한 웃음을 보이시면서 손님을 맞았는데, 베옷에 가죽 허리띠를 맨 선비더구나.
빠른 걸음으로 섬돌에 오르는데 마치 새가 날개를 펴는 것 같더구나. 얼굴과 행동은 신선과
같았지.

　"오랫동안 존명을 들었사온데, 이제야 인사를 올리게 되어 황송하기 이를 데가 없사옵니다."

　"김 진사의 명성은 들은 지 이미 오래되었는데, 이렇게 앉아서 인사를 받게 되니 나로서
는 크나큰 기쁨이네."

　진사가 들어올 때에 우리도 그 자리에 있었으나, 대군은 진사가 나이도 어리고 마음도
착하다고 여겨 편히 생각하셨는지 우리를 피하게 하지는 않으셨지.

　대군이 진사에게 말씀하셨지.

　"가을 경치가 매우 좋군. 바라건대 시 한 수를 지어 이 집이 빛나도록 해 주게."

　진사는 겸손히 사양하며 말하더라.

　"허튼 명성일 뿐 실상은 그렇지 못합니다. 제가 어찌 감히 시를 알겠습니까?"

　대군은 재촉하지 않고 금련에게는 노래를 부르게 하고, 부용에게는 거문고를 타게 하고,
보련에게는 단소를 불게 하고, 비경에게는 술잔을 받잡게 하며, 나에게는 벼루를 갈게 하셨는
데, 그때 내 나이 열일곱이었단다. ㉠진사님을 살포시 보고 나니 그만 정신이 어지럽고 가슴
이 울렁거렸지. 진사님도 나를 자주 돌아보면서 웃음을 머금은 채 눈길을 보내곤 하시더구나.

　한참 시간이 흐른 후 대군께서 다시 한번 부탁하셨지.

　"나는 그대를 진심으로 기다렸는데, 그대는 어찌하여 아름다운 시 한 수 짓는 일을 아끼
어 이 집을 쓸쓸하게 하는가?"

　드디어 진사님이 붓을 들어 시 한 수를 쓰셨지.

기러기 남으로 날으니 / 궁 안에 가을빛이 깊었어라.
물이 차니 연꽃은 구슬처럼 벌어졌고, / 서리 거듭 내리니 국화는 금빛을 드리웠네.
비단 자리에는 발그레 얼굴 고운 미녀들 / 구슬로 만든 줄로 백설곡을 연주하네.
한 동이 좋은 술에 / 먼저 취해 몸 가누기 어려워라.

1 윗글에 대한 설명으로 적절하지 <u>않은</u> 것은?

① 남녀 간의 사랑을 중심 소재로 하고 있다.

② 대화를 통해 인물의 태도를 드러내고 있다.

③ 궁이라는 특별한 공간을 배경으로 하고 있다.

④ 비유적 표현을 사용하여 인물의 외양을 표현하고 있다.

⑤ 판소리로부터 발생하여 소리꾼이 이야기를 전개하고 있다.

 2 〈보기〉를 참고하여 윗글을 감상한 내용으로 적절한 것은?

〈보기〉

「운영전」은 액자 소설로, 외부 이야기는 전지적 작가 시점이지만 내부 이야기는 1인칭 주인공 시점으로 서술자인 운영과 김 진사의 눈에 보이는 현실을 중심으로 전개된다. 이와 같이 소설 속의 주인공이 사건을 서술하면 주인공의 심리가 잘 드러나고 주인공의 처지에 따라 인물에 대한 평가가 달라질 수 있다. 한편 주인공의 관점에서 사건이 서술되므로 사건을 객관적인 시각에서 바라보는 데에는 한계가 있다.

① 서술자인 주인공은 상황을 엉뚱하게 전달하여 재미를 주고 있어.

② 서술자인 주인공은 다른 인물들의 심리를 정확하게 전달하고 있어.

③ 주인공이 서술자이므로 독자가 사건에 대해 객관적으로 접근할 수 있어.

④ 주인공의 입장에서 사회적 현실과 등장인물들에 대해 비판적 태도를 보이고 있어.

⑤ 주인공인 운영은 서술자가 되어 자신의 마음을 섬세하고 구체적인 언어로 표현하고 있어.

개념⁺ 액자 소설

· **개념**: 액자의 틀 속에 사진이 들어 있듯이 하나의 이야기 속에 또 다른 이야기 구조가 들어 있는 소설을 말함.

· **특징**
  - 대개 바깥 이야기(외화)에서 시작하여 속 이야기(내화)를 거쳐 다시 바깥 이야기(외화)로 흘러가는 것이 일반적임.
  - 바깥 이야기와 속 이야기는 대개 다른 시점을 취하며, 바깥 이야기는 1인칭 시점, 속 이야기는 3인칭 시점이 많음.

· **예**: 김시습의 고전 소설 「남염부주지(南炎浮洲志)」와 박지원의 「호질」과 「허생전」, 김동인의 「배따라기」, 김동리의 「무녀도」, 「등신불」 등이 있음.

 3 ㉠을 다음과 같이 바꾸어 표현할 때, 빈칸에 들어갈 말로 가장 적절한 것은?

'나'는 김 진사님에게 ( )을/를 느꼈지.

① 우애(友愛)　　　② 연정(戀情)　　　③ 동정(同情)

④ 공감(共感)　　　⑤ 교감(交感)

안평 대군의 부탁으로 김 진사가 시를 쓰던 중 실수로 먹물이 튀어 운영의 손가락에 떨어지고, 운영이 김 진사를 사모하게 된 상황이다.

대군은 술잔을 건네며 물었지. / "옛 시인들 가운데에서 누가 으뜸이 되겠는가?"

"시인마다 다 자기의 특색이 있어서 쉽게 ㉠우열을 말하기 어렵습니다. 그저 짧은 제 소견대로 말씀드리겠습니다. 이백은 천상의 신선이며, 노조린과 왕발은 해상의 선인(仙人)입니다. 맹호연은 음향이 가장 높으며, 이상은의 시는 귀신의 말이 아닌 것이 없습니다. 그 나머지 잡다한 사람들이야 어찌 다 말할 수 있겠습니까?"

"매일 문사들과 함께 시에 대해서 논할 때마다 두보를 으뜸으로 삼는 사람이 많은데, 자네는 어찌하여 두보를 가볍게 여기는가?"

진사가 사죄하며 대답했지.

"제가 어떻게 감히 두보를 가벼이 여기겠습니까? 두보의 문장은 온갖 문체를 구비했다고 말할 수 있습니다. 그러나 이백과 비교한다면, 하늘과 땅을 비교할 수 없고 강과 바다가 다른 것과 같습니다. 왕유와 맹호연에 비교한다면, 두보가 수레를 몰아 앞서 달리고, 왕유와 맹호연이 채찍을 잡고 길을 다툴 것입니다."

대군이 말씀하셨네. / "그대의 말을 들으니 가슴속이 확 트이며, 마치 긴 바람을 타고 태청궁에 오른 듯 황홀하네. 다만 두보의 시는 천하의 높은 문장이라, 비록 악부에 부족한 점이 있으나 어찌 왕유, 맹호연과 함께 길을 다투겠는가? 그러나 이 문제는 잠시 놓아두고, 그대가 또 시 한 수를 읊어서 이 집 전체를 더욱 빛내 주게."

진사는 즉시 시 한 수를 읊었어.

연기 흩어진 금빛 연못에 이슬 기운 서늘한데
푸른 하늘은 물결처럼 맑아 밤은 이리 길기도 하구나.
잔잔한 바람은 뜻이 있어 주렴을 걷고
흰 달은 정이 많아 작은 방에 들어오네.
뜰 가에 그늘 열리니 소나무는 그림자 돌이키고
잔 속의 술이 일렁이니 국화 향기 머물렀네.
완적이 비록 젊으나 자못 술 마실 수 있으니
술 항아리 사이에서 취한 뒤의 광기를 괴이히 여기지 말라.

대군은 더욱 기이하게 여겨 자리 앞으로 나가 진사의 손을 잡고 말씀하셨네.

"진사는 이 세상의 선비가 아닌 듯하군. 나로서는 시의 높고 낮음을 말할 수가 없네. 또, 문장과 필법이 능숙할 뿐 아니라 매우 신묘하기까지 하니, 하늘이 그대를 우리나라에 태어나게 한 것은 우연이 아닐 것일세."

대군은 또 김 진사에게 초서를 쓰게 하셨지. 그런데 진사가 붓을 휘날릴 때 먹물 한 방울이 내 손가락에 잘못 떨어졌단다. 내가 그것이 영광스러워 닦지 않고 두었더니, 사방에 앉아 있던 궁녀들이 다들 빙그레 웃더군. 〈중략〉 나는 김 진사님을 본 후로 누워도 잠을 자지

소견 어떤 일이나 사물을 살펴보고 가지게 되는 생각이나 의견.
구비 있어야 할 것을 빠짐없이 다 갖춤.
태청궁 신선이 산다고 하는 궁의 하나.
악부 한시 형식의 하나. 인정이나 풍속을 읊은 것으로 글귀에 장단이 있다.
주렴 구슬 따위를 꿰어 만든 발.
완적 중국 삼국 시대 위나라의 사상가·문학자·시인.
신묘 신통하고 묘함.
초서 한자 서체의 한 종류. 필획을 가장 흘려 쓴 서체로서 획의 생략과 연결이 심하다.

못하고, 먹어도 밥맛이 없고, 마음이 괴로워서 어쩔 줄을 몰랐지. 매일 멍하게 창밖을 보거나 작은 소리에도 혹시나 하여 마음이 두근두근 놀라곤 했지.

4 윗글을 감상한 내용으로 적절하지 <u>않은</u> 것은?

① 진사는 두보보다 이백이 더 뛰어나다고 여기고 있군.

② 진사는 겸손한 태도로 시인에 대한 자신의 의견을 내세우고 있어.

③ 진사는 시를 통해 대군에 대한 자신의 생각을 은연중에 드러내고 있어.

④ 운영의 손가락에 떨어진 먹물 한 방울은 사랑의 시작을 암시하고 있어.

⑤ 대군은 진사의 시를 쓰는 능력이 시선(詩仙)의 경지에 올랐다고 여기고 있어.

5 윗글의 '나'의 처지와 〈보기〉의 화자의 처지를 비교하여 감상한 내용으로 가장 적절한 것은?

> ┌─────────〈보기〉─────────┐
> 마음이 어린 후니 하는 일이 다 어리다
> 만중운산(萬重雲山)에 어느 임 오리마는
> 지는 잎 부는 바람에 행여 그인가 하노라
>
> ─ 서경덕, 「마음이 어린 후니」

◆ **만중운산** 첩첩이 겹쳐 구름이 덮인 산.

① '나'는 김 진사를 그리워하고 있지만, 〈보기〉의 화자는 임을 원망하고 있다.

② '나'와 〈보기〉의 화자는 모두 상대방과의 만남에 대한 기대감을 드러내고 있다.

③ '나'와 〈보기〉의 화자는 모두 사랑하는 사람과 이별했다는 공통점을 가지고 있다.

④ '나'와는 달리 〈보기〉의 화자는 자연물에 의지하여 자신의 감정을 위로받으려고 하고 있다.

⑤ 김 진사는 '나'의 마음을 모르지만, 〈보기〉에서는 임이 '나'의 마음을 알고 있음이 분명히 드러난다.

속담·한자 성어 익히기

• **갑남을녀** 평범한 사람들을 이르는 말.

• **고장난명** 혼자의 힘만으로 어떤 일을 이루기 어려움을 이르는 말. 또는 맞서는 사람이 없으면 싸움이 일어나지 아니함을 이르는 말.

• **난형난제** 두 사물이 비슷하여 낫고 못함을 정하기 어려움을 이르는 말.

• **침소봉대** 작은 일을 크게 불리어 떠벌림.

• **호형호제** 매우 가까운 친구로 지냄을 이르는 말.

6 ㉠의 상황을 나타내는 한자 성어로 가장 적절한 것은?

① 갑남을녀(甲男乙女)   ② 고장난명(孤掌難鳴)   ③ 난형난제(難兄難弟)

④ 침소봉대(針小棒大)   ⑤ 호형호제(呼兄呼弟)

발단 - 전개 - 위기 - 절정 - 결말

운영을 만나지 못하는 김 진사는 상사병을 앓고, 김 진사를 사모하게 된 운영이 자신이 쓴 시를 김 진사에게 몰래 전하는 상황이다.

그 후로 대군은 자주 진사와 만났지만, 다시는 저희와 만나지 못하게 하셨습니다. 그래서 저는 늘 문틈으로 엿보곤 했지요. 그러다가 어느 날 고운 종이에다가 시 한 편을 썼습니다.

[A]
베옷 입고 가죽띠를 두른 선비
옥 같은 얼굴은 신선과 같아라.
날마다 주렴 사이 건너다보는데
어찌하여 월하의 인연* 맺지 못하는가?
얼굴 씻으니 눈물은 물줄기 되고
거문고를 타면 한은 줄이 되어 우네.
끝없는 원망을 가슴속에 간직하고
머리 들어 호올로 하늘에 하소연하네.

시와 금비녀 한 쌍을 함께 싸서 열 번을 거듭 봉한 다음 진사에게 마음을 전하려고 했지만, 좋은 방법이 생각나질 않았습니다. 마침 그날, 달이 뜬 저녁에 대군은 술잔치를 크게 열고 손님들에게 김 진사의 재주를 칭찬하면서 그가 지은 시 두 수를 보여 주었습니다. 대군이 보여 준 시를 읽어 본 손님들은 모두 진사의 재주를 칭찬했습니다. 그러고는 모두들 한번 만나 보기를 원했습니다. 그래서 대군은 곧 사람과 말을 보내 진사를 청했습니다.

얼마 후 진사님이 오셨는데, 얼굴은 파리하고* 몸은 수척해져서* 옛날의 모습이 전혀 아니었지요. 대군은 크게 걱정하며 인사의 말을 건넸습니다.

"진사는 아직 나라를 걱정할 나이가 아닌 것 같은데, 못가를 거닐면서 시를 읊느라고 파리해졌는가?"

그 소리에 손님들은 모두 크게 웃었습니다.

진사가 자리에서 일어나 절하며 말했습니다.

"저같이 천한 선비가 뜻밖에 대군의 사랑을 받다 보니 복이 지나쳐 화를 낳았습니다. 병마에 붙잡혀 먹지도 마시지도 못하고, 움직이는 것도 남에게 의지해 있다가, 대군께서 이렇게 다시 불러 주셔서 남의 부축을 받고 겨우 찾아뵈었습니다."

진사의 말을 들은 손님들은 모두 웃음을 거두고 무릎을 가다듬으며 예를 표시하더군요. 나이 어린 진사님이 맨 끝자리에 앉았는데, 저하고는 벽 하나를 사이에 두고 있을 뿐이었습니다.

밤이 깊어 가고 손님들은 저마다 한껏 취했습니다. 저는 벽을 헐어 구멍을 조금 내고 들여다보았지요. ㉠진사님도 제 뜻을 알고 구석을 향해 앉더군요. 제가 편지를 구멍으로 던졌더니 얼른 주워 숨기고 집으로 돌아가셨습니다. 집에 돌아와 편지를 뜯어 시와 사연을 읽어 보고는 슬픔을 이기지 못하여 도무지 편지를 손에서 놓지를 못하셨답니다. 그리운 마음은 전보다 더해 몸을 가누지 못할 지경이었답니다. 바로 답장을 써서 보내려고 했지만, 전할 길이 없어 날마다 늘어 가는 것은 슬픔과 탄식뿐이었답니다.

◆
월하의 인연 월하노인이 맺어 준 인연. 부부의 인연을 맺어 준다는 월하노인의 전설에서 나온 말.
파리하다 몸이 마르고 낯빛이나 살색이 핏기가 전혀 없다.
수척해지다 몸이 몹시 야위고 마른 듯해지다.

7 〈보기〉는 윗글에 나타나는 운영의 여러 가지 행동들이다. 이 중에서 진사에 대한 운영의 마음이 담긴 행동을 <u>모두</u> 골라 묶은 것은?

> 보기
>
> ㄱ. 고운 종이에 시를 한 편 썼다.
> ㄴ. 벽에 구멍을 내고 들여다보았다.
> ㄷ. 시와 금비녀 한 쌍을 함께 싸서 열 번 봉했다.
> ㄹ. 대군과 진사가 만나는 것을 문틈으로 엿보았다.

① ㄱ, ㄴ   ② ㄴ, ㄷ   ③ ㄱ, ㄴ, ㄷ,
④ ㄴ, ㄷ, ㄹ   ⑤ ㄱ, ㄴ, ㄷ, ㄹ

8 [A]에 대한 설명으로 적절하지 <u>않은</u> 것은?

① 김 진사를 옥과 신선에 비유하여 표현하고 있다.
② 김 진사를 흠모하는 운영의 마음을 드러내고 있다.
③ 김 진사에 대한 운영의 원망스러움을 표현하고 있다.
④ 거문고에 감정을 이입하여 운영의 마음을 드러내고 있다.
⑤ 인연을 맺지 못하는 것에 대한 운영의 안타까움을 드러내고 있다.

9 ㉠에 대한 반응으로 가장 적절한 것은?

① 우연지사(偶然之事)로군.
② 우공이산(愚公移山)이 이루어졌군.
③ 권토중래(捲土重來)가 딱 맞는 상황이군.
④ 과유불급(過猶不及)이라는 말이 떠오르는군.
⑤ 이심전심(以心傳心)은 이럴 때를 두고 하는 말이야.

> 속담·한자 성어 익히기
>
> • **우연지사** 우연히 일어난 일.
> • **우공이산** 어떤 일이든 끊임없이 노력하면 반드시 이루어짐을 이르는 말.
> • **권토중래** 어떤 일에 실패한 뒤에 힘을 가다듬어 다시 그 일에 착수함을 비유하여 이르는 말.
> • **과유불급** 정도를 지나침은 미치지 못함과 같다는 뜻으로, 중용(中庸)이 중요함을 이르는 말.
> • **이심전심** 마음과 마음으로 서로 뜻이 통함.

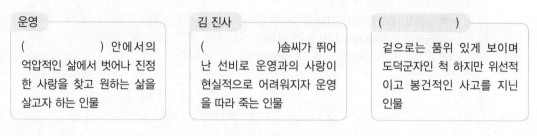

인물의 특징

1 이 소설에 등장하는 주요 인물의 특징을 다음과 같이 정리할 때, 빈칸에 들어갈 내용을 써 보자.

운영	김 진사	( )
( ) 안에서의 억압적인 삶에서 벗어나 진정한 사랑을 찾고 원하는 삶을 살고자 하는 인물	( )솜씨가 뛰어난 선비로 운영과의 사랑이 현실적으로 어려워지자 운영을 따라 죽는 인물	겉으로는 품위 있게 보이며 도덕군자인 척 하지만 위선적이고 봉건적인 사고를 지닌 인물

소설의 주제

2 인물 간의 관계를 바탕으로 이 소설의 주제를 정리하여 빈칸에 들어갈 내용을 써 보자.

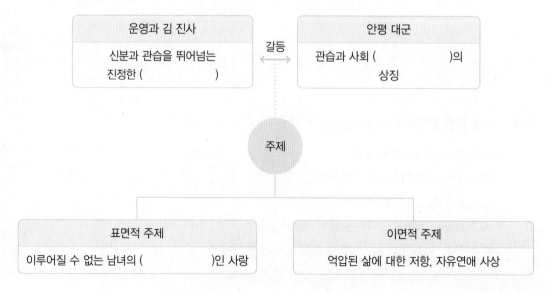

운영과 김 진사		안평 대군
신분과 관습을 뛰어넘는 진정한 ( )	갈등	관습과 사회 ( )의 상징

주제

표면적 주제	이면적 주제
이루어질 수 없는 남녀의 ( )인 사랑	억압된 삶에 대한 저항, 자유연애 사상

염정 소설의 특징

이 작품은 김 진사와 궁녀 운영의 비극적인 사랑에 대해 이야기하고 있는 염정 소설(艶情小說)입니다. 염정 소설은 이 작품에서와 같이 남녀 간의 사랑을 주제로 하는 소설을 말하며, 애정 소설이라고도 합니다. 「운영전」 외에 조선 시대에 쓰인 대표적인 염정 소설로는 「춘향전」, 「숙영낭자전」, 「숙향전」 등이 있습니다.

염정 소설은 남녀 주인공의 자연스러운 '만남', '장애', '사랑의 성취'라는 공통된 구성 요소를 갖고 있습니다. 특히 남녀 주인공의 '사랑'을 방해하는 기성 질서와 이러한 현실을 극복하려는 모습이 중요하게 그려지며, 이때 빚어지는 갈등에는 창작 당시의 사회적·역사적 상황이 반영되어 있습니다.

염정 소설은 중세의 봉건적이고 집단적인 사고에서 벗어나 개인의 자각이 이루어지고, 실학이 등장하며 이상적인 문제보다 현실적인 문제에 관심을 갖게 되던 조선 후기에 등장하였습니다. 특히 「운영전」에서는 궁중에 갇힌 궁녀들의 가련한 생활과 자유로운 삶을 찾으려는 궁녀들의 인간적 고뇌를 사실적으로 표현하고 있습니다. 또한 주인공들이 봉건 사회의 궁중이라는 장벽을 뛰어넘어 자유롭고 참다운 사랑을 갈구하며 사랑을 위해 죽음을 택하는 모습을 통해 봉건적 애정관을 탈피한 자유연애 사상을 보여 줌으로써 개인의 삶을 억누르는 억압적인 신분 질서를 비판하는 한편, 주체적인 삶의 태도를 옹호하고 있습니다.

이 소설에서 운영은 궁녀로서의 사회적 신분에 어울리지 않게 김 진사와 사랑을 나누고자 한다. 이러한 운영의 태도를 지지하는 입장에서 자신의 생각을 정리하여 써 보자.

_____

_____

_____

_____

09 양반전 | 박지원

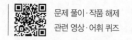
문제 풀이·작품 해제
관련 영상·어휘 퀴즈

전체 줄거리

발단

양반,
빌린 곡식을
갚지 못하다

"당신은 평생 글만 읽더니 관곡도 못 갚는 처지가 되었구려. 양반, 양반 하더니 그놈의 양반이라는 게 한 푼어치도 못 되는 것이구려!"

강원도 정선 고을에 한 양반이 있었는데, 그는 성품이 어질고 글 읽기를 매우 좋아했으나 집이 몹시 가난하여 빚이 점점 늘어난다. 양반은 빌린 곡식을 갚을 방법이 없어 울기만 하고 아내는 그런 남편을 못마땅하게 여긴다.

전개

부자,
빚을 대신
갚아 주고
양반 신분을 사다

"그래서 하는 말인데 내가 그 양반 대신 빚을 갚아 주고 양반의 신분을 사려 하는데 어떻겠느냐?"

그 마을에 살던 부자는 양반의 이야기를 듣게 되고, 관곡을 대신 갚아 줄 테니 양반 신분을 자신에게 넘겨 달라고 한다. 양반은 기뻐하며 이를 받아들이고, 군수는 양반 자리를 사고팔면서 증서가 없으면 나중에 소송이 생길 수 있기 때문에 두 사람의 거래를 확인하는 증서를 만들어 주겠다고 한다.

절정

군수,
양반의 모습이
담긴 증서를
작성하다

"양반이라는 게 겨우 이것뿐이란 말입니까? 듣기에 양반은 신선이나 마찬가지라 하던데 겨우 이것뿐이라면 그 많은 곡식을 바치고 산 게 너무 억울합니다. 그러니 좀 더 좋은 쪽으로 고쳐 주십시오."

군수는 양반이 지켜야 할 의무와 규범, 자세를 적은 첫 번째 증서를 만들었으나 부자는 여기에 담긴 양반이 값어치가 없다고 생각하여 고쳐 달라고 요청한다. 그래서 군수는 양반이 누릴 수 있는 특권을 담아 증서를 고쳐 쓴다.

결말

부자,
양반이 되는 것을
포기하고
달아나다

"제발 그만두십시오! 양반이라는 건 참으로 맹랑한 것이구려. 당신들은 지금 나를 도둑놈으로 만들 작정이시오?"

군수가 반쯤 고쳐 쓴, 양반이 마음대로 할 수 있는 행동들을 적은 증서를 보고 부자는 자신을 도둑놈으로 만들 셈이냐며 머리를 흔들고 달아난다. 그리고 죽는 날까지 양반이라는 말을 꺼내지 않는다.

✖ 시험에 꼭 나오는 핵심 장면

군수가 첫 번째 매매 증서를 작성하는 장면

(왜 자주 출제되는가?) 이 장면은 양반과 부자가 양반 신분을 매매한다는 증서를 군수가 작성하는 장면이야. 매매 증서에 드러나는 양반의 모습을 통해 체면과 형식을 지나치게 중시하는 양반을 풍자하고 있는데, 풍자의 대상이 되는 양반의 모습이 적나라하게 드러난다는 점에서 시험에 자주 출제돼.

부자가 양반이 되기를 거부하며 달아나는 장면

(왜 자주 출제되는가?) 이 장면은 양반이 되고 싶어 하던 부자가 두 번째 매매 증서 속 양반의 모습을 '도둑놈'이라고 말하며 도망치는 장면이야. 양반이 누릴 수 있는 특권을 통해 부도덕한 양반에 대한 풍자가 절정에 달하는 부분으로 이 작품의 주제가 명확하게 드러나기 때문에 시험에 자주 출제돼.

🐾 간단 확인

■ 정답과 해설 15쪽

다음을 읽고 이 글의 내용과 일치하면 ○, 일치하지 않으면 ×를 표시해 보자.

1 부자는 아무런 조건이나 대가 없이 가난한 양반이 빌린 곡식을 대신 갚아 주겠다고 하였다. ·············· (   )

2 군수는 양반 자리를 매매하는 것에 반대하였다. ·· (   )

3 부자는 양반이 지켜야 할 의무와 규범이 적힌 증서를 보고 양반이 값어치가 없다고 생각하였다. ·········· (   )

4 부자는 양반이 마음대로 할 수 있는 행동을 적은 증서를 보고 양반의 특권에 만족하였다. ·············· (   )

양반전

수능 출제 작품

발단 — 전개 — 절정 — 결말

양반이 빌린 곡식을 갚을 방법이 없어 곤란해지자 그 마을 부자가 관곡을 대신 갚아 주고 양반 신분을 사기로 하는 상황이다.

박지원(1737~1805)
조선 후기의 학자이다. 청 사절단을 수행하고 북경과 열하를 여행한 뒤 『열하일기』를 지었다. 「허생전」, 「양반전」, 「일야구도하기」 등을 저술하였다.

| 작품 개관 |
· **갈래**: 한문 소설, 풍자 소설
· **성격**: 고발적, 풍자적, 비판적
· **배경**: 조선 후기, 강원도 정선군

양반이란 사족을 높여 부르는 말이다. 강원도 정선 고을에 한 양반이 살고 있었다. 그는 성품이 어질고 글 읽기를 매우 좋아했다. 그래서 고을에 군수가 부임해 올 때면 늘 이 양반을 먼저 찾아가 그에게 경의를 표했다.

그러나 그는 집이 몹시 가난해서 관아에서 곡식을 꾸어다 먹었는데 그것이 여러 해 쌓이다 보니 그 빚이 천 석이나 되었다. 그러던 어느 날, 관찰사가 이 고을을 둘러보며 관곡을 조사하다가 노여움을 금치 못하고 군수에게 말했다.

"어떤 놈의 양반이 군량미를 이렇게 축낸 것이냐?"

그러고 나서 관찰사는 군수에게 그 양반을 잡아들이라 명하였다. 군수는 명령을 받았지만 그 양반이 가엾어서 안타까운 마음이 들었다. 그 양반은 몹시 가난했기에 곡식을 갚을 수 없다는 걸 잘 알고 있었기 때문이다. 군수는 양반을 잡아다 가둘 수도 없고 명령에 복종하지 않을 수도 없었기에 난처한 입장이 되었다.

한편 이 소식을 들은 양반은 아무 대책이 없었기에 그저 눈물만 흘리고 있었다. 그러자 그 모습을 지켜보던 그의 아내가 남편에게 한마디 했다.

"당신은 평생 글만 읽더니 관곡도 못 갚는 처지가 되었구려. 양반, 양반 하더니 그놈의 양반이라는 게 한 푼어치도 못 되는 것이구려!"

마침 이 고을에는 부자 한 사람이 살고 있었는데 상황이 난처해진 양반의 얘기를 듣고는 식구들과 함께 이 일에 관해 의논하기 시작했다.

"아무리 가난해도 양반이라 하면 사람들은 그를 존경하는데 우리는 아무리 돈이 많아도 늘 천대받고 살지 않느냐. 말 한번 못 타 보고 양반 앞에선 어쩔 줄 몰라 굽실거려야 하고 무릎으로 기어가 땅바닥에 코가 닿게 절을 해야 하지 않느냐. 참으로 비참한 일이로다. 한데 지금 이 고을에 한 양반이 관곡을 갚지 못해 감옥에 갈 처지라니 더 이상 양반 자리는 지키지 못할 형편인 것 같구나. 그래서 하는 말인데 내가 그 양반 대신 빚을 갚아 주고 양반의 신분을 사려 하는데 어떻겠느냐?"

가족들과 상의한 끝에 부자는 즉시 양반을 찾아가 자기가 관곡을 갚아 줄 테니 자신에게 양반 신분을 넘겨 달라고 말했다. 그러자 양반은 몹시 기뻐하며 즉시 부자의 제안을 받아들였다. 부자는 곧 곡식을 싣고 관아로 가서 양반의 빚을 모두 갚아 주었다.

한편 이 일이 어찌된 영문인지 알 수가 없었던 군수는 몹시 의아해하며 직접 양반을 찾아갔다. 그런데 양반은 벙거지를 쓰고 잠방이를 입고 나와 마당에 엎드려 절을 하는 것이었다. 그러면서 자신을 '소인'이라고 낮추며 감히 군수를 똑바로 쳐다보지도 못하고 쩔쩔맸다. 이 모습을 본 군수는 깜짝 놀라 양반을 일으켜 세우며 말했다.

"이게 대체 무슨 일이오? 왜 이러는 것이오?"

그러자 양반은 엎드린 채 더욱 머리를 조아리며 말했다.

◆ **사족** 문벌이 좋은 집안. 또는 그 자손.
관아 예전에, 관리나 벼슬아치들이 모여 나랏일을 처리하던 곳.
관찰사 조선 시대에 둔, 각 도의 으뜸 벼슬.
관곡 국가나 관청에서 가지고 있는 곡식.
천대 업신여기어 천하게 대우하거나 푸대접함.

1 윗글에서 양반에 대해 주로 비판하고 있는 내용으로 적절한 것은?

① 금전적인 가치를 지나치게 강조한다.

② 경제적으로 무능력한 모습을 보인다.

③ 남성과 여성을 차별하는 사고를 한다.

④ 신분을 사고파는 것을 부정적으로 여긴다.

⑤ 자신의 이익을 위해 힘없는 백성을 괴롭힌다.

2 윗글의 등장인물에 대한 설명으로 적절한 것은?

① 관찰사는 양반의 잘못을 눈감아 주었다.

② 군수는 관찰사의 명령을 즉시 실행했다.

③ 양반은 부자에게 신분을 살 것을 제안했다.

④ 부자는 평소에 자신이 천대받는다고 생각했다.

⑤ 양반은 모든 사람들에게 좋은 평가를 받지 못했다.

3 〈보기〉를 참고할 때, 윗글에 드러나는 사회·문화적 상황으로 적절하지 않은 것은?

> 소설에는 그것이 창작될 당시의 사회·문화적 상황이 반영되기 마련이다. 이 작품에도 조선 후기 사회의 모습이 반영되어 있는데, 이를 파악하는 것이 작품을 이해하는 데에 중요한 요소가 된다.

① 물질적인 가치가 중요한 시대가 되었군.

② 경제적으로 여유가 있는 평민이 등장했군.

③ 신분 제도가 흔들리는 모습이 나타나기 시작했군.

④ 경제적으로 어려운 상황에 처한 양반들이 등장했군.

⑤ 돈으로 양반 자리를 사고파는 것을 범죄 행위로 여겼군.

발단 — 전개 — 절정 — 결말

군수가 두 사람의 거래를 위한 증서를 만들어 주기로 하고, 양반의 의무와 자세를 적은 양반 매매 증서를 작성하는 상황이다.

"황송하옵니다. 소인은 양반 자리를 팔아 빚진 곡식을 갚았으니 지금부터 양반이 아니며 이 고을의 부자가 양반입니다. 그러니 이제 소인이 어찌 양반 행세를 할 수 있겠습니까?"

이 말을 들은 군수는 감탄하며 말했다.

"그 부자가 진정 양반이구려! 부유하면서도 인색하지 않으니 의리가 있는 자요, 어려움에 처한 사람을 도와주었으니 어진 자요, 낮은 것을 싫어하고 높은 것을 좋아하니 지혜로운 자로다. 그 사람이야말로 진정한 양반이오. 하지만 양반 자리를 사고팔면서 증서 하나 만들지 않다니 이는 ㉠나중에 소송이 생길 수도 있는 문제라오. 그러니 이 고을 사람들이 보는 자리에서 군수인 내가 증서를 만들어 주겠소."

군수는 곧장 관아로 돌아가 고을에 사는 양반과 농사꾼, 공장, 장사꾼들을 불러 모았다. 그러고 나서 군수는 부자를 높은 자리에 앉히고 양반은 마당 아래 서 있게 하였다. 그러고는 ⓐ증서를 만들기 시작했다.

건륭 10년(1745년, 영조 21년) 9월 모일에 이 증서를 만든다. 어떤 양반이 자신의 양반 자리를 팔아 관곡을 갚았는데 그 값이 쌀 천 석이니라. 본디 양반은 여러 종류가 있다. 글만 읽는 자는 '선비'요, 벼슬을 하는 자는 '대부'요, 덕이 있는 자는 '군자'라 한다. 그리고 무반은 서쪽에 서고 문반은 동쪽에 서는데 이 둘을 합쳐 '양반'이라고 부른다. ㉡부자는 이 여러 가지 양반 중에서 마음에 드는 것을 고르면 되느니라.

그러나 양반은 절대로 천한 일을 해서는 안 된다. 늘 옛사람의 뜻을 받들고 본받아야 하느니라. ㉢오경이 되면 일어나 촛불을 켜고 마음을 가다듬으며, 눈으로는 코끝을 내려다보고 발꿈치는 모아 엉덩이를 받치고 앉아야 한다. 얼음 위에 박을 굴리듯 『동래박의』를 술술 외워야 한다. 배가 고파도 참아야 하고 추운 것도 견뎌야 하며 가난이란 말을 입 밖으로 꺼내서는 안 된다. 이를 부딪치며 뒤통수를 손가락으로 탁탁 두드리고, 입안에 침을 머금고 양치질하듯 입맛을 다신 뒤에 삼켜야 한다. 소맷자락으로 휘양을 닦아 먼지를 털어서 털 무늬를 일으키고, 세수할 때는 주먹을 문질러 씻지 말아야 하며, 양치질을 해서 입에서 냄새가 나지 않도록 해야 한다. ㉣종을 부를 땐 목소리를 길게 뽑아 부르고, 느리게 걸으면서 신발 뒤축을 끌듯이 걸어야 한다.

『고문진보』, 『당시품휘』를 베껴 쓰되 한 줄에 백 자가 되도록 써야 하고, ㉤손에 돈을 쥐어서는 안 되며 쌀값을 물어서도 안 된다. 아무리 더운 날씨에도 버선을 꼭 신어야 하고, 밥을 먹을 때는 맨상투 바람으로 먹으면 안 된다. 국부터 먹어서는 안 되며 마실 때도 소리를 내서는 안 된다. 젓가락을 밥상에다 쿡쿡 찍는 소리를 내서도 안 되며, 생파를 먹어 냄새를 풍겨서도 안 된다. 술을 마실 때는 수염을 빨아서는 안 되며, 담배를 피울 때는 볼이 팰 정도로 깊게 빨아서도 안 된다.

아무리 화가 나도 아내를 때려서는 안 되고, 그릇을 던져서도 안 되며, 아이들을 주먹으로 때려서도 안 되며, 종이 잘못을 저질러도 함부로 죽이면 안 된다. 소나 말을 꾸짖을 때는 그 주인을 욕해서는 안 되며, 병이 들어도 무당을 불러서는 안 되며, 중을 불러 제사를 지내서도 안 된다.

인색 재물을 아끼는 태도가 몹시 지나침.
공장 수공업에 종사하던 장인.
무반 무과 출신의 벼슬아치를 통틀어 이르는 말.
문반 문과 출신의 벼슬아치를 통틀어 이르는 말.
오경 새벽 세 시에서 다섯 시 사이.
동래박의 중국 남송의 여조겸이 『춘추좌씨전』에 대하여 논평하고 주석한 책.
휘양 추울 때 머리에 쓰던 모자의 하나.
고문진보 중국 송나라 말기에 황견이 주나라 때부터 송나라 때까지의 시문을 모아 엮은 책.
당시품휘 중국 명나라의 고병이 편찬한 당시 선집.

4 ⓐ에 대한 설명으로 적절하지 <u>않은</u> 것은?

① 양반이 지켜야 할 의무를 중심으로 기록하고 있다.

② 양반 신분이 매매의 대상이라는 내용이 드러나 있다.

③ 체면과 형식을 중시하는 양반의 모습을 풍자하고 있다.

④ 양반 신분이 살 만한 가치가 있다는 사실이 드러나 있다.

⑤ 양반이라는 단어의 뜻과 종류를 구체적으로 설명하고 있다.

5 ㉠~㉤에 대한 설명으로 적절하지 <u>않은</u> 것은?

① ㉠: 군수가 증서를 남기려는 이유를 짐작할 수 있는 부분이다.

② ㉡: 양반이 양반으로서의 본래 가치를 가지지 못함을 알 수 있다.

③ ㉢: 양반들의 허례허식을 엿볼 수 있다.

④ ㉣: 일부러 허세를 부리는 양반의 모습을 보여주고 있다.

⑤ ㉤: 당시 양반들 사이에서 상업을 중시하는 문화가 있었음을 알 수 있다.

6 윗글과 〈보기〉를 비교한 내용으로 적절한 것은?

〈보기〉

그러던 어느 날, 허생의 아내는 허기를 견디다 못해 눈물을 흘리며 하는 말이,

"당신은 평생 과거도 보지 않으면서 왜 글을 읽는 거예요?"

그러자 허생은 껄껄 웃으며 말하기를, / "내가 아직 글 읽기가 서툴러서 그렇소."

"그러면 공장 노릇도 못 한단 말예요?"

"공장 일은 처음부터 배운 적이 없으니 어떻게 하겠소?"

"그럼 장사라도 하셔야죠." / "장사도 밑천이 있어야 하는 것인데 어떻게 하겠소?"

그러자 참다못한 아내는 화를 내며 말했다.

"당신은 밤낮 글만 읽더니 배운 것이라곤 그저 '어떻게 하겠소?'라는 말뿐이에요? 공장 일도 못 하고, 장사도 못 한다 하면 차라리 도둑질은 어떻겠어요?"

– 박지원, 「허생전」

① 윗글과 달리 〈보기〉는 양반의 긍정적인 측면에 주목하고 있군.

② 윗글과 달리 〈보기〉는 양반의 부정적인 측면에 주목하고 있군.

③ 윗글과 〈보기〉 모두 양반의 사회적 책임에 대해 언급하고 있군.

④ 윗글과 〈보기〉 모두 지배층의 시각에서 바라본 양반의 모습을 비판하고 있군.

⑤ 윗글과 〈보기〉 모두 현실의 문제에는 관심이 없는 양반의 태도가 드러나 있군.

소설

양반 매매 증서를 읽은 부자는 당황하며, 증서를 고쳐 달라고 요청하고, 군수는 증서를 다시 작성하는데 군수가 고쳐 쓴 증서를 본 부자가 이를 비판하며 서둘러 달아나는 상황이다.

㉠화롯불에 손을 쬐어서도 안 되며, 말할 때 침을 튀겨서도 안 된다. 소를 잡아서도 안 되며, 돈내기 노름을 해서도 안 된다.

이렇듯 양반이라 하면 마땅히 이를 지켜야 하는데, 만일 부자가 이 중 하나라도 어길 시 관아에 와서 재판을 받고 이 증서를 고쳐야 할 것이다.

군수가 이렇게 증서를 다 쓴 뒤 서명하고 좌수와 별감도 서명을 하였다. 그러고 나서 통인이 가져온 도장을 찍었는데 그 소리는 마치 큰 북소리처럼 들렸고, 찍어 놓은 모양새는 별들이 흩어져 있는 것 같았다.

호장이 이 증서를 다 읽고 나자 부자는 한참 동안 멍하니 생각에 잠겨 있다가 말했다.

"양반이라는 게 겨우 이것뿐이란 말입니까? 듣기에 양반은 신선이나 마찬가지라 하던데 겨우 이것뿐이라면 그 많은 곡식을 바치고 산 게 너무 억울합니다. 그러니 좀 더 좋은 쪽으로 고쳐 주십시오."

그러자 군수는 부자의 요청대로 증서를 고쳐 쓰기 시작했다.

하늘이 백성을 낳으실 때 네 종류로 나누었다. ㉡이 중에 가장 귀한 것이 선비, 즉 양반인데 이보다 더 좋은 것은 없다. 양반은 농사짓지 않아도 되고 장사하지 않아도 된다. 글공부만 조금 하면 과거를 치를 수 있는데, 크게 되면 문과요, 못돼도 진사는 된다.

㉢문과에 급제하면 홍패를 받는데, 비록 길이가 두 자도 못 되는 작은 종이지만 이것만 있으면 세상의 온갖 것을 다 얻을 수 있으니 돈 자루라 할 수 있다. ㉣나이 서른에 첫 벼슬길에 올라도 집안이 좋으면 이름을 드높일 수 있으며, 남인에게 잘 보이면 고을의 수령직에도 오를 수 있다. 그렇게 되면 늘 양산을 쓰고 다니기에 귀밑머리는 하얘지고, '예이!' 하는 종놈들의 대답을 듣다 보면 안 먹어도 배가 부르다. 방 안에 떨어진 귀걸이는 어여쁜 기생의 것이고, 뜰에 떨어져 있는 곡식은 학을 위한 것이다.

㉤설사 가난한 선비가 되어 시골에 산다 해도 마음대로 살 수 있다. 이웃집 소를 가져다 자기 밭을 먼저 갈 수 있으며, 마을 사람을 불러 자기 밭의 김을 먼저 매게 할 수도 있다. 만약 어떤 놈이 이에 불만을 품거나 말을 잘 듣지 않으면 코에 잿물을 들이붓고, 상투를 잡으며 귀얄수염을 뽑더라도 원망할 수 없다.

군수가 증서를 반쯤 고쳐 쓸 때쯤 부자는 어이가 없다는 듯 혀를 내두르며 말했다.

"제발 그만두십시오! 양반이라는 건 참으로 맹랑한 것이구려. 당신들은 지금 나를 도둑 놈으로 만들 작정이시오?"

말을 마친 부자는 머리를 흔들며 서둘러 달아났다. 그리고 죽는 날까지 '양반'이라는 말을 입 밖에 꺼내지 않았다.

좌수 조선 시대에, 지방의 자치 기구인 향청의 우두머리.
별감 조선 시대에, 유향소에 속한 직책.
통인 조선 시대에, 수령의 잔심부름을 하던 구실아치.
호장 고을 구실아치의 우두머리.
진사 조선 시대에, 과거의 예비 시험인 소과(小科)의 복시에 합격한 사람에게 준 칭호. 또는 그런 사람.
홍패 문과의 회시에 급제한 사람에게 주던 증서.
잿물 짚이나 나무를 태운 재를 우려낸 물.
귀얄수염 숱이 많고 귀얄처럼 길게 드리운 수염.

7 ㉠~㉤에 대한 설명으로 적절하지 <u>않은</u> 것은?

① ㉠: 겉으로 보이는 모습에 지나치게 신경을 쓰는 태도가 드러난다.

② ㉡: 당시 사람들이 양반을 긍정적으로 평가했음을 알 수 있다.

③ ㉢: 양반들이 부당하게 물질적인 이익을 얻었음을 알 수 있다.

④ ㉣: 인재 등용이 공정하지 못했음을 짐작할 수 있다.

⑤ ㉤: 양반들이 백성들의 삶을 어렵게 했음을 짐작할 수 있다.

8 윗글을 읽은 후의 반응으로 적절한 것은?

① 두 번째 증서에 나타나는 양반의 모습에서 가렴주구(苛斂誅求)가 연상되는군.

② 양반은 종이 잘못을 저질러도 함부로 죽이면 안 된다니 교각살우(矯角殺牛)로군.

③ 부자의 요청대로 증서를 고쳐 주다니 군수는 어불성설(語不成說)을 잊지 말아야겠군.

④ 통인이 도장을 찍는 소리가 큰 북소리 같았다니 망운지정(望雲之情)이라고 할 수 있군.

⑤ 양반이 지켜야 할 것을 하나라도 지키지 않으면 재판을 받는다니 인면수심(人面獸心)이로군.

┌ 속담·한자 성어 익히기 ┐

• **가렴주구** 세금을 가혹하게 거두어들이고, 무리하게 재물을 빼앗음.

• **교각살우** 잘못된 점을 고치려다가 그 방법이나 정도가 지나쳐 오히려 일을 그르침을 이르는 말.

• **어불성설** 말이 조금도 이치에 맞지 아니함.

• **망운지정** 자식이 객지에서 고향에 계신 어버이를 생각하는 마음.

• **인면수심** 마음이나 행동이 몹시 흉악함을 이르는 말.

9 <보기>를 읽고 윗글을 이해한 내용으로 적절하지 <u>않은</u> 것은?

> 풍자는 우스꽝스러운 상황이나 행동을 통하여 읽는 사람의 웃음을 유발한다. 이때 작가가 웃음을 통하여 추구하는 것은 단순한 재미가 아니라 인간이나 사회의 문제를 폭로하고 비판하는 것이다.

① 작가가 양반을 풍자한 것은 양반에 대한 애정이 있기 때문이군.

② 작가는 양반의 모습을 희화화하여 양반의 문제점을 비판하고 있군.

③ 웃음을 유발하는 부분에서는 어떤 문제를 비판하는지 생각해야겠군.

④ 부자가 양반을 맹랑하고 도둑놈 같다고 말하는 부분에서 웃음이 나는군.

⑤ 체면을 중요하게 생각하는 양반의 모습을 과장하여 웃음을 유발하고 있군.

인물의 특징

1 주요 인물의 특징을 다음과 같이 정리할 때, 빈칸에 들어갈 내용을 써 보자.

( )	( )	( )
어진 성품의 소유자이지만 경제적으로 무능력함. → 양반 신분을 팔게 됨.	경제적 능력이 있지만 신분의 한계를 느낌. → 양반 신분을 사게 됨.	양반 매매 증서를 작성하여 양반의 문제점을 드러냄.

소설의 배경

2 이 소설의 내용을 바탕으로 조선 후기 사회의 모습을 정리하여 빈칸에 들어갈 내용을 써 보자.

내용	조선 후기 사회의 모습
• 양반이 ( )을 갚지 못함. • 평민인 부자가 등장함. • 부자와 양반이 양반 신분을 매매하기로 함. • 양반들이 특권 의식을 가지고 사치와 유흥을 일삼거나 백성들에게 횡포를 일삼음.	• 경제적으로 무능력한 양반이 등장함. • 평민의 경제적 · 사회적 지위가 높아짐. • ( )가 흔들림. • 양반들의 부정부패가 심해짐.

소설의 주제

3 양반 매매 증서에 드러난 양반의 모습을 중심으로 이 소설의 주제를 정리하여 빈칸에 들어갈 내용을 써 보자.

첫 번째 증서에 드러난 양반의 모습	두 번째 증서에 드러난 양반의 모습
체면과 ( )을 지나치게 중시함.	이기적이고 부도덕함.

▼

주제
양반의 무능, 위선, ( ), 부도덕성, 특권 의식 ( )

조선 시대 양반 제도와 그 변화

이 작품은 조선 후기에 몰락하던 양반들의 무능함과 위선적인 모습을 신랄하게 풍자한 한문 단편 소설입니다. 신분 질서가 흔들리던 조선 후기에 양반이 양반답지 못한 현실을 개탄하며 당시의 사회상을 적나라하게 그려 낸 것입니다. 작가 박지원은 이 작품에서 체면과 형식을 중시하고, 특권 의식으로 부도덕한 모습을 보이는 양반의 모습을 풍자하며, 형식과 위선을 버리고 합리적이고 정의로운 사회를 실현하고자 하였습니다. 이러한 내용은 그가 추구한 실학사상과도 일맥상통하는 것입니다.

처음에 양반은 관제상의 문관과 무관의 신분을 지칭하는 개념으로 사용되었습니다. 그러다 양반 관료 체제가 점차 정비되면서, 그 가족과 가문까지도 양반으로 불리게 되었습니다. 그리하여 고려 말 조선 초기부터는 점차 지배 신분층을 지칭하게 되었습니다.

「양반전」의 배경이 되는 조선 후기의 사회는 임진왜란과 병자호란을 겪은 후 봉건 질서가 서서히 해체되기 시작하던 시기입니다. 그래서 전통적인 양반 중에서 그 권세를 계속해서 유지하고 있는 집안 외에 사회적·경제적으로 점차 몰락하여 영향력을 잃어 가는 양반들이 생겨났습니다. 또한 상업과 농업이 발달하면서 평민 부자들이 등장하기 시작했는데, 국가에서는 전쟁 후 부족한 재정을 메우기 위해 돈 많은 평민들에게 돈을 받고 신분을 양반으로 상승시켜 주기도 하였습니다. 이 때문에 조선 후기에는 양반의 수가 현저히 증가하게 되었습니다.

강령가면 –
맏양반탈

강령가면 –
둘째양반탈

▲ 양반의 모습을 풍자한 다양한 양반탈 – 국립 민속 박물관

이 소설에서 돈을 주고 양반의 신분을 사려고 하는 부자의 행동을 어떻게 평가해야 할 것인지 생각해 보자.

10 목걸이 | 모파상

소설

문제 풀이·작품 해제
어휘 퀴즈

⊛ 전체 줄거리

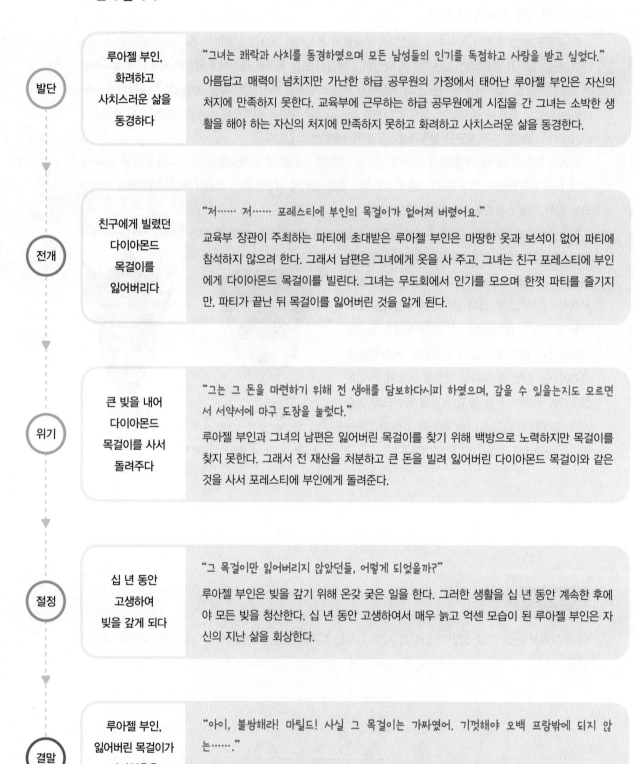

발단 ― 루아젤 부인, 화려하고 사치스러운 삶을 동경하다

"그녀는 쾌락과 사치를 동경하였으며 모든 남성들의 인기를 독점하고 사랑을 받고 싶었다."

아름답고 매력이 넘치지만 가난한 하급 공무원의 가정에서 태어난 루아젤 부인은 자신의 처지에 만족하지 못한다. 교육부에 근무하는 하급 공무원에게 시집을 간 그녀는 소박한 생활을 해야 하는 자신의 처지에 만족하지 못하고 화려하고 사치스러운 삶을 동경한다.

전개 ― 친구에게 빌렸던 다이아몬드 목걸이를 잃어버리다

"저…… 저…… 포레스티에 부인의 목걸이가 없어져 버렸어요."

교육부 장관이 주최하는 파티에 초대받은 루아젤 부인은 마땅한 옷과 보석이 없어 파티에 참석하지 않으려 한다. 그래서 남편은 그녀에게 옷을 사 주고, 그녀는 친구 포레스티에 부인에게 다이아몬드 목걸이를 빌린다. 그녀는 무도회에서 인기를 모으며 한껏 파티를 즐기지만, 파티가 끝난 뒤 목걸이를 잃어버린 것을 알게 된다.

위기 ― 큰 빚을 내어 다이아몬드 목걸이를 사서 돌려주다

"그는 그 돈을 마련하기 위해 전 생애를 담보하다시피 하였으며, 갚을 수 있을는지도 모르면서 서약서에 마구 도장을 눌렀다."

루아젤 부인과 그녀의 남편은 잃어버린 목걸이를 찾기 위해 백방으로 노력하지만 목걸이를 찾지 못한다. 그래서 전 재산을 처분하고 큰 돈을 빌려 잃어버린 다이아몬드 목걸이와 같은 것을 사서 포레스티에 부인에게 돌려준다.

절정 ― 십 년 동안 고생하여 빚을 갚게 되다

"그 목걸이만 잃어버리지 않았던들, 어떻게 되었을까?"

루아젤 부인은 빚을 갚기 위해 온갖 궂은 일을 한다. 그러한 생활을 십 년 동안 계속한 후에야 모든 빚을 청산한다. 십 년 동안 고생하여서 매우 늙고 억센 모습이 된 루아젤 부인은 자신의 지난 삶을 회상한다.

결말 ― 루아젤 부인, 잃어버린 목걸이가 가짜였음을 알게 되다

"아이, 불쌍해라! 마틸드! 사실 그 목걸이는 가짜였어. 기껏해야 오백 프랑밖에 되지 않는……."

어느 날, 루아젤 부인은 산책길에 우연히 포레스티에 부인을 만나고, 자신이 예전에 잃어버린 그 목걸이가 가짜였음을 알게 된다.

❋ 시험에 꼭 나오는 핵심 장면

루아젤 부인이 무도회에 참석하는 장면

(왜 자주 출제되는가?) 이 장면은 루아젤 부인이 무도회에 참석하여 사람들의 주목을 받는 장면이야. 그녀는 어느 여자보다도 아름답고 맵시가 있었으며, 미소를 띤 채 기쁨에 도취되어 있었지. 루아젤 부인의 인생 최고의 순간인 이 장면은 앞으로 일어날 사건과 반대되는 상황을 보여 줌으로써 긴장감을 고조시키기 때문에 시험에 자주 출제돼.

루아젤 부인이 빌렸던 목걸이가 가짜였음이 드러나는 장면

(왜 자주 출제되는가?) 이 장면은 루아젤 부인이 자신이 빌렸던 목걸이가 가짜라는 사실을 알게 되는 장면이야. 자신이 빌렸던 목걸이가 가짜인 줄 모르고 빚을 갚느라 십 년간 고생을 했던 루아젤 부인의 모습은 극적인 반전을 불러오지. 이를 통해 인간의 욕망과 허영심이 부질없다는 주제를 드러내기 때문에 시험에 자주 출제돼.

〰 간단 확인
■ 정답과 해설 17쪽

다음을 읽고 이 글의 내용과 일치하면 ○, 일치하지 않으면 ✕를 표시해 보자.

1 루아젤 부인은 소박한 생활에 만족하였다. ··· (　　　)
2 루아젤 부인은 친구에게 빌린 다이아몬드 목걸이를 잃어버렸다. ······················· (　　　)
3 루아젤 부인은 다이아몬드 목걸이를 빌려준 포레스티에 부인을 원망하였다. ········· (　　　)
4 루아젤 부인과 그녀의 남편은 진짜 다이아몬드가 아닌 가짜 다이아몬드 목걸이를 돌려주었다. ··· (　　　)

목걸이

발단 - 전개 - 위기 - 절정 - 결말

파티에 가기 위한 옷은 준비했으나 마땅한 보석이 없는 루아젤 부인이 포레스티에 부인에게 다이아몬드 목걸이를 빌리는 상황이다.

모파상(1850~1893)
19세기 후반 프랑스의 소설가이다. 인간의 위선과 허위를 비판하는 사실주의 작품을 많이 썼다. 주요 작품으로는 「비곗덩어리」, 「여자의 일생」 등이 있다.

｜작품 개관｜
· 갈래: 단편 소설
· 성격: 교훈적, 비판적, 사실적
· 시점: 전지적 작가 시점
· 배경: 프랑스 어느 마을

◆
패물 사람의 몸치장으로 차는, 귀금속 따위로 만든 장식물.
프랑 프랑스, 스위스, 벨기에의 화폐 단위.
베네치아 이탈리아 북부 아드리아해 북쪽 해안에 있는 항구 도시.
공단 두껍고, 무늬는 없지만 윤기가 도는 비단.
몽탕트 목까지 높이 올라온 옷.
도취 어떠한 것에 마음이 쏠려 취하다시피 됨.

무도회의 날짜는 점점 다가왔다. 루아젤 부인은 걱정과 근심에 싸여 있었다. 옷은 거의 다 되어 있었다.

어느 날 저녁, 남편은 이렇게 질문하였다.

"왜 그러지요? 당신 요즘 아주 얼빠진 사람 같구려." / 그녀는 대답하였다.

"나는 몸에 걸칠 보석도 패물도 아무것도 없으니, 이런 딱할 데가 어디 있어요. 내 모양이 얼마나 꼴사납겠어요? 차라리 그 파티에는 나가지 않는 것이 좋겠어요."

남편은 말하였다.

"생화를 달고 가구려. 요즘 그것도 아주 멋져 보이더군. 십 프랑만 주면 예쁜 장미꽃 두세 송이는 살 수 있을 거야."

그녀는 고개를 가로로 설레설레 저었다.

"싫어요! 돈 많은 여자들 틈에서 가난하게 보이는 것처럼 창피한 일이 어디 있어요."

그러자 남편은 큰 소리로 말하였다.

"당신도 참 딱하군! 아, 그 당신의 친구 포레스티에 부인 있잖아. 그 여자에게 찾아가서 보석을 빌려 달라고 하구려. 그런 정도의 편리를 못 봐 줄 사이가 아닐 테니까."

그녀는 기쁨에 넘쳐 소리를 질렀다.

"아, 그렇군요! 미처 그 생각을 못 했어요."

다음 날 그녀는 친구 집을 찾아가 딱한 사정을 이야기하였다.

포레스티에 부인은 거울이 달린 의자 앞에서 큼직한 보석 상자를 들고 와 열어 보이며 루아젤 부인에게 말하였다.

"자, 골라 봐."

[A] ┌ 그녀는 먼저 몇 개의 팔찌를 자세히 보았다. 다음에는 진주 목걸이를, 그다음에는 베네치아제(製)의 십자가를 보았다. 그 십자가는 금과 진주로 되어 있었는데 솜씨가 놀라웠다. 그녀는 거울 앞에서 보석을 이것저것 몸에 걸어 보면서 망설이며 어떤 것을 놓고, 어떤 것을 빌려 가야 할지 결정하지 못하고, 번번이 이렇게 말했다.
└ "또 뭐 다른 거 없어?"

"왜 없어. 가서 골라 봐. 어느 것이 네 마음에 들지 나는 알 수 없으니까."

그러자 까만 공단 상자 속에 눈부신 다이아몬드 목걸이가 들어 있는 것이 눈에 띄었다. 그녀는 그것이 얼마나 탐이 났는지 가슴이 뛰기 시작하였다. 그것을 쥐는 그녀의 손이 떨려 왔다. 그녀는 그 목걸이를 몽탕트 위로 목에 걸고, 아름다운 자기 모습에 도취되어 있었다.

그녀는 겨우 입을 떼어 이렇게 말하였다.

"이걸 좀 빌려 줘. 다른 것들은 필요 없어." / "그렇게 해."

그녀는 친구의 목을 껴안고 뜨거운 키스를 하였다. 이어서 목걸이를 들고 급하게 집으로 돌아왔다.

1 윗글에서 알 수 있는 루아젤 부인에 대한 설명으로 가장 적절한 것은?

① 친구에게 자신의 보석을 빌려주는 너그러운 인물이다.

② 자신이 처한 현실에 만족하는 현실 순응적인 인물이다.

③ 가난한 남편에게 연민을 느끼며 그를 돕고자 하는 인물이다.

④ 과시욕이 있으며 다른 사람의 이목을 크게 신경 쓰는 인물이다.

⑤ 경제적으로 여유는 없지만 내면의 아름다움을 추구하는 인물이다.

2 〈보기〉를 참고하여 윗글을 이해한 내용으로 가장 적절한 것은?

〈보기〉

루아젤 부인은 자신의 가난을 숨기고 자신을 돋보이게 하기 위해 친구의 목걸이를 빌린다. 그런데 빌린 목걸이는 결코 자신의 것이 될 수 없으므로 목걸이를 통해 자신을 표현하려는 시도는 실패로 끝날 수밖에 없다. 이렇게 볼 때 이 작품은 비극적인 결말이 예정되어 있다고 할 수 있다.

① 생화를 달고 가라고 말하는 남편은 자신의 가난을 숨기고 싶어 하는군.

② 루아젤 부인에게 딱하다고 말하는 남편은 루아젤 부인의 생각에 동의하고 있군.

③ 자신의 모습에 도취된 루아젤 부인은 목걸이가 자신을 돋보이게 한다고 생각했겠군.

④ 루아젤 부인은 친구의 비싼 다이아몬드 목걸이를 빌리면서 한편으로는 두려워했겠군.

⑤ 포레스티에 부인은 비극적인 결말을 예상하고 있었기 때문에 일부러 목걸이를 빌려주었군.

속담·한자 성어 익히기

• **당나귀 귀 치레** 당치도 않은 곳에 어울리지 않게 쓸데없는 치레를 하여 오히려 겉모양을 흉하게 만듦을 비유적으로 이르는 말.

• **죽 쑤어 개 준다** 애써 한 일을 남에게 빼앗기거나, 엉뚱한 사람에게 이로운 일을 한 결과가 되었음을 이르는 말.

• **술 받아 주고 뺨 맞는다** 남을 잘 대접하고 나서 오히려 그에게 해를 입는 경우를 비유적으로 이르는 말.

• **고기도 저 놀던 물이 좋다** 평소에 낯익은 제 고향이나 익숙한 환경이 좋다는 말.

• **봉당을 빌려주니 안방까지 달란다** 매우 염치없음을 비유적으로 이르는 말.

3 [A]와 같은 루아젤 부인의 태도를 표현할 수 있는 속담으로 가장 적절한 것은?

① 당나귀 귀 치레

② 죽 쑤어 개 준다

③ 술 받아 주고 뺨 맞는다

④ 고기도 저 놀던 물이 좋다

⑤ 봉당을 빌려주니 안방까지 달란다

발단 전개 위기 절정 결말

루아젤 부인은 친구에게 빌린 목걸이를 하고 무도회에 가서 주목을 받지만, 집에 돌아온 후 목걸이를 잃어버렸음을 알게 되는 상황이다.

드디어 무도회 저녁이 돌아왔다. 루아젤 부인은 크게 인기를 모았다. 그녀는 어느 여자보다도 아름답고 우아하고 맵시가 있었으며, 언제나 미소를 띤 채 기쁨에 도취되어 있었다. 모든 남자들이 그녀를 바라보고는 저마다 이름을 물어보며 소개를 받으려 하였다. 비서관들은 모두 그녀와 춤을 추고 싶어 하였다.

그녀는 흡족한 기분으로 춤을 추었다. 자기의 미모에 의기양양해지고 성공을 이룩한 영광과 사람들의 온갖 찬사와 감탄, 소생하는 욕망과 여성들을 완전무결한 최고의 승리로 채워 주는 행복의 구름 속에서 기쁨에 만취되어 모든 것을 잊고 있었다. 그녀는 다음 날 새벽 네 시쯤이 되어서야 파티에서 나왔다. 남편은 자정부터 조그마한 응접실에서 세 사람의 친구들과 같이 졸고 있었다. 이들의 부인들은 각자가 그동안에 마음껏 쾌락에 도취되어 있었던 것이다.

남편은 돌아올 때를 생각하여 가져온 평상시에 입는 낡은 웃옷을 아내의 어깨에 걸쳐 주었다. 그 초라한 웃옷은 아무래도 야회복과는 어울리지 않았다. 그녀는 그것을 느끼고, 값진 털옷으로 몸을 치장한 다른 여자들의 눈에 뜨이지 않도록 몸을 피하려고 하였다.

루아젤은 아내를 불렀다.

"잠깐 기다려요, 이대로 밖에 나가면 감기 들 테니까. 내가 나가서 마차를 한 대 불러올게."

그러나 아내는 남편의 말은 전혀 귀담아듣지 않고, 빠른 걸음으로 층계를 총총히 내려갔다. 두 사람은 거리로 나왔다. 그러나 마차는 한 대도 눈에 뜨이지 않았다. 남편은 멀리 지나가는 마차를 보고 큰 소리로 불렀으나 소용없었다.

두 사람은 상심하여 달달 떨면서 센 강 쪽으로 내려갔다. 그때 마침 강가에서 밤에나 나다니는 낡은 마차 한 대를 발견했다. 낮에는 파리에서 차마 그 초라한 모습을 보이기가 민망하다는 듯이 밤에만 나오는 그런 마차였다.

부부는 그 마차를 불러 타고 마르티르 거리에 있는 집 문 앞에 이르렀다. 그들은 쓸쓸한 마음으로 발길을 옮겨 층계를 올라갔다. ㉠그녀에게는 모든 것이 끝나 버린 것이다. 그리고 남편은 오전 열 시까지는 교육부에 출근해야 한다는 생각을 하고 있었다.

그녀는 다시 한 번 자기의 화려한 모습을 보기 위해 거울 앞에 가서 웃옷을 벗었다. 그러다가 갑자기 비명을 질렀다. 목에 걸었던 목걸이가 보이지 않았던 것이다.

옷을 벗고 있던 남편이 엉거주춤하며 물었다.

"왜 그러지요?" / 그녀는 남편을 향해 맥 빠진 듯한 투로 대답하였다.

"저…… 저…… 포레스티에 부인의 목걸이가 없어져 버렸어요."

남편은 실성한 사람같이 벌떡 일어섰다. / "아니, 뭐야…… 그럴 리가 있나!"

그들은 옷 갈피와 외투 깃, 그리고 호주머니 안 등을 모조리 뒤져 보았으나, 목걸이는 눈에 뜨이지 않았다.

남편이 물었다.

"무도회에서 나올 때는 분명히 있었어?"

"그럼요. 장관 댁 현관에서 만져 보기까지 했는걸요."

◆
의기양양하다 뜻한 바를 이루어 만족한 마음이 얼굴에 나타난 상태이다.
소생하다 거의 죽어 가다가 다시 살아나다.
완전무결하다 충분히 갖추어져 있어 아무런 결점이 없다.
야회복 야회(밤에 열리는 모임.)에 참석할 때 입는 서양식의 예복.
센 강 프랑스 북부를 흐르는 강.
실성하다 정신에 이상이 생겨 본정신을 잃다.

4 윗글에서 확인할 수 있는 내용으로 적절한 것은?

① 루아젤 부인은 자신을 걱정하는 남편의 말을 따랐다.

② 루아젤 부인은 멋진 웃옷이 없는 사실을 숨기려 했다.

③ 루아젤은 파티가 끝나서 섭섭해하는 아내를 안쓰러워했다.

④ 루아젤은 그의 아내와 함께 파티가 끝날 때까지 춤을 추며 즐겼다.

⑤ 루아젤은 그의 부인이 무도회에서 주목을 받는 것을 기쁘게 생각했다.

5 〈보기〉를 참고하여 윗글의 내용을 이해한 것으로 적절하지 <u>않은</u> 것은?

개념➕ 반전(反轉)

─ 보기 ─

파티에서 사람들의 주목을 받은 루아젤 부인의 감정은 최고조에 달한다. 그러나 목걸이를 잃어버린 것을 알게 되자 그녀의 감정은 급격하게 하강 곡선을 그린다. 작가는 최고의 순간에 급격하게 사건을 전환시킴으로써 감정의 변화를 극명하게 드러내고 있다.

① 목걸이를 잃어버린 루아젤 부인은 절망적인 순간을 경험했겠군.

② 작가는 자신의 의도를 달성하기 위해 사건을 치밀하게 배치했군.

③ 최고의 순간과 최악의 순간이 대비되면서 부정적인 감정이 극대화되는군.

④ 무도회에서 사람들의 주목을 받은 루아젤 부인은 최고의 순간을 경험했겠군.

⑤ 루아젤 부인이 파티에서 느낀 감정과 목걸이를 잃어버린 후의 감정은 연관성이 전혀 없는 것이군.

- **개념**: 어떤 일이 한 상태로 부터 그 반대 상태로 급격히 변화하는 것을 말하는 것으로 아리스토텔레스의 『시학』에서 사용됨.
- **특징**: 인물의 운명이 행복의 상태로 진행하는 것처럼 보이다가 갑자기 불행 쪽으로 방향을 바꾸거나, 불행을 향하여 진행하는 것처럼 보이다가 갑자기 행복 쪽으로 완전히 역전되는 구성 방식을 통해 주제를 효과적으로 전달함.

6 ㉠에서 드러나는 루아젤 부인의 심리로 적절한 것은?

① 친구의 목걸이가 없어진 것에 대한 절망감이 드러난다.

② 사람들의 주목을 받았던 무도회가 끝난 것에 대한 아쉬움이 드러난다.

③ 기다리던 파티가 끝났으니 일상생활에 충실해야겠다는 의지가 드러난다.

④ 무도회에서 예상했던 것만큼 주목을 받지 못했다는 안타까움이 드러난다.

⑤ 무도회와 관련하여 남편에게 미안한 마음과 고마운 마음이 동시에 드러난다.

발단 전개 위기 절정 결말

십 년 동안 온갖 고생을 다 하여 빚을 모두 갚은 루아젤 부인은 우연히 만난 친구에게서 자신이 잃어버렸던 목걸이가 가짜였음을 알게 되는 상황이다.

십 년이 흐른 뒤에야 모든 빚을 청산할 수 있었다. 고리대금의 이자를 비롯하여 묵은 이자의 이자까지 모두 갚게 되었던 것이다.

루아젤 부인은 매우 늙어 보였다. 그녀는 억세고 완강하고 가난한 살림꾼 아낙네가 되어 버렸던 것이다. 머리는 빗질을 제대로 하지 않아 텁수룩하고, 치마는 구겨지고, 빨개진 손으로 마루를 닦고, 커다란 목소리로 떠들어 댔다. 그러나 간혹 남편을 출근시키고 나서 창가에 걸터앉아, 지난날의 그토록 화려하고 아름다운 모습으로 총애를 받던 무도회의 밤을 회상해 보는 것이었다.

그 목걸이만 잃어버리지 않았던들, 어떻게 되었을까? 그 누가 알랴. 알 수 없는 일이지! 인생이란 기이하기도 하고 허무한 것이야! 대수롭지 않은 일이 파멸을 가져오기도 하고 구원을 주기도 하고!

그러던 어느 일요일이었다. 그녀는 한 주일 동안의 피로를 풀려고 샹젤리제 거리로 산책을 나갔다가, 어린아이를 데리고 산책을 하고 있는 포레스티에 부인을 우연히 만났다. 부인은 여전히 젊고 아름다웠으며 싱싱한 매력을 간직하고 있었다.

루아젤 부인은 가슴이 두근거렸다. 포레스티에에게 가서 그동안의 경위를 모두 이야기할까? 그렇지! 이미 빚을 다 갚았는데 말 못 할 게 무어람?

그녀는 포레스티에 부인에게 다가갔다.

"잔 아냐? 이게 얼마 만이야?"

포레스티에 부인은 미처 그녀를 알아보지 못하였다. 이렇게 비천해 보이는 여자가 그토록 자기를 정겹게 부르는 것이 적이 놀라웠다.

"누구신지…… 나는 잘 모르겠는데……. 사람을 잘못 보지 않았어요?"

"나 마틸드 루아젤이야." / 친구는 크게 외쳤다.

"뭐! 마틸드…… 오, 가엾어라! 그런데 왜 이렇게 변했지?"

"그동안 고생을 아주 많이 했어. 우리가 마지막 헤어진 뒤로 고생살이가 보통 아니었어. 그것도 다 너 때문이지 뭐야……."

"나 때문이라니……. 그건 또 무슨 소리야?"

"왜 생각나지 않니? 교육부 장관 파티에 가기 위해 내가 빌려 갔던 다이아몬드 목걸이 말이야." / "응, 그래서?"

"그걸 잃어버렸지 뭐야."

"뭐라고? 아니, 내게 그대로 돌려줬잖아?"

"그건 모양은 같은 거지만 다른 목걸이야. 그 목걸이 값을 치르느라고 십 년이나 걸렸지 뭐야. 이젠 다 갚았어. 마음이 이렇게 후련할 수가 없어."

포레스티에 부인은 발길을 멈췄다.

"그래, 잃어버린 목걸이 대신 새 걸 사 왔단 말이야?"

"그럼, 아직까지 그것도 모르고 있었구나. 하긴 모양이 똑같으니까."

고리대금 이자가 비싼 돈.
총애 남달리 귀여워하고 사랑함.
경위 일이 진행되어 온 과정.
적이 꽤 어지간한 정도로.

그녀는 약간 으스대는 듯한 순진한 웃음을 지어 보였다.

포레스티에 부인은 크게 감동하여 친구의 두 손을 꼭 쥐었다.

"아이, 불쌍해라! 마틸드! 사실 그 목걸이는 가짜였어. 기껏해야 오백 프랑밖에 되지 않는……."

7 윗글의 서술상 특징으로 적절하지 <u>않은</u> 것은?

① 서술자가 사건을 요약하여 제시하고 있다.

② 결말의 반전을 통해 주제를 부각하고 있다.

③ 중심 사건의 의미를 직접적으로 드러내고 있다.

④ 사건의 다양한 측면을 입체적으로 서술하고 있다.

⑤ 인물의 외양◆ 묘사를 통해 인물의 변화를 드러내고 있다.

◆ **외양** 겉으로 보이는 모양.

8 윗글의 등장인물에 대한 설명으로 적절한 것은?

① 포레스티에 부인은 루아젤 부인을 모르는 척했다.

② 루아젤 부인은 포레스티에 부인을 만나자 부끄러워했다.

③ 루아젤 부인은 새 목걸이의 값을 다 치른 것을 후련해했다.

④ 포레스티에 부인은 루아젤 부인의 고생을 당연하게 생각했다.

⑤ 포레스티에 부인은 루아젤 부인의 허영심을 부정적으로 생각했다.

9 윗글을 감상한 후의 반응 중 〈보기〉의 관점과 거리가 <u>먼</u> 것은?

보기

소설은 특정한 인물이 경험하는 사건에 대해 이야기하지만 그것을 통해 말하고자 하는 것은 인간과 사회의 보편적인 모습이다.

① 욕망이 지나치면 큰 어려움에 처할 수도 있겠어.

② 인생에서 진짜로 중요한 것이 무엇인지 생각해 보게 되었어.

③ 욕심 없는 사람은 없으므로 루아젤 부인의 행동도 이해가 돼.

④ 오래 전 프랑스를 배경으로 한 작품이라 공감을 할 수 없었어.

⑤ 루아젤 부인이 빌린 목걸이는 인간의 허영심과 욕망을 상징하겠군.

인물의 특징

1

이 소설에 등장하는 인물의 특징을 다음과 같이 정리할 때, 빈칸에 들어갈 내용을 써 보자.

루아젤 부인	루아젤	포레스티에 부인
( )과 과시욕이 많고 자존심이 강한 인물	현실에 ( )하며 살아가는 평범하고 선량한 인물	젊고 아름다우며 너그럽고 여유 있는 성격을 가진 인물

소설의 주제

2

이 소설의 루아젤 부인이 겪은 주요 사건을 바탕으로 주제를 정리하여 빈칸에 들어갈 내용을 써 보자.

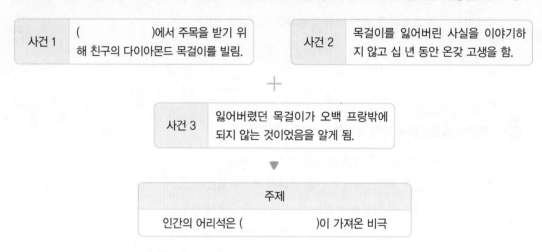

사건 1	( )에서 주목을 받기 위해 친구의 다이아몬드 목걸이를 빌림.
사건 2	목걸이를 잃어버린 사실을 이야기하지 않고 십 년 동안 온갖 고생을 함.

+

사건 3	잃어버렸던 목걸이가 오백 프랑밖에 되지 않는 것이었음을 알게 됨.

▼

주제
인간의 어리석은 (   )이 가져온 비극

소설의 구조

3

이 소설에 드러나는 반전 구조와 그에 따른 효과를 정리하여 빈칸에 들어갈 내용을 써 보자.

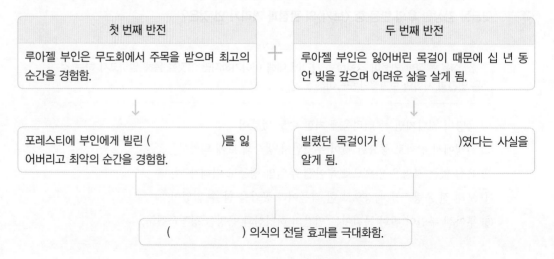

첫 번째 반전	두 번째 반전
루아젤 부인은 무도회에서 주목을 받으며 최고의 순간을 경험함.	루아젤 부인은 잃어버린 목걸이 때문에 십 년 동안 빚을 갚으며 어려운 삶을 살게 됨.
↓	↓
포레스티에 부인에게 빌린 ( )를 잃어버리고 최악의 순간을 경험함.	빌렸던 목걸이가 ( )였다는 사실을 알게 됨.

(   ) 의식의 전달 효과를 극대화함.

반전과 모파상의 작품 세계

'반전(reversal)'은 어떤 일이 한 상태로부터 그 반대 상태로 급격히 변화하는 것을 말합니다. 예상 밖의 방향으로 사건이 갑자기 바뀌면서 독자에게 강한 충격을 주어 작가의 의도를 강하고 효과적으로 전달할 수 있는 구성 방식으로, 이 작품에는 이러한 '반전'의 방식이 잘 드러나 있습니다. 작가는 결말 부분에서 주인공과 독자가 모르던 숨겨진 진실을 폭로합니다. 루아젤 부인이 십 년 동안 고생한 것이 헛된 일이었다는 반전의 구성으로 독자에게 충격을 주면서 인간의 허영심과 같은 어리석은 욕망이 부질없는 것임을 효과적으로 보여 주고 있습니다.

작가 모파상은 이와 같이 인간에 대한 날카로운 관찰과 짜임새가 돋보이는 작품을 다수 창작하였습니다. 특히 그는 인간의 위선과 허위를 비판하는 작품을 많이 썼는데, 인물의 인생을 분석하기보다는 자신이 보는 그대로의 인생을 간결한 문체로 그려 냈습니다. 또한 그는 노르망디의 농부, 파리의 소시민, 지주 또는 사무원, 계층 간의 감정 문제 등과 같이 자신이 경험한 인간 유형과 환경을 냉혹한 시선으로 간결하고 단순하게 표현하기도 하였습니다. 그의 대표작에는 「여자의 일생」, 「피에르와 장」, 「죽음처럼 강하다」 등이 있으며, 1893년 43세의 나이로 일생을 마쳤습니다.

▲ 모파상

이 소설에서 루아젤 부인은 목걸이를 빌려서라도 자신을 돋보이게 하고 싶어 한다. 이와 같은 행동에 대해 어떻게 생각하는지 자신의 생각을 정리해 보자.

_____

_____

_____

_____

_____

II

시

기본 개념

◉ 시의 개념과 구성 요소

마음속에 떠오르는 생각이나 느낌을 운율이 있는 언어로 압축하여 나타낸 문학 갈래

음악적 요소	회화적 요소	의미적 요소
시를 읽을 때 느껴지는 말의 가락(리듬) = 운율	시를 읽을 때 마음속에 떠오르는 감각적인 느낌 = 심상(이미지)	시인이 시를 통해 전하고자 하는 중심 생각 = 주제

◉ 시의 종류

형식에 따라	정형시	글자 수, 운율 등을 일정한 규칙에 맞추어 쓴 시
	자유시	정해진 틀이 없이 자유롭게 쓴 시
	산문시	연이나 행의 구분 없이 줄글로 쓴 시
내용에 따라	서정시	개인의 주관적 정서를 노래한 시
	서사시	역사적 사건, 신화, 전설이나 영웅의 생애 등을 노래한 시
	극시	희곡의 형식으로 쓴 시

◉ 시적 화자, 시적 대상, 시적 상황

시적 화자	시적 대상	시적 상황
시 속에서 말하는 이	시적 화자가 말하는 대상	시적 화자나 시적 대상이 처한 상황이나 분위기

⑩ 나 보기가 역겨워 / 가실 때에는 / 말없이 고이 보내 드리우리다.

영변에 약산 / 진달래꽃 / 아름 따다 가실 길에 뿌리우리다.

　　　　　　　　　　　　　　　　　　　　　　－ 김소월, 「진달래꽃」

▶ 시적 화자: '나'
▶ 시적 대상: '나'를 떠나는 임
▶ 시적 상황: 임과 이별하는 상황

바로 확인 ✅

01 시에 대한 설명으로 알맞지 않은 것은?

① 읽을 때 리듬감이 느껴진다.
② 읽을 때 어떤 감각이나 느낌이 떠오른다.
③ 시의 구성 요소로는 운율, 심상, 주제가 있다.
④ 생각이나 느낌을 운율이 있는 언어로 압축하여 표현한다.
⑤ 시인이 항상 시적 화자가 되어 말하고자 하는 바를 전달한다.

02 시의 구조나 글자 수, 운율 등을 일정한 규칙에 맞추어 쓴 시의 종류를 일컫는 말로 알맞은 것은?

① 극시　　　　② 서정시　　　　③ 자유시
④ 정형시　　　⑤ 산문시

❉ 시적 화자의 위치

시적 화자

시적 화자는 시인의 정서와 생각이 투영된 인물로, 시의 표면에 직접적으로 드러날 수도 있고, 겉으로 드러나지 않고 숨어 있을 수도 있다.

시적 화자가 시에 직접 드러나는 경우	작품 속에서 '나', '우리' 등으로 표현되며, 대상에 대한 정서나 생각을 직접적으로 전달함. ㉾ 나는 찬밥처럼 방에 담겨 / 아무리 천천히 숙제를 해도 엄마 안 오시네, 배춧잎 같은 발소리 타박타박 　　　　　　　　　　　　　　　　　　　　　　　　　 – 기형도, 「엄마 걱정」 ▶ '나'라는 화자가 시에 직접적으로 제시되어 있음.
시적 화자가 시에 드러나지 않는 경우	시적 화자가 직접적으로 드러나지 않은 채 시적 상황을 전달함. ㉾ 강나루 건너서 / 밀밭 길을 구름에 달 가듯이 / 가는 나그네. 　　　　　　　　　　　　　　　　　　　　　　　　　 – 박목월, 「나그네」 ▶ 시적 화자가 시에 직접적으로 드러나지 않은 채, 밀밭 길을 가는 나그네를 관찰하고 있음.

❉ 시의 운율 형성 요소

음운 · 단어 · 구절 · 문장의 반복	같거나 비슷한 모음이나 자음, 시어, 시구, 문장 구조 등을 반복함.
일정한 음절 수 반복	일정한 음절(글자) 수를 반복함.
일정한 음보 반복	일정한 음보를 규칙적으로 반복함.
의도적인 시어의 변형	시어의 글자 수를 의도적으로 변형하여 사용함.(시적 허용)
음성 상징어 사용	의성어나 의태어를 사용함.

■ 정답과 해설 18쪽

03 시적 화자에 대한 설명으로 알맞지 <u>않은</u> 것은?

① 시 속에서 말하는 이를 가리킨다.
② 시에 직접 드러나지 않는 경우는 없다.
③ 시인의 정서와 생각이 투영된 인물이다.
④ 시에서 '나'라는 표현으로 드러나기도 한다.
⑤ 시에서 시적 대상에 대한 정서나 생각, 시적 상황을 전달한다.

04 다음 시의 화자는 누구인지 쓰시오.

> 엄마야 누나야 강변 살자.
> 뜰에는 반짝이는 금모래빛
> 뒷문 밖에는 갈잎의 노래
> 엄마야 누나야 강변 살자.　　　– 김소월, 「엄마야 누나야」

(　　　　　　　　　　　　　　　　　　　　)

⊠ 시의 심상

시를 읽을 때 마음속에 떠오르는 감각적인 모습이나 느낌

시각적 심상 👁	청각적 심상 👂	후각적 심상 👃
색깔, 모양, 명암 등 눈으로 보는 듯한 느낌의 심상	귀로 어떤 소리를 듣는 듯한 느낌의 심상	코로 어떤 냄새를 맡는 듯한 느낌의 심상
예 눈 쌓인 골목길에 새파랗게 달빛이 쏟아지는데 　　　　－ 신경림, 「가난한 사랑 노래」	예 깊은 생각은 아득이는데 　저 바람에 새가 슬피 운다. 　　　　－ 김억, 「봄은 간다」	예 지금 눈 내리고 　매화 향기 홀로 아득하니 　　　　－ 이육사, 「광야」
▶ '새파란' 달빛을 보는 느낌	▶ '새가 슬피 우는' 소리를 듣는 느낌	▶ '매화 향기'를 맡는 느낌

미각적 심상 🍄	촉각적 심상 🖐	공감각적 심상 👁 👂 🔔 🍄 🖐
혀로 어떤 맛을 보는 듯한 느낌의 심상	차가움, 뜨거움 등 피부에 닿아 느껴지는 듯한 느낌의 심상	한 감각을 다른 감각으로 바꾸어 표현하여 둘 이상의 감각이 어우러진 심상
예 어린 시절에 불던 풀피리 소리 아니 나고 　메마른 입술이 쓰디쓰다 　　　　－ 정지용, 「고향」	예 말없이 팔을 잡아 맥을 보는데 　손길은 따스하고 부드러워 　　　　－ 백석, 「고향」	예 나비 허리에 새파란 초생달이 시리다. 　　　　－ 김기림, 「바다와 나비」
▶ '쓰디쓴' 맛을 보는 느낌	▶ '따스함과 부드러움'이 느껴지는 느낌	▶ 시각의 촉각화

⊠ 시의 표현

① 비유하기: 표현하고자 하는 대상을 그것과 비슷한 구체적 대상에 빗대어 표현하는 방법

비유하기	비유	직유법	'~처럼, ~같이, ~듯이, ~인 양' 등의 말을 사용해 원관념과 보조 관념을 직접 빗대어 표현하는 방법
		은유법	'A는 B이다'와 같은 형식으로 원관념과 보조 관념을 동일한 것처럼 표현하는 방법
		의인법	사람이 아닌 사물이나 관념을 사람인 것처럼 표현하는 방법
	상징		추상적인 관념이나 의미(원관념)를 눈에 보이는 구체적인 사물(보조 관념)로 표현하는 방법

바로 확인 ✓

05 다음 시구에서 느껴지는 심상을 쓰시오.

(1) 어두운 방 안엔 / 바알간 숯불이 피고 …… (　　　　　)

(2) 젊은 아버지의 서느런 옷자락에 ………… (　　　　　)

(3) 우리들의 입 속에서는 푸른 휘파람 소리가 나거든요.
　　…………………………………………… (　　　　　)

06 다음 중 비유의 방법이 다른 하나는?

① 내 누님같이 생긴 꽃이여

② 이것은 소리 없는 아우성

③ 샘터에 물 고이듯 성숙하는

④ 꺽정이처럼 울부짖고 또 어떤 녀석은

⑤ 다정도 병인 양하여 잠 못 들어 하노라

② **강조하기, 변화주기**: 말하고자 하는 바, 또는 생각이나 느낌을 강조하여 표현하거나, 단조로움을 피하고 신선함을 주기 위한 표현 방법

강조하기	과장법	실제보다 과장되게 부풀리거나 줄여서 말하는 표현 방법 예 한강 물이 뒤집혀 용솟음칠 그날이, / 이 목숨이 끊기기 전에 와 주기만 할 양이면 – 심훈, 「그날이 오면」
	반복법	같거나 비슷한 단어, 구절, 문장 등을 되풀이하는 표현 방법 예 해야 솟아라, 해야 솟아라, 말갛게 씻은 얼굴 고운 해야 솟아라.　– 박두진, 「해」
	영탄법	감탄하는 말로 슬픔, 기쁨, 놀라움 등과 같은 감정을 직접적으로 표현하는 방법 예 아, 강낭콩꽃보다도 더 푸른 / 그 물결 위에 　양귀비꽃보다도 더 붉은 / 그 마음 흘러라!　– 변영로, 「논개」
	점층법	의미를 점점 강하고, 크게, 고조되게 표현하는 방법 예 눈은 살아 있다. / 떨어진 눈은 살아 있다. / 마당 위에 떨어진 눈은 살아 있다. – 김수영, 「눈」
변화주기	도치법	말이나 문장의 배열 순서를 바꾸어 표현하는 방법 예 가볍게 떠올라야지 / 곧 움직일 준비 되어 있는 꼴 / 둥근 공이 되어 – 정현종, 「떨어져도 튀는 공처럼」
	설의법	당연한 이야기를 의문의 형식으로 표현하는 방법 예 가난하다고 해서 외로움을 모르겠는가　– 신경림, 「가난한 사랑 노래」
	반어법	표현할 내용을 실제로 말하고자 하는 의미(의도)와는 정반대로 표현하는 방법 예 먼 훗날 당신이 찾으시면 / 그때에 내 말이 '잊었노라.'　– 김소월, 「먼 후일」
	역설법	표면적으로는 모순되지만, 그 속에 진리를 담고 있는 표현 방법 예 타고 남은 재가 다시 기름이 됩니다　– 한용운, 「알 수 없어요」

07 다음 시구에 사용된 표현 방법으로 알맞은 것은?

> 그곳이 차마 꿈엔들 잊힐리야.

① 과장법　　② 영탄법　　③ 도치법
④ 설의법　　⑤ 역설법

08 다음 시구에 쓰인 표현 방법에 대한 설명으로 알맞은 것은?

> 찬란한 슬픔의 봄을

① 말의 배열 순서를 바꾸어 표현하는 방법
② 당연한 이야기를 의문의 형식으로 표현하는 방법
③ 표현하고자 하는 의도와는 정반대로 표현하는 방법
④ 겉으로는 모순되지만 그 속에 진리를 담고 있는 표현 방법
⑤ 감탄의 말로 슬픔, 기쁨과 같은 감정을 강하게 표현하는 방법

청포도 | 이육사

문제 풀이
작품 해제
관련 영상
어휘 퀴즈

이육사(1904~1944)
일제 강점기 시인이자 독립운동가이다. 대표 작품으로는 「절정」, 「광야」, 「황혼」, 「꽃」 등이 있다.

| 작품 개관 |
· **갈래**: 자유시, 서정시
· **성격**: 상징적, 감각적, 희망적
· **제재**: 청포도

내 고장 칠월은
청포도˚가 익어 가는 시절

이 마을 전설이 주저리주저리 열리고
먼 데 하늘이 꿈꾸며 알알이 들어와 박혀˚

하늘 밑 푸른 바다가 가슴을 열고
흰 돛단배가 곱게 밀려서 오면

내가 바라는 손님은 고달픈 몸으로
청포(靑袍)를 입고 찾아온다고 했으니˚

내 그를 맞아 이 포도를 따 먹으면
두 손은 함뿍 적셔도 좋으련˚

[A] ┌ 아이야 우리 식탁엔 은쟁반에
   └ 하이얀 모시 수건을 마련해 두렴˚

◆
청포도 아름답고 풍요로우며 평화로운 삶을 상징함.
먼 데 하늘이 ~ 들어와 박혀 청포도의 알알마다 하늘로 상징되는 꿈과 소망 등이 담겨 있음을 나타냄.
내가 바라는 손님은 ~ 찾아온다고 했으니 화자가 간절히 바라는 손님은 시련의 끝에 희망을 가지고 찾아올 것임을 나타냄.
두 손은 함뿍 적셔도 좋으련 손님을 맞이하여 청포도를 함께 먹을 수 있기를 온 정성을 다해 간절히 기다리고 있음을 나타냄.
아이야 우리 식탁엔 ~ 마련해 두렴 은쟁반과 하이얀 모시 수건을 준비하여 경건한 마음으로 귀한 손님을 맞이할 준비를 해야 한다는 것을 나타냄.

1 위 시에서 '청포도'의 의미로 보기 <u>어려운</u> 것은?

① 고향 여름의 풍요로움

② 아름답고 평화로운 삶

③ 꿈과 희망이 담긴 존재

④ 시적 화자가 바라는 대상

⑤ 돌아오지 않는 과거에 대한 향수

2 〈보기〉의 밑줄 친 부분을 확인할 수 있는 시구로 적절한 것은?

> 〈보기〉
>
> 이육사의 「청포도」는 조국 광복의 염원을 감각적이고 상징적인 언어를 통해 형상화한 시이다. 특히 '청포도'나 '손님' 등의 상징적인 시어와, 시상 전개 과정에서 주요하게 활용되는 <u>색채 대비</u>는 화자의 조국 광복에 대한 기다림과 소망을 효과적으로 형상화하는 데 기여하고 있다.

① 내 고장 칠월은 / 청포도가 익어 가는 시절

② 하늘 밑 푸른 바다가 가슴을 열고 / 흰 돛단배가 곱게 밀려서 오면

③ 내가 바라는 손님은 고달픈 몸으로 / 청포(靑袍)를 입고 찾아온다고 했으니

④ 내 그를 맞아 이 포도를 따 먹으면 / 두 손은 함뿍 적셔도 좋으련

⑤ 아이야 우리 식탁엔 은쟁반에 / 하이얀 모시 수건을 마련해 두렴

개념⁺ 색채 대비

• **개념**: 시상 전개 과정에서 시어나 구절을 통해 연상되는 색채가 두 개 이상 제시되어, 이 색채들이 서로 비교되거나 대조되는 현상

• **특징**: 색채 대비를 통해 시적 의미를 보다 효과적으로 전달할 수 있음.

3 [A]에 담긴 시적 화자의 의도로 가장 적절한 것은?

① 손님에게 빨리 찾아올 것을 강요할 것이다.

② 손님의 취향을 반영한 만찬을 준비할 것이다.

③ 소박한 식탁을 마련하여 손님을 대접할 것이다.

④ 정성스럽고 경건한 모습으로 손님을 기다릴 것이다.

⑤ 손님이 허기를 달랠 수 있도록 충분한 음식을 마련할 것이다.

시어의 의미

1 다음 시어가 지니는 상징적 의미를 정리하여 빈칸에 들어갈 내용을 써 보자.

청포도
평화롭고 ( ) 삶의 모습

하늘
사람들이 꿈꾸는 이상이나 ( )

손님
조국의 ( )과 미래에 도래할 평화로운 세계

은쟁반, 하이얀 모시 수건
손님에 대한 시적 화자의 정성과 경건한 마음가짐

표현상의 특징

2 이 시의 표현상의 특징을 다음과 같이 정리할 때, 빈칸에 들어갈 내용을 써 보자.

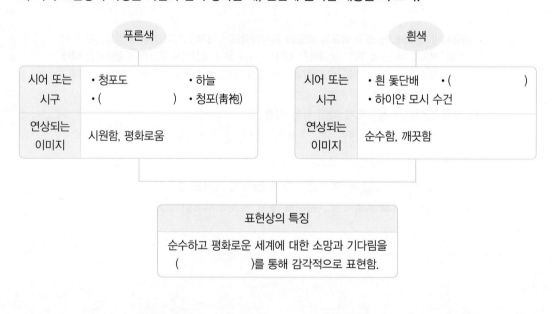

	푸른색	
시어 또는 시구	• 청포도 • ( )	• 하늘 • 청포(靑袍)
연상되는 이미지	시원함, 평화로움	

	흰색	
시어 또는 시구	• 흰 돛단배 • ( ) • 하이얀 모시 수건	
연상되는 이미지	순수함, 깨끗함	

표현상의 특징
순수하고 평화로운 세계에 대한 소망과 기다림을 ( )를 통해 감각적으로 표현함.

시의 주제

3 시인의 삶과 시대적 배경을 고려하여 이 시의 주제를 살펴보고 빈칸에 들어갈 내용을 써 보자.

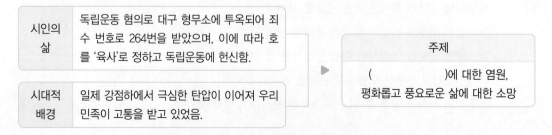

시인의 삶	독립운동 혐의로 대구 형무소에 투옥되어 죄수 번호로 264번을 받았으며, 이에 따라 호를 '육사'로 정하고 독립운동에 헌신함.
시대적 배경	일제 강점하에서 극심한 탄압이 이어져 우리 민족이 고통을 받고 있었음.

▶

주제
( )에 대한 염원, 평화롭고 풍요로운 삶에 대한 소망

깊이 읽기

이육사의 삶

　일제 강점 당시 일제는 침략 전쟁을 위해 전쟁에 필요한 물자와 인력을 우리나라에서 수탈해 가는 정책을 시행하였습니다. 물적 수탈을 강화하였을 뿐 아니라 수많은 한국인을 공장, 광산, 전쟁터 등에 강제로 동원하여 혹사시키거나 성 노예로 내몰기도 하였습니다. 또한 민족 말살 정책을 펼침으로써 우리의 말과 역사를 배울 수 없게 하였고, 신사 참배와 일본식 성명을 강요하기도 하였습니다.

　이러한 상황에서도 이육사는 독립운동을 전개하는 데 몸을 아끼지 않았습니다. 1925년에는 독립운동 단체인 의열단에 가입하였고, 1926년에는 북경으로 건너가 북경 사관 학교 항일 무장 독립운동 단체에도 가입하였습니다. 그리고 이듬해 가을에 귀국하여 조선은행 대구 지점 폭파 사건에 연루되어 3년 형을 선고받고 투옥되었습니다. 이때 그의 죄수 번호가 264번이어서 자신의 호를 '육사'로 정했다고 전해집니다. 이후에도 그는 일제의 감시하에 체포와 구금 생활을 반복하였고, 그 결과 열일곱 번이나 옥살이를 하였습니다. 그는 독립운동을 몸소 실천했을 뿐만 아니라 독립에 대한 염원을 담은 문학 작품 또한 다수 창작하였습니다. 그는 조국 광복의 염원을 노래하며 강렬한 저항 의지를 나타냈고, 극한 상황에서도 꺼지지 않는 민족정신을 노래하였습니다. 시 외에도 한시와 시조, 평론, 번역, 시나리오 등 다방면에서 재능을 나타냈으며, 주요 작품으로는 「청포도」 외에도 「교목」, 「광야」, 「절정」 등이 있습니다.

▲ 이육사

사고력 키우기

〈보기〉의 관점을 바탕으로 이 시를 감상할 때, '손님'이 '고달픈 몸으로 / 청포(靑袍)를 입고 찾아온다고 했으니'라는 시구는 어떤 의미로 해석될 수 있는지 생각해 보자.

보기

　이육사는 시인이기도 했지만 동시에 일제의 식민 통치에 격렬히 저항한 항일 독립운동가였다. 그래서 이육사의 작품들은 항일 독립운동가로서의 그의 삶의 모습과 밀접한 연관을 가지고 있다. 「청포도」를 비롯한 이육사의 작품들이 사람들에게 항일 독립 정신의 발로(發露)로 이해되는 것도 이러한 독립운동가로서의 시인의 삶 때문이다.

해 | 박두진

문제 풀이
작품 해제
관련 영상
어휘 퀴즈

박두진(1916~1998)
시인이다. 조지훈, 박목월 등과 함께 '청록파(靑鹿派)' 중 한 명이다. 작품으로는 「청산도」, 「별밭에 누워」 등이 있다.

│작품 개관│
· **갈래**: 자유시, 서정시, 산문시
· **성격**: 상징적, 미래 지향적
· **제재**: 해

해야 솟아라, 해야 솟아라, 말갛게 씻은 얼굴 고운 해야 솟아라. 산 넘어 산 넘어서 어둠을 살라 먹고, 산 넘어서 밤새도록 어둠을 살라 먹고, 이글이글 애띤 얼굴 고운 해야 솟아라.

달밤이 싫어, 달밤이 싫어, ㉠눈물 같은 골짜기에 달밤이 싫어, 아무도 없는 뜰에 달밤이 나는 싫어…….

해야, 고운 해야. 네가 오면 네가사 오면, 나는 나는 ㉡청산이 좋아라. 훨훨훨 깃을 치는 청산이 좋아라. 청산이 있으면 홀로라도 좋아라.

사슴을 따라 사슴을 따라, ㉢양지로 양지로 사슴을 따라, 사슴을 만나면 사슴과 놀고,

칡범을 따라 칡범을 따라, ㉣칡범을 만나면 칡범과 놀고…….

해야, 고운 해야. 해야 솟아라. 꿈이 아니래도 너를 만나면, 꽃도 새도 짐승도 한자리에 앉아, 워어이 워어이 모두 불러 한자리 앉아 ㉤애띠고 고운 날을 누려 보리라.

해 광명, 희망을 상징.
어둠, 달밤, 눈물 같은 골짜기 암담한 현실.
청산 평화로운 세계. 화자가 소망하는 세계.
애띠고 고운 날 화합과 공존을 이룬 새로운 시대.

1 위 시에 대한 설명으로 적절하지 <u>않은</u> 것은?

① 자연물에 인격을 부여하여 시적 의미를 드러내고 있다.

② 유사한 시구의 반복을 통해 화자의 소망을 강조하고 있다.

③ 시어의 대립적 구도를 활용하여 주제를 형상화하고 있다.

④ 어두운 현실에서 미래에 대한 밝은 소망을 표현하고 있다.

⑤ 시적 화자가 자신의 모습을 숨긴 채 시적 상황을 전달하고 있다.

2 〈보기〉를 참고할 때, '해'의 상징적 의미로 적절하지 <u>않은</u> 것은?

〈보기〉

이 시는 광복 직후인 1946년 문예지 『상아탑』에 발표된 작품이다. 1946년은 일제 강점기에서는 벗어났지만 미군과 소련군이 우리나라에 주둔하고 우리 민족이 좌익과 우익으로 분열되어, 정치적 · 사회적으로 매우 혼란스러운 시기였다.

① 민족이 하나로 화합할 수 있는 새로운 세계를 상징한다.

② 혼란스러운 상황에서 벗어난 조국의 밝은 미래를 상징한다.

③ 사회적 혼란이 끝나고 공존과 번영을 이루는 민족을 상징한다.

④ 혼란한 현실에서 벗어나 질서와 안정이 갖춰진 사회를 상징한다.

⑤ 강력한 권력을 바탕으로 민족의 분열을 통합할 지도자를 상징한다.

3 ㉠~㉤에 대한 설명으로 적절하지 <u>않은</u> 것은?

① ㉠: 시적 화자가 거부하는 부정적 현실이다.

② ㉡: 시적 화자가 소망하고 지향하는 세계이다.

③ ㉢: 모든 존재가 화합하는 긍정적 공간이다.

④ ㉣: 복종하고 따라야 하는 무서운 존재이다.

⑤ ㉤: 사랑과 평화가 넘치는 새로운 시대이다.

시의 흐름

1 이 시의 시상 전개 과정을 파악하여 빈칸에 들어갈 내용을 써 보자.

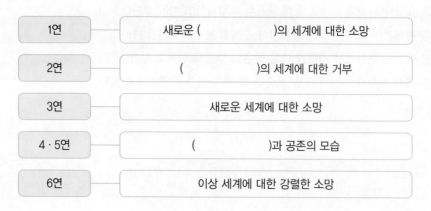

1연	새로운 (　　　　　)의 세계에 대한 소망
2연	(　　　　　)의 세계에 대한 거부
3연	새로운 세계에 대한 소망
4·5연	(　　　　　)과 공존의 모습
6연	이상 세계에 대한 강렬한 소망

시의 구조

2 이 시의 구조를 다음과 같이 정리할 때, 빈칸에 들어갈 내용을 써 보자.

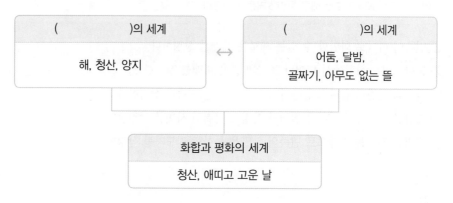

| (　　　　　)의 세계 | ↔ | (　　　　　)의 세계 |
| 해, 청산, 양지 | | 어둠, 달밤, 골짜기, 아무도 없는 뜰 |

화합과 평화의 세계
청산, 애띠고 고운 날

시의 주제

3 시어의 상징적 의미를 바탕으로 이 시의 주제를 파악하여 빈칸에 들어갈 내용을 써 보자.

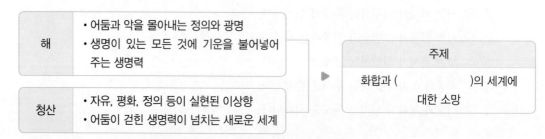

| 해 | • 어둠과 악을 몰아내는 정의와 광명
• 생명이 있는 모든 것에 기운을 불어넣어 주는 생명력 |
| 청산 | • 자유, 평화, 정의 등이 실현된 이상향
• 어둠이 걷힌 생명력이 넘치는 새로운 세계 |

▶

| 주제 |
| 화합과 (　　　　　)의 세계에 대한 소망 |

깊이 읽기

광복 이후의 시대적 상황

　박두진의 「해」는 일제 강점기가 끝난 직후 1946년에 발표되었습니다. 1945년 제2차 세계 대전이 종전되면서 우리나라는 광복을 맞이하게 되었고 우리 민족은 크나큰 기쁨으로 만세를 외쳤습니다. 하지만 광복에 대비한 우리의 노력이 채 결실을 맺지 못하였기 때문에 일본의 갑작스러운 항복 선언은 우리 민족에게 기쁨과 함께 근심 또한 안겨 주었습니다. 국내외 많은 사람들이 새로운 나라를 만들기 위해 노력하였지만, 미국과 소련이 한반도를 분할 점령하면서 우리는 위기를 맞게 되었습니다. 한반도에 미군과 소련군이 주둔하면서 38선이 생겨나고, 우리 민족은 좌·우익으로 분열되어 심각한 혼란에 빠지게 된 것입니다. 남한에 들어온 미군은 직접 군정을 실시하였고 혼란 방지를 내세워 조선 총독부 체제를 유지한 채 일제 시대부터 일하던 조선인 관리나 경찰들을 그대로 근무하게 하였습니다. 북한에 들어온 소련군은 인민 위원회의 자치를 인정하는 간접 통치 방식을 취하여 인민 위원회를 조정하였습니다. 이처럼 이념적인 지향에 따라 좌우가 갈리고, 수많은 단체들이 생겨나 저마다 목소리를 내기 시작하면서 우리 사회는 한동안 불안한 시간을 겪어야만 했습니다. 이러한 시대적 분위기 속에서 이 작품은 이념으로 인한 민족 분열이 치유된 민족의 화합과 평화를 소망하고 있습니다.

사고력 키우기

이 시는 대립적 구도를 바탕으로 시상을 전개하고 있다. 이 시에서 대조적 이미지의 시어들을 찾아서 성격에 따라 분류하고 각각의 상징적 의미를 생각해 보자.

03
시

봄은 | 신동엽

문제 풀이
작품 해제
관련 영상
어휘 퀴즈

신동엽(1930~1969)
1960년대에 활동한 시인이다. 대표 작품으로는 「껍데기는 가라」, 「누가 하늘을 보았다 하는가」 등이 있다.

| 작품 개관 |
· 갈래: 자유시, 서정시, 참여시
· 성격: 현실 참여적, 희망적, 의지적

◆
봄 통일의 시대를 의미함.
남해에서도 ~ 오지 않는다. 통일의 시대인 봄은 우리 국토라 할 수 없는 남해나 북녘에서 오지 않는다는 사실을 단정적 어조로 강조함.
제주에서 두만까지 ~ 논밭에서 움튼다. 통일이 외세에 의해서가 아닌 우리 국토에서 스스로의 힘으로 시작된다는 사실을 단정적 어조로 강조함.
겨울은, ~ 눈보라 몰고 왔지만 봄과 대조되는 겨울은 분단을 의미하며, 분단의 고통을 나타내는 눈보라가 바다와 대륙 밖이라는 외세에 의해 생겨났음을 드러냄.
강산을 덮은 그 미움의 쇠붙이들 우리 국토에 만연해 있는 남북의 군사적 대립과 긴장 상황을 나타냄.

봄*은
남해에서도 북녘에서도
오지 않는다.*

너그럽고
빛나는
봄의 그 눈짓은,
제주에서 두만까지
우리가 디딘
아름다운 논밭에서 움튼다.*

겨울은,
바다와 대륙 밖에서
그 매서운 눈보라 몰고 왔지만*
이제 올
너그러운 봄은, 삼천리 마을마다
우리들 가슴속에서
움트리라.

[A]
　┌ 움터서,
　│　강산을 덮은 그 미움의 쇠붙이들*
　│　눈 녹이듯 흐물흐물
　└ 녹여 버리겠지.

1 위 시에서 시어와 시구의 상징적 의미가 나머지 넷과 다른 하나는?

① 제주에서 두만

② 아름다운 논밭

③ 바다와 대륙 밖

④ 삼천리 마을

⑤ 강산

 2 〈보기〉의 밑줄 친 부분을 형상화한 시구로 가장 적절한 것은?

 개념+ 시의 어조

・개념: 시적 대상이나 시적 상황에 대해 시적 화자가 가지고 있는 태도 또는 목소리

・특징
 − 시적 분위기나 정서를 형성하는 데 많은 영향을 끼침.
 − 일반적으로 시어나 종결 어미의 선택 등을 통해 드러남.

〈보기〉

시에서 어조란 시적 화자를 통해 나타나는 목소리의 특성을 말하는데, 화자의 태도나 정서를 효과적으로 드러내며 시의 분위기를 조성하는 역할을 한다. 어조에는 사색적, 독백적, 냉소적, 예찬적, 애상적, 관조적, 비판적 어조 등이 있는데 이 시에는 단정적 어조와 함께, 시적 화자의 기대를 담은 확신에 찬 미래형의 예언적 어조가 드러나 있다.

① 봄은 / 남해에서도 북녘에서도 / 오지 않는다.

② 너그럽고 / 빛나는 / 봄의 그 눈짓은,

③ 제주에서 두만까지 / 우리가 디딘 / 아름다운 논밭에서 움튼다.

④ 겨울은, / 바다와 대륙 밖에서 / 그 매서운 눈보라 몰고 왔지만

⑤ 이제 올 / 너그러운 봄은, 삼천리 마을마다 / 우리들 가슴속에서 / 움트리라.

3 〈보기〉를 참고할 때, [A]의 의미로 가장 적절한 것은?

〈보기〉

1968년에 발표된 이 시에는 당시 한반도의 상황과 사람들의 소망이 투영되어 있다. 남북의 분단이 고착화되어 군사적 갈등과 긴장이 극심하던 한반도의 상황에는 한반도를 둘러싼 강대국 사이의 복잡한 국제 정치적인 요인이 작용하고 있었다. 이런 상황에서 시인은 자주적 통일에 대한 염원과 확신을 노래하였다.

① 남한의 주도로 평화 통일이 이루어질 것이다.

② 통일을 위해서는 국제적인 협력이 필요할 것이다.

③ 분단으로 발생한 군사적 대립과 긴장은 사라질 것이다.

④ 분단으로 생긴 대립과 갈등은 극복하기 어려울 것이다.

⑤ 봄이 되면 분단이라는 갈등 상황이 다시 발생할 것이다.

시의 구조

1 이 시의 구조를 다음과 같이 정리할 때, 빈칸에 들어갈 내용을 써 보자.

봄
• 우리의 (　　　　　)에서 움트는 것 • 움터서 쇠붙이들을 녹여 버리는 것

↔

겨울
• 바다와 대륙 밖에서 온 것 • 매서운 눈보라를 몰고 온 것

▼

(　　　　　)의 시대

▼

(　　　　　)의 현실

시의 어조

2 다음 시구에 드러난 시적 화자의 어조와 태도를 살펴보고 빈칸에 들어갈 내용을 써 보자.

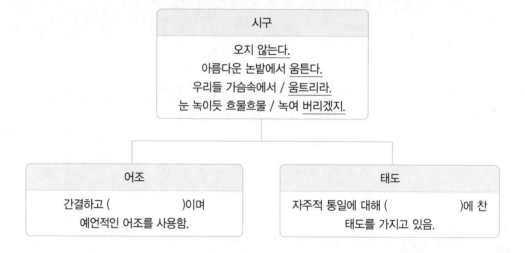

시구
오지 않는다. 아름다운 논밭에서 움튼다. 우리들 가슴속에서 / 움트리라. 눈 녹이듯 흐물흐물 / 녹여 버리겠지.

어조	태도
간결하고 (　　　　　)이며 예언적인 어조를 사용함.	자주적 통일에 대해 (　　　　　)에 찬 태도를 가지고 있음.

시의 주제

3 시어의 상징적 의미를 바탕으로 주제를 파악하여 빈칸에 들어갈 내용을 써 보자.

시어	남해, 북녘, 바다, 대륙 밖	제주에서 두만, 아름다운 논밭, 삼천리 마을, 강산
의미	(　　　　　)	(　　　　　)
화자의 태도	부정적	긍정적
주제	자주적 (　　　　　)에 대한 염원과 확신	

깊이 읽기

남북 분단

제2차 세계 대전 이후 미국 중심의 자유 민주주의 진영과 소련 중심의 공산주의 진영 사이에는 갈등, 긴장, 경쟁, 대립의 상태가 이어졌습니다. 우리 민족의 꾸준한 독립운동, 그리고 제2차 세계 대전에서 연합국이 거둔 승리의 결실로 우리는 광복을 맞이하였지만, 미군과 소련군이 38도선을 경계로 한반도를 남북으로 분할 점령하면서 38도선은 우리 민족과 국토를 가르는 분단선으로 변해 갔습니다. 냉전 체제 속에서 미국과 소련이 각각 남과 북에 대한 군사적·경제적 지원을 하던 중 1950년 6월 25일 북한군이 기습적으로 남한을 공격하면서 한국 전쟁이 발발하였고, 이 전쟁은 3년 간 계속되었습니다. 1951년 7월부터 유엔군과 북한군, 중국군 사이에 2년여에 걸친 휴전 회담이 진행되었고, 1953년 양측이 휴전에 동의함으로써 전쟁은 중단되었습니다. 그러나 한국 전쟁은 많은 고통과 상처를 남겼고, 그 뒤 남북한은 서로에 대한 적대 감정과 불신으로 오랫동안 대립하게 되었습니다.

이 작품의 시적 화자는 분단의 원인이 이처럼 외세에 있음을 인식하며 통일의 주체는 외세가 아니라 바로 우리 민족이 되어야 함을 밝히고 있습니다. 또한 남과 북이 증오와 대결의 군사적 적대 관계를 청산하고 하나의 민족으로 다시 태어날 수 있도록 자주적 통일이 이루어지기를 염원하고 있습니다.

사고력 키우기

이 시에서 '봄'이 의미하는 바와 역할은 무엇이며, 이를 위해 반드시 필요한 것은 무엇일지 생각해 보자.

가난한 사랑 노래

– 이웃의 한 젊은이를 위하여 ㅣ신경림

문제 풀이
작품 해제
어휘 퀴즈

신경림(1936~2024)
시인이다. 작품으로 시 「농
무」, 「목계장터」 등이 있으며,
수필 「민요 기행 1 – 진도에
서 보길도까지」 등이 있다.

| 작품 개관 |
· 갈래: 자유시, 서정시
· 성격: 감각적, 현실적, 고백적
· 제재: 이웃의 가난한 젊은이
  의 삶

가난하다고 해서 외로움을
모르겠는가 설의적 표현을
통해 가난이 인간적인 감정
마저 포기하게 할 수는 없음
을 강조함.
두 점을 치는 ~ 기계 굴러
가는 소리. 청각적 심상을 활
용하여 위협적인 도시의 모습
을 형상화함.
집 뒤 감나무에 ~ 바람 소
리도 그려 보지만. 시각적
심상과 청각적 심상을 활용
하여 떠나온 고향에 대한 그
리움을 드러냄.
내 볼에 와 닿던 네 입술의
뜨거움. 촉각적 심상을 활용
하여 가난한 화자가 느꼈던
사랑의 모습을 형상화함.
가난하기 때문에 ~ 버려야
한다는 것을. 가난으로 인해
모든 인간적인 것들을 버려
야 하는 현실에 대한 안타까
움을 드러냄.

가난하다고 해서 외로움을 모르겠는가
너와 헤어져 돌아오는
눈 쌓인 골목길에 새파랗게 달빛이 쏟아지는데.
가난하다고 해서 두려움이 없겠는가
두 점을 치는 소리
방범대원의 호각 소리 메밀묵 사려 소리에
눈을 뜨면 멀리 육중한 기계 굴러가는 소리.
가난하다고 해서 그리움을 버렸겠는가
어머님 보고 싶소 수없이 뇌어 보지만
집 뒤 감나무에 까치밥으로 하나 남았을
새빨간 감 바람 소리도 그려 보지만.
가난하다고 해서 사랑을 모르겠는가
내 볼에 와 닿던 네 입술의 뜨거움,
사랑한다고 사랑한다고 속삭이던 네 숨결
돌아서는 내 등 뒤에 터지던 네 울음.
가난하다고 해서 왜 모르겠는가
가난하기 때문에 이것들을
이 모든 것들을 버려야 한다는 것을.

1 위 시의 시구에 드러나는 심상 중 성격이 <u>다른</u> 하나는?

① 두 점을 치는 소리
② 방범대원의 호각 소리
③ 기계 굴러가는 소리
④ 네 입술의 뜨거움
⑤ 내 등 뒤에 터지던 네 울음

2 위 시의 시적 화자가 제기하고 있는 문제로 가장 적절한 것은?

① 가난하기 때문에 사랑의 감정을 모를 수밖에 없다.
② 가난하기 때문에 외로움의 감정을 모를 수밖에 없다.
③ 가난하기 때문에 그리움의 감정을 모를 수밖에 없다.
④ 가난하다고 해서 인간적인 감정들을 모르는 것은 아니다.
⑤ 가난하다고 해서 인간적인 감정들을 모두 이해해야 할 필요는 없다.

3 〈보기〉를 참고하여 위 시를 감상한 내용으로 적절하지 <u>않은</u> 것은?

> 이 시는 '이웃의 한 젊은이를 위하여'라는 부제에서 확인할 수 있듯이, 이웃의 가난한 젊은이를 시적 화자로 내세워 1970년대 농촌을 떠나 도시 근로자로 살아가는, 가난한 젊은이가 처한 안타까운 현실을 절실하게 표현하고 있다. 이 시의 시적 화자는 고향을 떠나 도시에서 노동자로 살아가면서 생활에 쫓겨 인간적인 감정마저 버려야 하는 상황에 처해 있으며, 자신이 처한 이러한 상황에 안타까움을 드러내고 있다.

① 시적 화자가 제시하는 인간적인 감정은 외로움, 두려움, 그리움, 사랑이다.
② '멀리 육중한 기계 굴러가는 소리'에서 시적 화자가 도시에 살고 있음을 추측할 수 있다.
③ '새빨간 감 바람 소리도 그려 보지만'에서 시적 화자가 농촌을 떠나왔음을 추측할 수 있다.
④ '내 등 뒤에 터지던 네 울음'에서 시적 화자가 도시 근로자임을 추측할 수 있다.
⑤ '이 모든 것들을 버려야 한다는 것을'에서 시적 화자의 안타까움을 확인할 수 있다.

시의 구조

1 이 시의 구조를 다음과 같이 정리할 때, 빈칸에 들어갈 내용을 써 보자.

너와 헤어져 돌아오는 골목길	가난한 이가 느끼는 (　　　　　)
도시의 여러 소리	가난한 이가 느끼는 (　　　　　)
어머님, 새빨간 감 바람 소리	가난한 이가 느끼는 그리움
네 입술과 네 울음	가난한 이가 느끼는 사랑

▼

가난하기 때문에 이 모든 것들을 버려야만 함.

시의 표현 방식

2 다음 시구에 드러나는 표현 방식과 그 효과를 정리하여 빈칸에 들어갈 내용을 써 보자.

시구		
• 가난하다고 해서 외로움을 모르겠는가 • 가난하다고 해서 두려움이 없겠는가 • 가난하다고 해서 그리움을 버렸겠는가 • 가난하다고 해서 사랑을 모르겠는가 • 가난하다고 해서 왜 모르겠는가	표현 방식	• (　　　　　)을 사용함. • 동일한 형태의 시구를 반복함.
	효과	• 물음에 대해 '그렇지 않다'는 것을 강조하여 호소력 있고 절실한 느낌을 줌. • (　　　　　)을 형성하고 주제 의식을 강조함.

시의 화자

3 이 시의 시적 화자에 대해 정리하여 빈칸에 들어갈 내용을 써 보자.

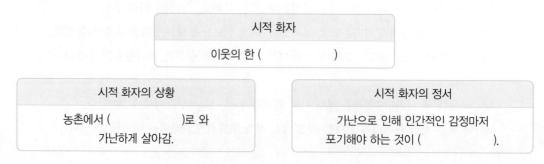

시적 화자
이웃의 한 (　　　　　)

시적 화자의 상황	시적 화자의 정서
농촌에서 (　　　　　)로 와 가난하게 살아감.	가난으로 인해 인간적인 감정마저 포기해야 하는 것이 (　　　　　).

깊이 읽기

「가난한 사랑 노래」의 탄생

이 시는 1970년대에 고향을 떠나 도시 노동자로 가난하게 살아가는 젊은이의 안타까운 현실을 호소력 있는 어조로 표현한 작품으로, 물질적으로 가난하기 때문에 외로움, 두려움, 그리움, 사랑과 같은 인간적 감정들을 버려야만 했던 1970~1980년대 한국 도시 노동자의 안타까운 현실 상황을 감각적으로 전달하고 있습니다.

이 작품이 탄생하게 된 배경이라고 전해지는 이야기가 있습니다. 1987년 시인이 자주 가던 집 근처 술집에서 어떤 젊은이가 시인에게 고민을 털어놓았다고 합니다. 그 젊은이는 결혼을 하고 싶지만 자신이 지명 수배자로 쫓기는 처지여서 사람들 앞에서 결혼을 하기가 힘든 상황이었다고 합니다. 이러한 상황에서 위험을 감수하고 결혼식을 올려야 하는지를 시인에게 물었는데, 시인은 결혼을 독려하면서 축시를 써 주고, 주례까지 맡아 주었다고 합니다. 이렇게 탄생한 시인의 시가 「너희 사랑」이라는 작품이며, 「가난한 사랑 노래」는 시인이 이 결혼식 후에 한 편 더 쓴 작품이라고 합니다.

시인은 이처럼 민중의 삶을 시로 형상화한 작품을 주로 쓴 민중 시인으로 꼽힙니다. 그의 작품은 민중의 고달픔을 다루면서도 따뜻한 감정을 바탕에 깔고 있으며 서정성을 구현하였다는 평가를 받고 있습니다.

▲ 신경림

사고력 키우기

이 시의 부제는 '이웃의 한 젊은이를 위하여'이다. 이 시가 부제를 통해 얻는 효과는 무엇일지 시적 화자의 태도와 관련지어 생각해 보자.

_____

_____

_____

_____

성북동 비둘기 | 김광섭

문제 풀이
작품 해제
관련 영상
어휘 퀴즈

김광섭(1905~1977)
시인이자 독립운동가이다.
대표 작품으로 「저녁에」 등
이 있다.

| 작품 개관 |
·**갈래**: 자유시, 서정시
·**성격**: 상징적, 우의적, 비판적
·**제재**: 성북동 비둘기

성북동 산에 번지가 새로 생기면서

본래 살던 성북동 비둘기만이 번지가 없어졌다

새벽부터 돌 깨는 산울림에 떨다가

가슴에 금이 갔다

그래도 성북동 비둘기는

하느님의 광장 같은 새파란 아침 하늘에

성북동 주민에게 축복의 메시지나 전하듯

성북동 하늘을 한 바퀴 휘 돈다

성북동 메마른 골짜기에는

조용히 앉아 콩알 하나 찍어 먹을

널찍한 마당은커녕 가는 데마다

채석장 포성이 메아리쳐서

피난하듯 지붕에 올라앉아

아침 구공탄 굴뚝 연기에서 향수를 느끼다가

산 1번지 채석장에 도루 가서

금방 따낸 돌 온기(溫氣)에 입을 닦는다

예전에는 사람을 성자(聖者)처럼 보고

사람 가까이

사람과 같이 사랑하고

사람과 같이 평화를 즐기던

㉠사랑과 평화의 새 비둘기는

이제 산도 잃고 사람도 잃고

사랑과 평화의 사상까지

낳지 못하는 쫓기는 새가 되었다

◆
번지 인간의 산업화·도시
화된 문명.
돌 깨는 산울림 자연 파괴의
모습.
채석장 포성 현대 문명의 횡
포.
구공탄 구멍이 9개 뚫린 연
탄.
돌 온기 현대 사회에서 회복
해야 할 자연의 본성.
성자 지혜와 덕이 매우 뛰어
나 길이 우러러 본받을 만한
사람.
쫓기는 새 인간 문명에 의해
파괴된 자연. 산업화·도시
화 과정에서 소외된 인간을
상징.

1 위 시에 대한 설명으로 적절한 것은?

① 후각적 심상과 미각적 심상을 주로 사용하고 있다.

② 도시화와 산업화에 대한 긍정적 측면을 다루고 있다.

③ 인간의 미래에 대한 낙관적인 전망을 제시하고 있다.

④ 대조적인 성격의 두 소재를 활용하여 자연을 예찬하고 있다.

⑤ 우의적 수법으로 현대 문명에 대한 비판 의식을 드러내고 있다.

◆
우의 다른 사물에 빗대어 비유적인 뜻을 나타내거나 풍자함.

2 〈보기〉를 참고하여 위 시를 이해한 내용으로 적절한 것은?

〈보기〉

　　1960년대부터 빠르게 진행된 도시화와 산업화는 물질문명이 주는 혜택과 동시에 많은 부작용도 있었다. 이 시는 서울 성북동의 개발로 나타난 변화와 성북동 산에 살던 '비둘기'라는 소재를 이용하여 도시화의 부작용에 대한 경각심을 일깨우고 있다.

① '비둘기'는 새로운 삶의 터전을 준비하는 사람들을 상징한다.

② '돌 깨는 산울림'은 '비둘기'와 '사람' 모두에게 '온기'를 주는 대상이다.

③ '비둘기'는 인간 때문에 원래 살고 있던 터전을 상실한 존재를 상징한다.

④ '비둘기'는 '채석장'이 있는 도시에서 고향으로 돌아가는 사람을 상징한다.

⑤ '채석장'은 '비둘기'에게 새로운 삶의 공간을 제공해 주는 긍정적 공간이다.

◆
부작용 어떤 일에 부수적으로 일어나는 바람직하지 못한 일.
경각심 정신을 차리고 주의 깊게 살피어 경계하는 마음.

3 ㉠의 현재 모습을 추측한 내용으로 적절하지 <u>않은</u> 것은?

① 사랑과 평화를 누리며 살고 있을 것이다.

② 보금자리를 잃어버린 채 떠돌며 살고 있을 것이다.

③ 파괴되기 이전의 자연을 그리워하며 살고 있을 것이다.

④ 인간과 공존했던 과거를 그리워하며 살고 있을 것이다.

⑤ 자연이 파괴되어 생존의 위협을 느끼며 살고 있을 것이다.

<u>시의 구조</u>

1 이 시의 구조를 다음과 같이 정리할 때, 빈칸에 들어갈 내용을 써 보자.

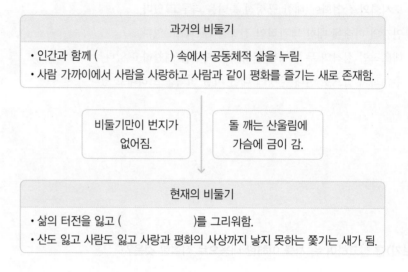

과거의 비둘기
- 인간과 함께 (　　　　　) 속에서 공동체적 삶을 누림.
- 사람 가까이에서 사람을 사랑하고 사람과 같이 평화를 즐기는 새로 존재함.

비둘기만이 번지가
없어짐.

돌 깨는 산울림에
가슴에 금이 감.

현재의 비둘기
- 삶의 터전을 잃고 (　　　　　)를 그리워함.
- 산도 잃고 사람도 잃고 사랑과 평화의 사상까지 낳지 못하는 쫓기는 새가 됨.

<u>시어의 의미</u>

2 주요 시어의 의미를 정리하여 빈칸에 들어갈 내용을 써 보자.

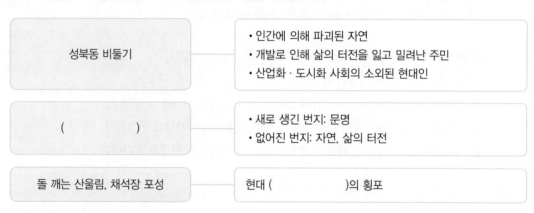

성북동 비둘기
- 인간에 의해 파괴된 자연
- 개발로 인해 삶의 터전을 잃고 밀려난 주민
- 산업화·도시화 사회의 소외된 현대인

(　　　　　)
- 새로 생긴 번지: 문명
- 없어진 번지: 자연, 삶의 터전

돌 깨는 산울림, 채석장 포성 —— 현대 (　　　　　)의 횡포

<u>시의 주제</u>

3 이 시의 주제를 다음과 같이 정리할 때, 빈칸에 들어갈 내용을 써 보자.

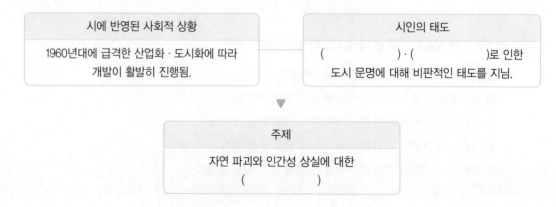

시에 반영된 사회적 상황
1960년대에 급격한 산업화·도시화에 따라
개발이 활발히 진행됨.

시인의 태도
(　　　　　)·(　　　　　)로 인한
도시 문명에 대해 비판적인 태도를 지님.

주제
자연 파괴와 인간성 상실에 대한
(　　　　　)

깊이 읽기

1960년대 사회상

이 작품의 배경은 도시화와 산업화로 개발이 한창이던 1960년대의 성북동입니다. 시인은 산까지 개발되면서 자연이 파괴되고 삶의 터전을 잃은 비둘기의 모습을 통해 도시화와 산업화의 부작용에 대한 경각심을 나타내고 있습니다.

1960년대에 들어서면서 급속도로 진행된 산업화·공업화로 인해 농촌 젊은이들은 일자리를 찾아 도시로 몰려갔습니다. 1960년 전체 인구 가운데 농가 인구는 58.2%였으나 정부의 공업화 우선 정책과 저곡가(低穀價) 정책으로 생활이 어려워진 농민들이 농촌을 떠나 도시로 가게 된 것입니다. 이들은 섬유, 의류와 가발, 전자 기기 공장 등과 같은 곳에서 낮은 임금을 받으며 열악한 근로 조건에서 힘겹게 일을 하였습니다. 산업화·공업화로 많은 사람들이 도시에 모여들면서 주택, 교통, 환경 등의 문제도 발생하였습니다. 서울을 비롯한 대도시 변두리의 높은 지대 곳곳에는 달동네라 불리는 빈민촌이 생겨났고, 이곳의 생활 여건은 전기나 상하수도 시설, 위생, 교통 등 여러 면에서 매우 열악하였습니다. 사람들이 도시로 몰려들자 정부는 대규모 도시 정비 계획을 세우고 주거 환경을 개선하기 위해 노력하였습니다. 하지만 급격한 산업화와 도시화로 자연환경이 파괴되고, 그곳에서 살아가던 원래 주민들도 다른 곳으로 옮겨 가야 하는 문제가 발생하였습니다.

▲ 1960년대 서울의 모습

사고력 키우기

이 시의 중심 소재를 찾아보고, 그것의 변화된 모습을 통해 시인이 말하고자 하는 바가 무엇일지 '현대인의 모습'을 중심으로 서술해 보자.

_____

_____

_____

_____

묏버들 가려 꺾어
동지ㅅ둘 기나긴 밤을

가 묏버들 가려 꺾어

ㅣ홍랑

묏버들 가려 꺾어 보내노라 **임의손대**
자시는 창밖에 심어 두고 보소서
밤비에 **새잎곧** 나거든 **나인가도 여기소서**

나 동지ㅅ둘 기나긴 밤을

ㅣ황진이

동지(冬至)ㅅ둘 기나긴 밤을 한 허리를 **버혀 내어**
춘풍(春風) 니불 아래 **서리서리** 너헛다가
어론 님 오신 날 밤이여든 구뷔구뷔 펴리라

QR

문제 풀이
작품 해제
어휘 퀴즈

가

홍랑
조선 선조 때의 기녀이다. 시명(詩名)이 높았던 최경창과 인연이 있으며, 시조에 능하였다고 알려져 있다.

|작품 개관|
·갈래: 평시조, 단시조
·성격: 감상적, 애상적
·제재: 묏버들, 이별

나

황진이
조선 전기의 기녀이다. 한시와 시조에 뛰어났으며, 작품으로 「어져 내 일이야」 등이 있다.

|작품 개관|
·갈래: 평시조, 단시조
·성격: 감상적, 낭만적
·제재: 동짓달 기나긴 밤

◆
묏버들 이별의 정표로, 임에 대한 사랑이 담긴 화자의 분신임.
임의손대 '임에게'의 옛말.
새잎곧 새 잎만. '곧'은 강세의 뜻을 나타내는 보조사임.
동지ㅅ둘 기나긴 밤 임이 부재하는 시간으로 부정적 의미의 시간을 의미함.
버혀 내어 베어 내어.
어론 님 오신 날 밤 임과 함께하는 시간으로 긍정적 의미의 시간을 의미함.

1 **가**의 형식상 특징으로 적절하지 않은 것은?

① 4음보와 3음보가 교차되며 반복된다.

② 3·4조, 4·4조의 글자 수가 나타난다.

③ 종장의 첫 음보는 3음절로 고정되어 있다.

④ 모두 45자 내외의 글자 수를 가지고 있다.

⑤ 초장, 중장, 종장의 총 3장으로 구성되어 있다.

개념 ⁺ 평시조

• 개념: 조선 전기 양반 사대부들이 정착시킨 가장 기본적인 형태의 시조
• 특징
  – 시조 한 수는 초장·중장·종장의 3장으로 구성되며, 각 장은 두 구로 나뉘어 모두 6구를 이룸.
  – 일반적으로 3장 6구 45자 내외로 구성됨.
  – 한 장은 4음보의 음보율을 지니고 있으며, 3·4조, 4·4조의 음수율을 지킴.
  – 종장의 첫 음보는 3음절로 고정됨.

2 **나**에 대한 독자의 반응으로 적절한 것은?

① 추상적인 시간을 구체화하여 표현하고 있어.

② 말의 순서를 바꾸어 그 의미를 강조하고 있구나.

③ 의성어를 사용하여 애상적 분위기를 심화하고 있어.

④ 한자어를 주로 사용해서 정확한 의미를 전달하려고 했어.

⑤ 명령을 통한 강조법을 통해 임에 대한 시적 화자의 마음을 직접적으로 전달하려는 태도가 드러나는군.

3 〈보기〉를 참고하여 **가**와 **나**를 감상한 내용으로 적절하지 않은 것은?

보기

　가와 **나**는 모두 조선 시대 기녀가 창작한 시조로, 주로 유교적 가치관을 노래한 사대부 시조와 달리 인간 본연의 감정을 솔직하게 표현하고 있다. 우리말의 묘미를 잘 살려 남녀의 정을 섬세하고 우아하게 표현하였으며 세련된 표현 방법이 돋보인다.

① '묏버들'과 같은 대상을 빌려 임에 대한 사랑을 표현하는 방법이 돋보이는군.

② '보내노라 임의손대'에서는 어순을 바꾸어 변화를 주는 표현 방법을 사용하여 시적 화자의 마음을 강조하고 있군.

③ '나인가도 여기소서'에서는 시적 화자가 임의 사랑을 갈구하는 마음을 숨기려고 하고 있군.

④ '서리서리'와 '구뷔구뷔'는 우리말의 묘미를 잘 살려 표현한 것이로군.

⑤ '어론 님 오신 날 밤이여든 구뷔구뷔 펴리라'에서는 시적 화자가 임과 함께할 시간을 간절히 기다리는 감정을 솔직하게 표현하고 있군.

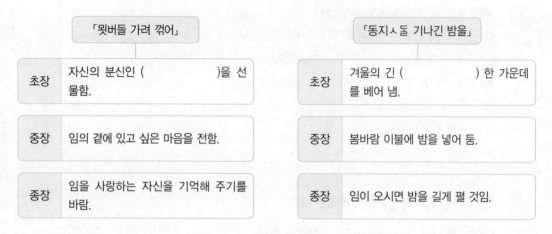

시조의 구조

1 두 시조의 구조를 다음과 같이 정리할 때, 빈칸에 들어갈 내용을 써 보자.

「묏버들 가려 꺾어」

초장	자신의 분신인 (　　　　　)을 선물함.
중장	임의 곁에 있고 싶은 마음을 전함.
종장	임을 사랑하는 자신을 기억해 주기를 바람.

「동지ㅅ달 기나긴 밤을」

초장	겨울의 긴 (　　　　　) 한 가운데를 베어 냄.
중장	봄바람 이불에 밤을 넣어 둠.
종장	임이 오시면 밤을 길게 펼 것임.

시어의 의미

2 다음 시어와 시구가 내포하고 있는 의미를 정리하여 빈칸에 들어갈 내용을 써 보자.

「묏버들 가려 꺾어」

묏버들

임에 대한 사랑이 담긴 화자의 (　　　　　)

「동지ㅅ달 기나긴 밤을」

어론 님 오신 날 밤

임과 함께하는 (　　　　　) 시간

화자의 태도

3 시적 화자의 태도를 바탕으로 두 작품에 공통으로 드러나는 정서를 다음과 같이 정리할 때, 빈칸에 들어갈 내용을 써 보자.

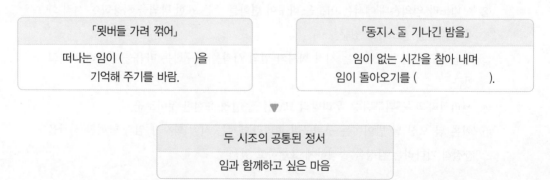

「묏버들 가려 꺾어」	「동지ㅅ달 기나긴 밤을」
떠나는 임이 (　　　　　)을 기억해 주기를 바람.	임이 없는 시간을 참아 내며 임이 돌아오기를 (　　　　　).

▼

두 시조의 공통된 정서

임과 함께하고 싶은 마음

깊이 읽기

기녀 시조의 특징

고려 후기에 발생한 시조는 조선 전기에 시가 문학의 중심 갈래로 자리 잡았습니다. 사대부들은 자신들의 삶과 사고를 노래할 수 있는 문학 형식으로 시조를 선택하였고, 이 시기의 시조는 유교적 이념과 규범을 노래하거나, 혼탁한 현실로부터 벗어나 강호(江湖)에서 맑은 심성을 기르는 삶을 노래하는 등 대체로 사대부들의 미의식과 정신세계를 표현하였습니다.

사대부들과 가까이 지내던 기녀들도 시조 창작자로 참여하였습니다. 여성의 감성을 노래한 황진이, 이매창, 홍랑 등의 기녀 시조 또한 이 시기에 중요한 흐름을 형성하고 있습니다. 이들은 임을 사랑하고 그리워하는 마음을 읊은 애정 시조와 기녀 특유의 재치를 발휘한 기지 시조, 그리고 사대부의 시에 화답한 화답 시조 등을 지었습니다.

「묏버들 가려 꺾어」를 지은 홍랑은 임과 이별하게 되었으나 임의 곁에 머물고 싶은 마음을 '묏버들'을 통해 구체화하여 드러내었고, 「동지ㅅ둘 기나긴 밤을」을 지은 황진이는 '시간'을 마치 구체적인 사물인 것처럼 베어 내고, 갈무리했다가 다시 펼쳐 낸다는 발상을 통해 임을 기다리는 애틋한 마음을 표현하였습니다. 이처럼 여성 작가들은 사랑과 이별이라는 주제를 참신한 발상으로 표현하여 시조에 새로운 활기를 불어넣었습니다.

사고력 키우기

두 시조에서 시적 화자가 임과의 관계에서 보이는 태도를 살펴보고, 그에 대한 자신의 생각을 서술해 보자.

_____
_____
_____
_____

III

수필·극

기본 개념

수필의 개념과 특징

글쓴이가 일상에서 체험하거나 느낀 바를 내용이나 형식에 제한을 받지 않고 자유롭게 표현한 글

자기 고백적	자기 고백적인 성격이 강한 글로, 자신의 경험을 통해 알게 된 것, 생각한 것 등을 솔직하게 씀.
자유로운 형식	일정한 형식에 얽매이지 않고 자유롭게 씀.
다양한 소재	생활 주변에서 발견된 것, 글쓴이의 체험, 글쓴이의 사상 등 모든 것이 소재가 됨.
개성적	글쓴이가 자신의 이야기를 쓰기 때문에 글쓴이의 성격, 취미, 가치관 등 개성이 잘 드러남.
비전문적	전문적인 작가가 아니더라도 누구나 쓸 수 있음.
간결한 산문 문학	대체로 다른 산문 양식에 비해 길이가 짧음.

희곡의 개념과 특징

무대 상연을 전제로 하여 쓴 연극의 대본

무대 상연을 전제로 한 문학

무대 상연을 전제로 하기 때문에 시간적·공간적 제약이 있으며 등장인물의 수도 제약을 받음.

대사와 행동의 문학

무대 위 등장인물의 대사와 행동을 통해 이야기가 진행됨.

갈등의 문학

인물의 성격과 의지가 만들어 내는 극적 대립과 갈등을 다룸.

현재형의 문학

모든 사건을 무대 위 배우의 행동을 통해 지금 일어나는 사건으로 현재화하여 표현함.

바로 확인 ✓

01 수필의 특징으로 알맞지 <u>않은</u> 것은?

① 글쓴이의 체험이 소재가 될 수 있다.
② 글쓴이의 성격, 가치관 등 개성이 드러난다.
③ 전문적인 작가가 아니더라도 누구나 쓸 수 있다.
④ 일정한 형식에 얽매이지 않고 자유롭게 쓸 수 있다.
⑤ 작가가 허구적으로 창조한 인물이 이야기를 전개한다.

02 희곡에 대한 설명으로 알맞지 <u>않은</u> 것은?

① 무대 상연을 전제로 한다.
② 모든 사건을 현재화하여 표현한다.
③ 인물의 대사와 행동을 통해 이야기가 전개된다.
④ 공간적 제약은 받으나 시간적 제약은 받지 않는다.
⑤ 인물 사이에서 일어나는 극적 대립과 갈등을 다룬다.

☀ 희곡의 형식 요소

해설		희곡의 첫머리에서 등장인물, 무대 장치, 배경 등을 설명하는 말
대사	대화	등장인물들 사이에 주고받는 말
	독백	등장인물이 상대 없이 혼자 하는 말
	방백	관객에게는 들리지만, 무대 위의 상대에게는 들리지 않는 것으로 약속하고 하는 말
지시문	무대 지시문	무대의 장치, 음향, 조명, 배경 등을 지시하는 말 **예** 이때, 유식의 휴대 전화가 울린다. 유식: (전화를 받고) 여보세요. 아, 김 박사님. 예? 임종이요? 아니, 찾지도 못했는데…… – 김정숙, 「오아시스 세탁소 습격 사건」
	행동 지시문	등장인물의 동작, 표정, 말투, 심리 등을 지시하는 말 **예** 김 의원: 매우 불만이신 모양이군요. 선생은 상속법의 권위이시니까, 법적으로 따지고 싶은 모양이시니 그럼 법적 장소에서 정식으로 뵙죠. 실례합니다. (최, 어안이 벙벙해 있다. 임표운, 전송한다. 김이 왼쪽으로 나가자 이중생 튀어나온다.) 이중생: 달지! / 송달지: …… 이중생: (두 팔을 휘두르고 두 발을 궁그르며) 달지! 자네는 누구의 허락을 받았길래 독단적 행동을 헌단 말야, 응? – 오영진, 「살아 있는 이중생 각하」

☀ 희곡의 구성 단계

절정

전개

하강

발단

대단원

발단	전개	절정	하강	대단원
인물과 배경 소개, 사건의 실마리 제시	갈등과 긴장감 발생, 사건의 발전	갈등과 긴장감의 최고조	갈등 해결의 실마리 제시	갈등의 해소, 사건의 마무리

■ 정답과 해설 25쪽

03 밑줄 친 부분에 해당하는 희곡의 형식적 요소를 쓰시오.

> 상현: (바싹 다가앉으며) 선생님! 어떻게 되었습니까?
> 회기: (사무적으로) 어렵겠던데요……. 그렇게 악화되도록 방치하시다니 가족들의 무책임도 어지간하시군요.
> 상현: (안도감에 풀리며) 거절하셨다구요? 감사합니다. 그런 걸 가지고 난 괜스레 속을 썩여서……. – 차범석, 「성난 기계」

( )

04 다음 설명에 해당하는 희곡의 형식적 요소로 알맞은 것은?

> 관객에게는 들리지만, 무대 위의 다른 상대에게는 들리지 않는 것으로 약속하고 하는 말

① 해설 　② 대화 　③ 독백 　④ 방백 　⑤ 지시문

피딴문답 | 김소운

김소운(1907~1981)
수필가이자 번역 문학가이다. 주요 작품으로는 「가난한 날의 행복」, 「목근통신(木槿通信)」 등이 있다.

│작품 개관│
·**갈래**: 경수필, 희곡적 수필
·**성격**: 교훈적, 극적, 고백적
·**제재**: 피딴

◆

피딴 피단. 중국요리의 하나. 오리알을 석회 따위가 함유된 진흙과 왕겨에 넣어 노른자는 까맣게, 흰자는 갈색의 젤리 상태로 만든 요리이다.
조예 학문이나 예술, 기술 따위의 분야에 대한 지식이나 경험이 깊은 경지에 이른 정도.
소상하다 분명하고 자세하다.
풍미 음식의 고상한 맛.
연소 해안의 바위틈에 사는 금사연(칼샛과의 새로 제비와 비슷함.)의 둥지.
화생하다 생물의 몸이나 그 조직의 일부가 형태와 기능이 현저하게 변화하다.
치부하다 마음속으로 그러하다고 보거나 여기다.
망건 상투를 튼 사람이 머리카락을 걷어 올려 흘러내리지 아니하도록 머리에 두르는 그물처럼 생긴 물건.
문리 글의 뜻을 깨달아 아는 힘. 또는 사물의 이치를 깨달아 아는 힘.
망발 망령이나 실수로 그릇된 말이나 행동을 함. 또는 그 말이나 행동.

"자네, '피딴'이란 것 아나?"

"'피딴'이라니, 그게 뭔데……."

"중국집에서 배갈 안주로 내는 오리알[鴨卵]말이야. '皮蛋'이라고 쓰지."

"시퍼런 달걀 같은 거 말이지, 그게 오리알이던가?"

"오리알이지. 비록 오리알일망정, 나는 그 피딴을 대할 때마다, 모자를 벗고 절이라도 하고 싶어지거든……."

"그건 또 왜?" / "내가 존경하는 요리니까……."

"존경이라니……. 존경할 만한 요리란 것도 있나?"

"있고 말구. 내 얘기를 들어 보면 자네도 동감이 갈 걸세. 오리알을 껍질째 진흙으로 싸서 겨 속에 묻어 두거든……. 한 반년쯤 지난 뒤에 흙덩이를 부수고 껍질을 까서 술안주로 내놓는 건데, 속은 굳어져서 마치 삶은 계란 같지만, 흙덩이 자체의 온기 외에 따로 가열을 하는 것은 아니라네."

"오리알에 대한 조예(造詣)가 매우 소상하신데……."

"아니야, 나도 그 이상은 잘 모르지. 내가 아는 건 거기까지야. 껍질을 깐 알맹이는 멍이 든 것처럼 시퍼런데도, 한번 맛을 들이면 그 풍미가 기막히거든. 연소(燕巢)나 상어 지느러미처럼 고급 요리 축에는 못 들어가도 술안주로는 그만이지……."

"그래서 존경을 한다는 건가?"

"아니야, 생각해 보라구. 날것째 오리알을 진흙으로 싸서 반년씩이나 내버려 두면, 썩어 버리거나, 아니면 부화해서 오리 새끼가 나와야 할 이치 아닌가 말야……. 그런데 썩지도 않고 병아리가 되지도 않고, 독자의 풍미를 지닌 피딴으로 화생(化生)한다는 거, 이거 놀라운 일이 아닐 수 없지. 허다한 값나가는 요리를 제쳐 두고, 내가 피딴 앞에 절을 하고 싶다는 연유가 바로 이것일세."

"그럴싸한 얘기로구먼. 썩지도 않고, 병아리도 되지 않는다……?"

"그저 썩지만 않는다는 게 아니라 거기서 말 못할 풍미를 맛볼 수 있다는 거, 그것이 ㉠중요한 포인트이지……. 남들은 나를 글줄이나 쓰는 사람으로 치부하지만 붓 한 자루로 살아왔다면서 나는 한 번도 피딴만한 글을 써 본 적이 없다네. '망건을 십 년 뜨면 문리(文理)가 난다'라는 속담도 있는데, 글 하나 쓸 때마다 입시를 치르는 중학생마냥 긴장을 해야 한다니, 망발도 이만저만이지……."

"초심불망(初心不忘)이라지 않아……. 늙어 죽도록 중학생일 수만 있다면 오죽 좋아……."

"그런 건 좋게 하는 말이고, 잘라 말해서, 피딴만큼도 문리가 나지 않는다는 거야……. 이왕 글이라도 쓰려면, 하다못해 피딴 급수(級數)는 돼야겠는데……."

"썩어야 할 것이 썩어 버리지 않고, 독특한 풍미를 풍긴다는 거, 멋있는 얘기로구먼."

윗글에 대한 설명으로 적절하지 <u>않은</u> 것은?

① 유추의 방법을 통해 내용을 전개하고 있다.

② 인물 간의 갈등이 대화를 통해 깊어지고 있다.

③ 일상적인 화제를 통해 인생의 깨달음을 전하고 있다.

④ 글쓴이가 자신의 경험을 바탕으로 주제를 드러내고 있다.

⑤ 대화 형식을 활용하여 마치 희곡을 읽는 느낌을 주고 있다.

개념⁺ 유추(類推)

두 개의 사물이 여러 면에서 비슷하다는 것을 근거로 다른 속성도 유사할 것이라고 추론하는 일. 서로 비슷한 점을 비교하여 하나의 사물에서 다른 사물로 추리함.

수능형
2 〈보기〉를 읽고 윗글에 대해 보인 반응으로 적절하지 <u>않은</u> 것은?

┌─────────── 보기 ───────────┐

  김소운은 지성적이고 객관적인 경향을 띤 수필 세계를 보여 준다. 일상생활의 평범한 소재를 끌어다 자신의 생각을 표현하는 방식은 그의 수필이 지닌 특징이다. 또한 심오한 지성을 바탕으로 한 주제 의식을 친구와의 대화와 같이 친밀감 있는 수법으로 전달하는 그만의 표현법은 매우 개성적이다.

└─────────────────────────┘

◆
심오하다 사상이나 이론 따위가 깊이가 있고 오묘하다.

① '피딴'이란 것을 아는지 묻는 인물의 말에서 등장인물의 심오한 지성이 느껴지는군.

② 인생의 깨달음과 연결되는 주제 의식을 두 친구의 대화로 표현한 것은 독자들에게 친밀감을 느끼게 해 주는 효과가 있군.

③ '피딴'이라는 음식에 대한 질문으로 글을 시작하는 방식은 일상생활의 평범한 소재를 활용하는 글쓴이의 특성이 드러나는군.

④ 글쓰기에 있어서 아직 원숙한 경지에 이르지 못했다는 인물의 말은 글쓴이의 지성적이고 객관적인 경향을 알 수 있게 해 주는군.

⑤ '피딴'에서 느껴지는 독특한 풍미를 인생의 원숙한 경지와 연결시킨 것은 일상적 소재를 활용해 자신의 생각을 표현하는 글쓴이의 방식이겠군.

어휘
 다음 중 ㉠과 바꿔 쓸 수 있는 말로 가장 적절한 것은?

① 장점(長點)　　　② 인심(人心)　　　③ 중용(中庸)

④ 지점(地點)　　　⑤ 요점(要點)

수필의 구조

1 이 수필에 등장하는 두 사람의 대화를 다음과 같이 정리할 때, 빈칸에 들어갈 내용을 써 보자.

'친구 1'	'친구 2'
• '( )'에 대해 '친구 2'에게 소개하고 있음. • '피딴'을 인생과 견주며 자신이 아직 '피딴'처럼 원숙해지지는 못했음을 아쉬워하고 있음.	• '친구 1'의 말에 맞장구를 치거나 질문을 던지며 '친구 1'이 계속 말을 할 수 있도록 돕고 있음. • '친구 1'의 말을 바탕으로 그가 말한 내용을 요약·정리함으로써 ( )에게 주제를 은근히 알려 줌.

구절의 의미

2 다음 구절이 의미하는 바를 정리하여 빈칸에 들어갈 내용을 써 보자.

구절	의미
"존경할 만한 요리란 것도 있나?"	친구의 말에 호기심을 가졌다는 것을 의미하며, 독자의 호기심을 유발함.
"나는 한 번도 피딴만한 글을 써 본 적이 없다네."	자신은 '피딴'과 같은 ( )의 원숙미를 지니지 못했음을 고백함.
"썩어야 할 것이 썩어 버리지 않고, 독특한 풍미를 풍긴다는 거, 멋있는 얘기로구먼."	이 글의 주제문으로, 인생이 무르익었을 때 비로소 삶의 원숙한 경지에 이를 수 있다는 의미임.

수필의 주제

3 글쓴이가 전달하고자 하는 주제는 무엇인지 파악하여 빈칸에 들어갈 내용을 써 보자.

피딴의 특징		주제
오리알을 껍질째 진흙으로 싸서 겨 속에 묻어 두고 반년쯤 지나면 ( )가 생김.	▶	인생의 ( )한 멋에 대한 예찬

희곡적 수필

수필은 글의 내용에 따라서 경수필과 중수필, 글쓴이의 진술 방식에 따라서 서정적 수필, 서사적 수필, 희곡적 수필, 교훈적 수필 등으로 나뉩니다. 경수필은 글쓴이의 체험을 개인적·주관적으로 표현하는 수필이며, 중수필은 사회적·학문적·철학적 문제에 대해 지적으로 접근하는 수필입니다. 서정적 수필은 글쓴이가 자연이나 인생에서 느낀 것을 솔직하게 표현하는 수필이며, 서사적 수필은 이야기를 전달하는 형식으로 표현하는 수필입니다. 또한 교훈적 수필은 글쓴이의 신념이나 인생관을 표현하는데, 주제가 직접적으로 드러나며 설득적인 것이 특징입니다.

이 작품은 수필이면서도 작품 전체가 대화로 이루어져 있어 마치 희곡을 읽는 것 같은 느낌을 줍니다. 그래서 글쓴이 자신이 직접 주제를 말하지 않아도 마주 보며 대화하는 것처럼 쉽고 재미있게 주제를 전달할 수 있는데 이와 같은 수필을 희곡적 수필이라고 합니다.

희곡적 수필은 글쓴이가 체험한 일을 극적(劇的)으로 전개한 수필입니다. 여기서 극적은 희곡적 수필에 나타나는 연극적 특성을 가리킵니다. 수필 속의 사건이 연극적인 구조로 되어 있어 독자들이 실제 있었던 흥미로운 사건을 마치 드라마나 영화로 보는 듯한 느낌을 갖게 하는 것입니다. 또한 희곡적 수필은 현재형 시제로 행동 묘사와 대화 제시의 극적 방법을 구사하는 경우가 많고, 수필 속의 사건이 유기적·통일적으로 진행된다는 특징도 있습니다.

이 수필의 생략된 후반부 대화는 '쇠고기는 썩기 직전이 가장 맛있으며, 젓갈이라는 음식도 삭혀서 맛을 내는 음식'이라는 내용이다. 이를 바탕으로 알 수 있는 인생의 교훈은 무엇일지 유추의 방식을 활용하여 생각해 보자.

_____

_____

_____

_____

당신이 나무를 더 사랑하는 까닭 | 신영복

문제 풀이
작품 해제
관련 영상
어휘 퀴즈

신영복(1941~2016)
대학교수 겸 작가이다. 저서
로는 『나무야 나무야』, 『강
의-나의 동양 고전 독법』 등
이 있다.

| **작품 개관** |
·**갈래:** 현대 수필, 서간체 수필
·**성격:** 비판적, 사색적
·**제재:** 소광리 소나무 숲의 소
나무

◆
풍상 바람과 서리를 아울러
이르는 말. 또는 많이 겪은
세상의 어려움과 고생을 비
유적으로 이르는 말.
경이 놀랍고 신기하게 여김.
또는 그럴 만한 일.
복원 원래대로 회복함.
궁제 궁궐의 형태.
전락되다 아래로 굴러떨어
지다. 또는 나쁜 상태나 타락
한 상태에 빠지다.
부각되다 어떤 사물이 특징
지어져 두드러지게 되다.

오늘은 당신이 가르쳐 준 태백산맥 속의 소광리 소나무 숲에서 이 엽서를 띄웁니다. 아침 햇살에 빛나는 소나무 숲에 들어서니 당신이 사람보다 나무를 더 사랑하는 까닭을 알 것 같습니다. 200년, 300년, 더러는 500년의 풍상(風霜)을 겪은 소나무들이 골짜기에 가득합니다. 그 긴 세월을 온전히 바위 위에서 ㉠버티어 온 것에 이르러서는 차라리 경이였습니다. 바쁘게 뛰어다니는 우리들과는 달리 오직 '신발 한 켤레의 토지'에 서서 이처럼 우람할 수 있다는 것이 충격이고 경이였습니다. 생각하면 소나무보다 훨씬 더 많은 것을 ㉡소비하면서도 무엇 하나 변변히 이루어 내지 못하고 있는 나에게 소광리의 솔숲은 마치 회초리를 들고 기다리는 엄한 스승 같았습니다.

어젯밤 별 한 개 쳐다볼 때마다 100원씩 내리던 당신의 말이 생각납니다. 오늘은 소나무 한 그루 만져 볼 때마다 돈을 내야겠지요. 사실 서울에서는 그보다 못한 것을 그보다 비싼 값을 치르며 살아가고 있다는 생각이 듭니다. 언젠가 경복궁 복원 공사 현장에 가 본 적이 있습니다. 일제가 파괴하고 변형시킨 조선 정궁의 기본 궁제(宮制)를 ㉢되찾는 일이 당연하다고 생각하였습니다. 그러나 막상 오늘 이곳 소광리 소나무 숲에 와서는 그러한 생각을 반성하게 됩니다. 경복궁의 복원에 소요되는 나무가 원목으로 200만 재, 11톤 트럭으로 500대라는 엄청난 양이라고 합니다. 소나무가 없어져 가고 있는 지금에 와서도 기어이 소나무로 복원한다는 것이 무리한 고집이라고 생각됩니다. 수많은 소나무들이 ㉣베어져 눕혀진 광경이라니 감히 상상할 수가 없습니다. 그것은 이를테면 고난에 찬 몇 백만 년의 세월을 잘라 내는 것이나 마찬가지입니다.

우리가 생각 없이 잘라 내고 있는 것이 어찌 소나무만이겠습니까. 없어도 되는 물건을 ㉤만들기 위하여 없어서는 안 될 것들을 마구 잘라 내고 있는가 하면 아예 사람을 잘라 내는 일마저 서슴지 않는 것이 우리의 현실이기 때문입니다. 우리가 살고 있는 이 지구 위의 유일한 생산자는 식물이라던 당신의 말이 생각납니다. 동물은 완벽한 소비자입니다. 그중에서도 최대의 소비자가 바로 사람입니다. 사람들의 생산이란 고작 식물들이 만들어 놓은 것이나 땅속에 묻힌 것을 파내어 소비하는 것에 지나지 않습니다. 쌀로 밥을 짓는 일을 두고 밥의 생산이라고 할 수 없는 것이나 마찬가지입니다. 생산의 주체가 아니라 소비의 주체이며 급기야는 소비의 객체로 전락되고 있는 것이 바로 사람입니다. 자연을 오로지 생산의 요소로 규정하는 경제학의 폭력성이 이 소광리에서만큼 분명하게 부각되는 곳이 달리 없을 듯합니다.

1 윗글의 글쓴이에 대한 설명으로 적절하지 <u>않은</u> 것은?

① 소광리 숲의 소나무를 보며 놀라움과 충격을 느끼고 있다.

② '당신'이 했던 말들을 떠올리며 자신의 생각을 펼쳐 나가고 있다.

③ 인간은 자기 스스로 소비의 대상이 되어 버린다고 생각하고 있다.

④ 소나무를 활용하여 경복궁을 복원하는 일이 시급하다고 생각하고 있다.

⑤ 인간과 소나무의 차이점에 대한 인식으로부터 반성적 깨달음에 도달하고 있다.

2 〈보기〉를 참고할 때 윗글에 대한 감상으로 적절하지 <u>않은</u> 것은?

> 보기
>
> 수필은 대체로 일상에서 어렵지 않게 접할 수 있는 소재를 다루되, 참신한 관점에서 그 소재에 대해 사색하는 과정을 보여 줌으로써 교훈적인 주제를 드러낸다. 또한 수필은 이러한 주제를 효과적으로 뒷받침하기 위해 개성적인 표현 방법을 사용한다.

① 비유적인 표현 방법을 활용하여 주제를 효과적으로 뒷받침하고 있군.

② 일상에서 흔히 접할 수 있는 대상인 나무를 중심 소재로 다루고 있군.

③ 나무를 생산자가 아닌 소비자로 바라보는 참신한 관점을 채택하고 있군.

④ '당신'에게 편지를 쓰는 형식을 활용하여 소재에 대한 사색을 전개하고 있군.

⑤ 이기적인 목적으로 자연을 훼손하는 인간을 비판하는 교훈적 주제를 드러내고 있군.

3 ㉠~㉤ 중 〈보기〉에서 설명한 '피동 표현'에 해당하는 것은?

> 보기
>
> 주어가 직접 어떤 행동을 하는 것을 나타내는 능동 표현과 달리, 피동 표현은 주어가 남에 의해 동작을 당하게 되는 것을 나타내는 표현이다. 피동 표현에는 '쥐가 고양이에게 잡혔다.'의 '잡히다'처럼 동사에 '-이-/-히-/-리-/-기-'가 결합하거나, '그 사실이 믿어지지 않는다.'의 '믿어지다'처럼 동사의 어간에 '-아/어지다'가 결합한 말이 사용된다.

① ㉠　　　② ㉡　　　③ ㉢　　　④ ㉣　　　⑤ ㉤

개념+ 피동 표현

• **개념**: 주어가 남에 의해 동작을 당하게 되는 것을 나타내는 표현

• **특징**: 동사에 '-이-/-히-/-리-/-기-'라는 접미사나 '-아/어지다'가 결합하는 방법 이외에도 접미사 '-되다', '-받다', '-당하다'에 의해서도 실현됨.

[A] 산판일을 하는 사람들은 큰 나무를 베어 낸 그루터기에 올라서지 않는 것이 불문율(不文律)로 되어 있다고 합니다. 잘린 부분에서 올라오는 나무의 노기(怒氣)가 사람을 해치기 때문입니다. 어찌 노하는 것이 소나무뿐이겠습니까. 온 산천의 아우성이 들리는 듯합니다. 당신의 말처럼 소나무는 우리의 삶과 가장 가까운 자리에서 우리와 함께 풍상을 겪어 온 혈육 같은 나무입니다. 사람이 태어나면 금줄에 솔가지를 꽂아 부정을 물리고 사람이 죽으면 소나무 관 속에 누워 솔밭에 묻히는 것이 우리의 일생이라 하였습니다. 그리고 그 무덤 속의 한을 달래 주는 것이 바로 은은한 솔바람입니다. 솔바람뿐만이 아니라 솔빛, 솔향 등 어느 것 하나 우리의 정서 깊숙이 들어와 있지 않은 것이 없습니다. 더구나 소나무는 고절(高節)의 상징으로 우리의 정신을 지탱하는 기둥이 되고 있습니다. 금강송의 곧은 둥치에서뿐만 아니라 암석지의 굽고 뒤틀린 나무에서도 우리는 곧은 지조를 읽어 낼 줄 압니다. 오늘날의 상품 미학과는 전혀 다른 미학을 우리는 일찍부터 가꾸어 놓고 있었습니다.

나는 문득 당신이 진정 사랑하는 것이 소나무가 아니라 소나무 같은 '사람'이라는 생각이 들었습니다. 메마른 땅을 지키고 있는 수많은 사람들이라는 생각이 들었습니다. 문득 지금쯤 서울 거리의 자동차 속에 앉아 있을 당신을 생각했습니다. 그리고 외딴섬에 갇혀 목말라 하는 남산의 소나무들을 생각했습니다. 남산의 소나무가 이제는 더 이상 살아남기를 포기하고 자손들이나 기르겠다는 체념으로 무수한 솔방울을 달고 있다는 당신의 이야기는 우리를 슬프게 합니다. 더구나 그 ㉠솔방울들이 싹을 키울 땅마저 황폐해 버렸다는 사실이 우리를 더욱 암담하게 합니다. 그러나 그보다 더 무서운 것이 아카시아와 활엽수의 침습(侵襲)이라니 놀라지 않을 수 없습니다. 척박한 땅을 겨우겨우 가꾸어 놓으면 이내 다른 경쟁수들이 쳐들어와 소나무를 몰아내고 만다는 것입니다. 무한 경쟁의 비정한 논리가 뻗어 오지 않는 곳이 없습니다.

나는 마치 꾸중 듣고 집 나오는 아이처럼 산을 나왔습니다. 솔방울 한 개를 주워 들고 내려오면서 생각하였습니다. 거인에게 잡아먹힌 소년이 솔방울을 손에 쥐고 있었기 때문에 다시 소생했다는 신화를 생각하였습니다. 당신이 나무를 사랑한다면 솔방울도 사랑해야 합니다. 무수한 솔방울들의 끈질긴 저력을 신뢰해야 합니다.

언젠가 붓글씨로 써 드렸던 글귀를 엽서 끝에 적습니다.

㉡"처음으로 쇠가 만들어졌을 때 세상의 모든 나무들이 두려움에 떨었다. 그러나 어느 생각 깊은 나무가 말했다. 두려워할 것 없다. 우리들이 자루가 되어 주지 않는 한 쇠는 결코 우리를 해칠 수 없는 법이다."

◆
산판일 나무를 찍어 내는 일판에서 나무를 베는 따위의 일.
그루터기 풀이나 나무 등의 아랫동아리. 또는 그것들을 베고 남은 아랫동아리.
불문율 문서의 형식을 갖추지 않은 법.
노기 성난 얼굴빛. 또는 그런 기색이나 기세.
고절 높은 절개.
지조 원칙과 신념을 굽히지 아니하고 끝까지 지켜 나가는 꿋꿋한 의지. 또는 그런 기개.
침습 갑자기 침범하여 공격함. 또는 나쁜 풍습, 유행, 사상, 전염병 따위가 침범하여 들어옴.
소생하다 거의 죽어 가다가 다시 살아나다.
저력 속에 간직하고 있는 든든한 힘.

4 [A]에서 '소나무'에 대해 언급한 내용이 <u>아닌</u> 것은?

① 우리 삶의 가까이에서 항상 우리와 함께 지내 왔다.

② 관련된 것들까지도 우리의 정서에 크고 작은 영향을 미친다.

③ 우리로 하여금 지켜야 할 것을 지켜 나가는 절개를 본받게 한다.

④ 우리가 나고 죽는 일에 관계하여 부정을 물리치고 한을 달래 준다.

⑤ 척박한 땅을 겨우 가꾸어 놓으면 아카시아와 같은 경쟁수를 몰아낸다.

5 ㉠에 대한 설명으로 적절한 것을 〈보기〉에서 골라 바르게 짝지은 것은?

> 〈보기〉
>
> ㄱ. '당신'은 글쓴이에게 ㉠의 저력을 믿어야 한다고 말하였다.
> ㄴ. 글쓴이는 ㉠을 나무가 생명력을 이어 나갈 수 있게 하는 희망으로 보고 있다.
> ㄷ. '당신'은 ㉠이 도시 문명의 척박함으로 나무들이 체념한 일과 관련 있다고 보았다.
> ㄹ. 글쓴이는 ㉠이 자연의 세계에도 적용되는 무한 경쟁의 비정한 논리를 상징한다고 보고 있다.

① ㄱ, ㄴ   ② ㄱ, ㄷ   ③ ㄴ, ㄷ   ④ ㄴ, ㄹ   ⑤ ㄷ, ㄹ

6 윗글의 주제를 고려할 때, 글쓴이가 ㉡을 인용한 목적으로 가장 적절한 것은?

① 나무는 인간이 만든 거의 모든 발명품에 쓰일 만큼 유용한 자원임을 알리기 위해서

② 인간이 진정한 지혜를 얻으려면 나무의 입장에서 생각해 볼 수 있어야 함을 깨우치기 위해서

③ 상대의 폭력성을 제어하는 능력은 기본적으로 상대에 대한 믿음에서 시작된다는 점을 밝히기 위해서

④ 어떤 공동체든 생각이 깊은 지도자가 있어야만 다른 이들을 바르게 이끌 수 있다는 주장을 펴기 위해서

⑤ 우리가 문명의 폭력성에 협조하지 않으면 그 폭력적 상황이 우리를 해치지 못할 것이라는 점을 강조하기 위해서

수필의 내용

1 이 수필의 내용 흐름에 따라 글쓴이가 깨달은 바를 다음과 같이 정리할 때, 빈칸에 들어갈 내용을 써 보자.

| 골짜기에 가득한 소나무들을 보면서 | 좁은 땅에서도 우람한 모습으로 서 있는 소나무에 감탄하면서, 훨씬 더 많은 것을 (　　　　　　)하면서도 변변히 이룬 것이 없는 자신을 반성함. |

▼

| (　　　　　　) 복원 공사의 현장을 생각하면서 | 인간의 무리한 고집으로 베어질 수많은 소나무들을 생각하며 인간이 자연에 가하는 폭력에 관해 생각함. |

▼

| 산판일을 하는 이들의 불문율을 생각하면서 | 나무가 노기를 지니고 있음을 떠올리며, 산천의 아우성을 자아내는 오늘날 인간의 폭력적 소비를 비판적으로 인식함. |

▼

| 남산 소나무가 처한 상황을 생각하면서 | 솔방울들이 (　　　　　　)을 키울 땅마저 황폐해져 버리고 다른 경쟁수들에 의해 무한 경쟁에 내몰리는 상황을 안타까워함. |

▼

| 거인에게 잡아먹힌 소년에 관한 신화를 생각하면서 | 암담하고 힘겨운 상황일지라도 희망을 잃지 말아야 한다고 생각함. |

수필의 주제

2 이 수필의 주제를 정리하여 빈칸에 들어갈 내용을 써 보자.

| 소나무보다 훨씬 더 많은 것을 소비하면서도 무엇 하나 변변히 이루어 내지 못하고 있는 나에게 소광리의 솔숲은 마치 회초리를 들고 기다리는 엄한 스승 같았습니다. |

| 없어도 되는 물건을 만들기 위하여 없어서는 안 될 것들을 마구 잘라 내고 있는가 하면 아예 사람을 잘라 내는 일마저 서슴지 않는 것이 우리의 현실이기 때문입니다. |

▶ 인간의 소비 행태와 무한 (　　　　　　)의 논리가 지배하는 현대 사회 비판

| 척박한 땅을 겨우겨우 가꾸어 놓으면 이내 다른 경쟁수들이 쳐들어와 소나무를 몰아내고 만다는 것입니다. 무한 경쟁의 비정한 논리가 뻗어 오지 않는 곳이 없습니다. |

깊이 읽기

자연과 수필

수필은 사람들이 살아가면서 겪은 체험을 통해 느낀 바를 담습니다. 즉, 개인이 체험하고 사고할 수 있는 모든 것이 수필의 제재가 될 수 있는 것입니다. 그래서 수필에서는 일상의 사소한 감상에서부터 자연, 사회, 역사 문제와 인간의 삶과 죽음의 문제에 이르기까지 매우 다양한 내용을 다룰 수 있습니다.

이 작품에서 글쓴이는 소나무 숲에서의 체험을 바탕으로 자신이 느끼고 깨달은 바를 이야기하고 있습니다. 소나무 숲과 소나무의 특성을 바탕으로 인간의 삶에 대한 성찰을 담고 있는 이 작품처럼 자연을 제재로 하는 수필은 많습니다. 자연을 제재로 한 수필 중 '나무'를 소재로 한 수필에는 이양하의 「나무」가 있습니다. 이 수필에서는 나무를 인격적 존재로 여기면서 나무는 덕을 지니고 주어진 분수에 만족할 줄 안다고 예찬합

니다. 글쓴이는 그러한 특성을 지닌 나무를 의인화하여 표현함으로써 독자들에게 바람직한 삶의 자세를 전하고 있습니다. '물' 역시 수필에서 자주 등장하는 자연물입니다. 이태준의 「물」에서 글쓴이는 물은 스스로를 깨끗이 하고 다른 것에 혜택을 베푼다고 하며 물을 예찬하고, 물의 속성에서 일반적으로 유추할 수 있는 덕성을 다루고 있습니다. 이처럼 자연에 대한 글쓴이의 체험과 사색은 수필에서 많이 등장하는 내용 중 하나입니다.

사고력 키우기

이 수필과 〈보기〉를 비교하여 감상하고, '나무'를 보며 깨닫게 된 바를 중심으로 두 작품의 주제에 어떤 차이가 있는지 설명해 보자.

〈보기〉

숲에 가 보니 나무들은 / 제가끔 서 있더군
제가끔 서 있어도 나무들은 / 숲이었어
광화문 지하도를 지나며 / 숱한 사람들이 만나지만
왜 그들은 숲이 아닌가

이 메마른 땅을 외롭게 지나치며
낯선 그대와 만날 때
그대와 나는 왜 / 숲이 아닌가
— 정희성, 「숲」

03

차마설 | 이곡

문제 풀이
작품 해제
관련 영상
어휘 퀴즈

이곡(1298~1351)
고려 후기의 학자이다. 「죽부인전」 등을 집필했으며, 충렬·충선·충숙왕의 실록 편찬에 참여하였다.

| 작품 개관 |
·갈래: 한문 수필, 설(說)
·성격: 경험적, 교훈적
·제재: 말을 빌려 탄 일

◆
노둔하다 늙어서 재빠르지 못하고 둔하다.
준마 빠르게 잘 달리는 말.
방자하다 어려워하거나 조심스러워하는 태도가 없이 무례하고 건방지다.
환란 근심과 재앙을 통틀어 이르는 말.
비복 여자 종과 남자 종을 아울러 이르는 말.
미혹되다 무엇에 홀려 정신이 차려지지 못하다.
만방 세계의 모든 나라.
독부 예전에, 포악한 정치를 하여 국민에게 외면을 당한 군주를 이르던 말.
백승 백 대의 수레.
고신 임금의 신임이나 사랑을 받지 못하는 신하.

나는 집이 가난해서 말이 없기 때문에 간혹 남의 말을 빌려서 타곤 한다. 그런데 노둔하고 야윈 말을 얻었을 경우에는 일이 아무리 급해도 감히 채찍을 대지 못한 채 금방이라도 쓰러지고 넘어질 것처럼 전전긍긍하기 일쑤요, 개천이나 도랑이라도 만나면 또 말에서 내리곤 한다. 그래서 후회하는 일이 거의 없다. 반면에 발굽이 높고 귀가 쫑긋하며 잘 달리는 준마를 얻었을 경우에는 의기양양하여 방자하게 채찍을 갈기기도 하고 고삐를 놓기도 하면서 언덕과 골짜기를 모두 평지로 간주한 채 매우 유쾌하게 질주하곤 한다. 그러나 간혹 위험하게 말에서 떨어지는 환란을 면하지 못한다.

아, 사람의 감정이라는 것이 어쩌면 이렇게까지 달라지고 뒤바뀔 수가 있단 말인가. 남의 물건을 빌려서 잠깐 동안 쓸 때에도 이와 같은데, 하물며 진짜로 자기가 가지고 있는 경우야 더 말해 무엇하겠는가.

그렇기는 하지만 사람이 가지고 있는 것 가운데 남에게 빌리지 않은 것이 또 무엇이 있다고 하겠는가. 임금은 백성으로부터 힘을 빌려서 존귀하고 부유하게 되는 것이요, 신하는 임금으로부터 권세를 빌려서 총애를 받고 귀한 신분이 되는 것이다. 그리고 자식은 어버이에게서, 지어미는 지아비에게서, 비복(婢僕)은 주인에게서 각각 빌리는 것이 또한 심하고도 많은데, 대부분 자기가 본래 가지고 있는 것처럼 여기기만 할 뿐 끝내 돌이켜 보려고 하지 않는다. 이 어찌 미혹된 일이 아니겠는가.

그러다가 혹 잠깐 사이에 그동안 빌렸던 것을 돌려주는 일이 생기게 되면, 만방(萬邦)의 임금도 독부(獨夫)가 되고, 백승(百乘)의 대부(大夫)도 고신(孤臣)이 되는 법인데, 더군다나 미천한 자의 경우야 더 말해 무엇하겠는가. 맹자(孟子)가 말하기를 "오래도록 차용하고서 반환하지 않았으니, 그들이 자기의 소유가 아니라는 것을 어떻게 알았겠는가."라고 하였다. 내가 이 말을 접하고서 느껴지는 바가 있기에, '차마설'을 지어서 그 뜻을 부연해 보았다.

1 윗글의 서술상 특징으로 적절하지 <u>않은</u> 것은?

① 구체적인 사례를 들어 독자의 이해를 돕고 있다.

② 추상적인 내용을 구체화하면서 내용을 전개하고 있다.

③ 글쓴이의 경험을 바탕으로 얻은 깨달음을 전달하고 있다.

④ 설의적인 표현을 활용하여 글쓴이의 생각을 강조하고 있다.

⑤ 권위 있는 사람의 말을 인용하여 글쓴이의 의견을 뒷받침하고 있다.

2 윗글에서 알 수 있는 글쓴이의 생각으로 적절한 것은?

① 임금의 권력은 하늘이 내려 준 것이다.

② 사람의 감정은 처한 상황에 따라 달라진다.

③ 소유욕은 경제적인 여유가 있을 때 사라진다.

④ 자신이 가진 것을 다른 사람과 나누며 살아야 한다.

⑤ 좋은 것을 소유했을 때 비로소 좋은 결과를 얻게 된다.

3 〈보기〉와 윗글을 비교한 내용으로 적절한 것은?

> 〈보기〉
>
> 우리들이 필요에 의해서 물건을 갖게 되지만, 때로는 그 물건 때문에 적잖이 마음이 쓰이게 된다. 그러니까 무엇인가를 갖는다는 것은 다른 한편 무엇인가에 얽매인다는 뜻이다. 필요에 따라 가졌던 것이 도리어 우리를 부자유하게 얽어맨다고 할 때 주객이 전도되어 우리는 가짐을 당하게 된다. 그러므로 많이 가지고 있다는 것은 흔히 자랑거리로 되어 있지만, 그만큼 많이 얽혀 있다는 측면도 동시에 지니고 있다.
>
> – 법정, 「무소유」

① 〈보기〉는 윗글에 비해 '소유'의 긍정적인 측면을 부각하고 있다.

② 〈보기〉는 윗글에 비해 '소유'에 대한 다양한 관점을 드러내고 있다.

③ 〈보기〉는 윗글과 달리 개인의 '소유'를 금지할 것을 주장하고 있다.

④ 〈보기〉와 윗글은 모두 '소유'에 대한 인식의 변화를 유도하고 있다.

⑤ 〈보기〉는 윗글과 달리 필요 없는 것을 '소유'하는 문제점을 지적하고 있다.

1 서술상의 특징

이 수필의 서술상의 특징을 정리하여 빈칸에 들어갈 내용을 써 보자.

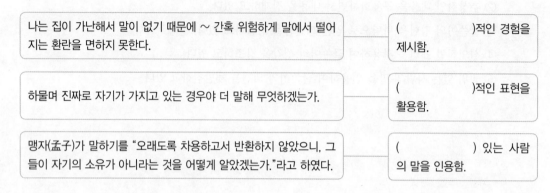

나는 집이 가난해서 말이 없기 때문에 ~ 간혹 위험하게 말에서 떨어지는 환란을 면하지 못한다.	( )적인 경험을 제시함.
하물며 진짜로 자기가 가지고 있는 경우야 더 말해 무엇하겠는가.	( )적인 표현을 활용함.
맹자(孟子)가 말하기를 "오래도록 차용하고서 반환하지 않았으니, 그들이 자기의 소유가 아니라는 것을 어떻게 알았겠는가."라고 하였다.	( ) 있는 사람의 말을 인용함.

2 수필의 주제

이 수필의 구조를 바탕으로 주제를 파악하여 빈칸에 들어갈 내용을 써 보자.

( )	깨달음
• 글쓴이는 집이 가난해서 말이 없기 때문에 간혹 남의 말을 빌려서 타곤 함. • 노둔하고 야윈 말을 빌렸을 때에는 후회하는 일이 거의 없었음. • 준마를 빌렸을 때에는 간혹 말에서 떨어지는 환란을 면치 못했음.	• 사람의 감정이라는 것이 경우에 따라 심하게 달라짐. • 자신의 소유물일 경우 마음의 변화가 더욱 심할 것임. • 현재 가지고 있는 것은 모두 남에게 빌린 것임.

주제

( )의 본질에 대한 성찰과 깨달음

빠른시작
빠작
중학 국어 문학 독해

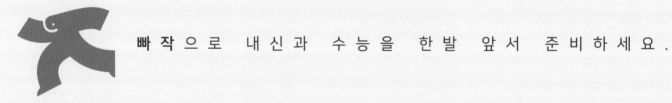

빠작으로 내신과 수능을 한발 앞서 준비하세요.

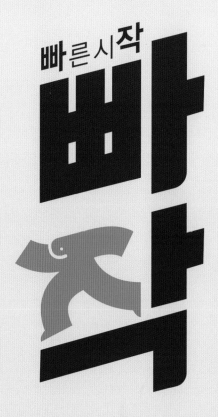

정답과 해설

중학 국어
문학 독해

2

동아출판

Ⅰ 소설

01 답 ①, ⑤

소설은 현실에 있음 직한 일을 작가의 상상력으로 꾸며 쓴 허구의 이야기로, 인물 · 사건 · 배경을 구성 요소로 하여 이야기를 전달한다.

| 오답 풀이 |

②, ③ 산문 문학의 한 갈래인 희곡에 대한 설명에 해당한다.
④ 산문 문학의 한 갈래인 수필에 대한 설명에 해당한다.

02 답 (1)✕ (2)✕ (3)○

(1) 소설의 인물은 역할에 따라 주동적 인물과 반동적 인물로 구분된다.
(2) 고전 소설에는 처음부터 끝까지 성격의 변화가 없는 평면적 인물이 등장하는 경우가 많다.
(3) 인물의 성격 변화의 여부에 따라 처음부터 끝까지 성격의 변화가 없는 인물을 평면적 인물이라 하고, 사건의 전개 과정에서 환경이나 상황 변화에 따라 성격이 변화하는 인물을 입체적 인물이라고 한다.

03 답 ①

인물과 배경이 소개되고, 사건의 실마리가 제시되는 소설의 구성 단계는 '발단'이다.

| 오답 풀이 |

② '전개'에서는 갈등과 긴장감이 발생하고, 사건이 구체화된다.
③ '위기'에서는 갈등이 심화되고, 사건 전환의 계기가 나타난다.
④ '절정'에서는 갈등과 긴장감이 최고조에 이르고, 사건 해결의 실마리가 제시된다.
⑤ '결말'에서는 갈등이 해소되고, 사건이 마무리된다.

04 답 역행적 구성(입체적 구성)

'현재 → 과거', '현재 → 과거 → 현재'와 같이 시간의 역전이 일어나며 이야기가 전개되는 구성 방식은 '역순행적 구성'이다. 이 구성에서는 작중 인물의 회상이나 서술자의 서술에 따라 시간이 역전되는 경우가 많다.

05 답 ⑤

서술자에 따라 갈등의 세부 내용이 다르게 전달될 수는 있으나, 갈등의 양상 자체가 달라지지는 않는다.

06 답 인물과 사회의 갈등

제시된 사례에서 길동은 서얼을 차별하는 신분 제도 때문에 갈등하고 있으므로, 인물이 사회적 제도나 윤리 때문에 겪는 갈등인 인물과 사회의 갈등과 관련이 있다.

07 답 ③

관찰자 시점에서는 인물들을 관찰하여 이야기하기 때문에 인물의 심리나 성격이 간접적으로 드러나는 경우가 많다.

| 오답 풀이 |

① 1인칭 주인공 시점과 1인칭 관찰자 시점의 경우 서술자가 작품 안에 존재한다.
② 시점은 소설에서 서술자가 이야기를 전개해 나가는 방식이나 관점에 해당하므로, 서술자의 위치나 시각과 관련이 깊다.
④ 전지적 작가 시점에서의 서술자는 전지전능한 위치에서 사건의 내막과 인물의 내면 심리까지 모두 알고 이야기한다.
⑤ 전지적 작가 시점의 경우 서술자가 사건의 내막과 인물의 내면 심리까지 모두 알려 주지만, 3인칭 관찰자 시점의 경우 서술자가 인물의 행동이나 사건을 객관적으로만 전달해 주기 때문에 시점에 따라 인물과 사건에 대한 정보의 폭이 다를 수 있다.

08 답 1인칭 주인공 시점

제시된 소설은 작품 속 주인공인 '나'가 자신의 이야기를 전달하는 1인칭 주인공 시점을 취하고 있다.

간단 확인

1 X　　2 O　　3 X　　4 O

문제

1 ④　　2 ⑤　　3 ①　　4 ⑤　　5 ①
6 ④　　7 ⑤　　8 ③　　9 ③

작품 독해

1 추억, 어머니

2 나귀, 아들

3 달밤, 혈육, 장돌뱅이

사고력 키우기

예시 답

• 내가 허 생원이라면 동이를 만나기 훨씬 전부터 성 서방네 처녀를 더 적극적으로 찾았을 것이다. 허 생원은 성 서방네 처녀를 적극적으로 찾아다니지 않고 수동적으로 대응하였다고 생각한다. 물론 허 생원이 성 서방네 처녀를 만날 수 있지 않을까 하는 생각에 매년 장을 방문하기는 했지만 더 적극적으로 성 서방네 처녀를 찾았어야 한다고 생각한다.

• 내가 허 생원이라면 동이와 성 서방네 처녀에게 자신이 누구인지 밝히지 않을 것이다. 이제와서 성 서방네 처녀를 찾는 것이 바람직하지 않다고 생각하기 때문이다. 성 서방네 처녀는 이미 힘든 시간을 다 보내고 아들도 다 키웠기 때문에 오랜 시간이 흐른 지금 허 생원을 만나는 것을 원치 않을 것 같다. 따라서 성 서방네 처녀를 만나고 동이에게 자신이 아버지라고 밝히기보다 그들을 멀리서 지켜보면서 도움을 주는 것이 바람직하다고 생각한다.

| 작품 해제 |

이 작품은 강원도 봉평을 배경으로 장터를 떠돌아다니면서 살아가는 장돌뱅이들의 삶과 애환을 그린 소설이다. 장돌뱅이인 허 생원은 젊은 시절 성 서방네 처녀와의 추억을 되새기면서 힘든 삶을 이겨 내고 있는데, 동이라는 젊은이를 만나고 나서 동이가 자신의 아들일 수도 있다는 생각을 하게 된다. 장터에서 다른 장터로 이동하는 밤길은 장돌뱅이들의 고통스러운 삶을 의미하는데, 작가는 달이 환하게 비추는 밤길을 메밀꽃이 흐드러지게 핀 서정적이고 낭만적인 공간으로 묘사함으로써 그들의 고통스러운 삶을 아름답게 형상화하고 있다. 특히 흐드러지게 핀 메밀꽃을 묘사한 부분은 이 소설의 백미로 꼽힌다. 또한 달밤이라는 매개체를 통하여 과거와 현재를 연결시키고 토속적인 어휘를 구사하는 등 형식적인 측면에서도 잘 짜인 작품이라고 할 수 있다.

| 주제 |

장돌뱅이 삶의 애환과 인간 본연의 애정

1 동이가 허 생원에게 아이들이 허 생원의 당나귀를 괴롭힌다는 사실을 알려 주자, 허 생원은 동이의 마음씨가 가슴을 울렸다고 하였다. 이를 볼 때, 허 생원은 동이의 이러한 행동에 고마움을 느꼈음을 알 수 있다.

| 오답 풀이 |

① 허 생원에게 당나귀의 상황을 알려 준 것은 동이이다.

② 허 생원이 당나귀에게 갔을 때 대부분의 아이들은 줄행랑을 놓은 뒤였고, 허 생원은 남은 아이들을 쫓아내기만 했다.

③ 아이들이 당나귀를 괴롭힌 이유는 본문에 드러나지 않는다.

⑤ 허 생원이 채찍질을 하자 아이들은 줄달음에 달아났다.

2 허 생원과 당나귀는 동일시되는 존재이며 고된 삶을 살아가는 동반자이다. 허 생원은 당나귀와 자신을 동일시하고 있기 때문에 아이들이 당나귀를 놀리는 말에 부끄러움을 느끼는 것이다. 하지만 동이나 아이들이 허 생원과 당나귀를 동일시하고 있는지는 알 수 없다.

3 ㉠은 당나귀를 괴롭히는 아이들(각다귀들)을 막을 수 있는 방법이 없다는 것이므로, 손을 묶은 것처럼 어찌할 도리가 없어 꼼짝 못 한다는 뜻의 '속수무책(束手無策)'이 ㉠의 상황과 어울리는 한자 성어이다.

| 오답 풀이 |

② 아전인수(我田引水): 자기 논에 물 대기라는 뜻으로, 자기에게만 이롭게 되도록 생각하거나 행동함을 이르는 말이다.

③ 오리무중(五里霧中): 오 리나 되는 짙은 안개 속에 있다는 뜻으로, 무슨 일에 대하여 방향이나 갈피를 잡을 수 없음을 이르는 말이다.

④ 형설지공(螢雪之功): 반딧불·눈과 함께 하는 노력이라는 뜻으로, 고생을 하면서 부지런하고 꾸준하게 공부하는 자세를 이르는 말이다.

⑤ 주마간산(走馬看山): 말을 타고 달리며 산천을 구경한다는 뜻으로, 자세히 살피지 아니하고 대충대충 보고 지나감을 이르는 말이다.

4 성 서방네 처녀는 집안 일이 어려워서 들고날 판에 처하여 슬픈 마음에 울고 있었다. 따라서 성 서방네 처녀가 허 생원을 기다리고 있던 이유를 묻는 것은 이 글의 내용을 확인하기 위해 한 질문 내용으로 적절하지 않다.

| 오답 풀이 |

① 허 생원은 밤중에 개울가에 목욕을 하러 갔으나 달이 너무 밝아 옷을 벗으러 물방앗간에 들어갔다.

② 장돌뱅이로 지내기도 힘든 노릇이고, 전방을 차려 식구들을 부르겠다는 조 선달의 말을 통해 한곳에 정착하여 가족과 살기 위해 장돌뱅이를 그만두려고 한다는 것을 알 수 있다.

③ 허 생원이 성 서방네 처녀와 있었던 이야기를 계속 되풀이하는 것으로 보아, 성 서방네 처녀와의 추억을 잊을 수 없어 반평생이 지나도록 봉평에 다니게 된 것임을 알 수 있다.

④ 허 생원은 객줏집 토방이 무더워 더위를 식히기 위해 밤중에 혼자 목욕을 하러 나갔다.

5 ㉠은 허 생원이 봉평에 갔을 때 성 서방네 처녀를 만났

던 이야기로, 허 생원은 그 추억을 평생 잊지 못한다고 하였다.

| 오답 풀이 |
② 허 생원이 봉평을 멀리한다는 내용은 나타나 있지 않다. 오히려 허 생원은 반평생 동안 봉평 장을 빼놓은 적이 드물었다.
③ 작품을 전체적으로 파악할 때 허 생원이 동이에게 질투를 느낀 것은 충줏집과 관련이 있다.
④ 허 생원이 조 선달에게 미안해하는 내용은 나타나 있지 않다.
⑤ 허 생원이 조 선달과 가까워지게 된 계기는 나타나 있지 않다.

6 '달밤'에 허 생원과 성 서방네 처녀가 처음 만났으므로 '달밤'이 두 사람의 이별을 암시한다고 보기는 어렵다. '달밤'은 허 생원이 성 서방네 처녀와의 추억을 회상하게 하는 매개체 역할을 할 뿐만 아니라 시간적 배경을 드러내고, 낭만적 분위기와 향토적인 서정성을 부각하기도 한다.

7 허 생원은 동이가 자신의 아들일 것이라고 믿고 있으며, 이는 암시와 여운을 통해 결말에서 드러나고 있다. 하지만 허 생원의 생각이 사실인지 아닌지는 명확하게 드러나 있지 않으며, 사실이라고 하더라도 허 생원이 제천에 갔을 때 또 어떤 사건이 발생할 것인지는 알 수 없다. 따라서 확실한 결말이 제시되지 않고, 결말 이후의 내용을 독자의 상상에 맡김으로써 여운의 미를 드러내는 것이 이 글의 결말 처리 방식이라고 할 수 있다.

8 허 생원이 동이의 어머니가 살고 있는 제천으로 갈 생각을 하는 것은 동이가 자신의 아들일 수도 있다고 생각하기 때문이다. 허 생원이 동이가 왼손잡이인 것에 주목하는 이유는 이와 관계가 있다고 할 수 있다.

| 오답 풀이 |
① 허 생원은 동이를 무시하지 않았다.
②, ⑤ 동이에게 느끼는 고마움이나 연민은 동이가 왼손잡이인 것과는 관계가 없다.
④ 허 생원은 동이가 자신의 아들일 수도 있다고 생각하고 있다.

9 허 생원은 동이의 어머니(성 서방네 처녀)를 원망하지 않으며, 오히려 만나 보기를 바라고 있다. ©에는 동이의 어머니도 자신을 찾기를 기대하는 허 생원의 심리가 드러난다고 할 수 있다.

간단 확인

1 ○   2 ○   3 X   4 X

문제

1 ⑤   2 ③   3 ②   4 ④   5 ⑤
6 ②   7 ⑤   8 ①   9 ⑤

작품 독해

1 한글, 배움(공부)
2 영신, 공부, 창문
3 계몽, 저항

사고력 키우기

예시 답

• 영신은 강습소의 인원을 제한하라는 일제의 탄압에도 굴하지 않고 예배당 밖으로 쫓겨난 아이들도 공부할 수 있도록 칠판을 창 앞턱으로 옮긴다. 이처럼 영신이 아이들에게 한글을 가르치려고 애를 쓴 까닭은, 아이들이 글을 배우면 더 나은 삶을 살 수 있을 것이고, 또 민족 고유의 언어가 민족의 정신과 정체성을 지켜 줄 수 있다고 생각했기 때문이다. 또한 이를 바탕으로 독립에 대한 희망과 의지를 가질 수 있다고 믿었기 때문에 아이들에게 한글을 가르치기 위해 애를 썼다고 생각한다.

| 작품 해제 |
이 작품은 러시아 '브나로드 운동'의 영향을 받아 창작된 소설로, 1930년대 우리 농촌의 열악한 현실을 배경으로 농촌 사람들을 계몽하려는 젊은이들의 노력과 열정을 그려 내고 있다. 이 소설은 세속적 성공을 포기한 농촌 운동가의 희생적 봉사와, 추악한 이기주의자들의 비인간성을 대비하여 민족주의와 저항 의식을 고취한 작품이라는 평가를 받고 있으며 한국 농촌 소설의 전형으로 평가된다. 또한 식민지 현실을 인식하고 저항 의식을 구체적인 행동으로 옮기는 인물들의 모습을 통해 이상적 계몽을 앞세우는 낭만주의에서 벗어나 농민 문학의 기틀을 확립하는 데 공헌하였다.

| 주제 |
❶ 농촌 계몽을 위한 헌신적 의지
❷ 일제에 대한 저항 정신과 조국의 독립을 간절히 바라는 마음

1 당시의 시대 상황은 작품 속 배경, 소재, 사건이나 상황 등을 통해 파악할 수 있다. 이 글은 1930년대 우리나라 농촌의 현실을 보여 주는 소설로, 문맹 퇴치를 위하여 애쓰는 젊은이들의 모습을 그리고 있다. 농촌에 내려 온 영신은 예배당을 빌려 아이들을 가르치는 일과 부인 친목계 등을 중

심으로 기부금을 모아 학교를 만드는 일을 하지만 일제는 이를 탄압하려고 하였다. 예배당이 좁고 후락해서 위험하니 아동을 팔십 명으로 줄이라는 것은 일제가 강습소 정원을 제한하려는 표면적 이유이다. 실제로는 한글 강습을 탄압하기 위한 의도를 담고 있는 것이다.

2 일제 강점기에 우리 민족은 지식인을 중심으로 농촌 계몽 운동을 전개하였는데, 〈보기〉를 통해 1930년대에 일제가 민족 말살 정책의 일환으로 한글 교육을 억압했음을 알 수 있다. 이를 바탕으로 [A]를 이해하면, 주임은 겉으로는 예배당이 좁고 후락해서 위험하다는 이유를 들고 있지만 실제적으로는 강습소 정원을 제한하여 농촌 계몽 운동을 탄압하려는 의도를 지니고 있음을 알 수 있다.

| 오답 풀이 |
① 주임이 종교 활동에 간섭한다는 내용은 드러나 있지 않다.
② 주임은 표면적으로는 예배당이 좁고 후락하여 위험하다는 이유를 들고 있지만 그것을 농촌 생활 환경의 개선 의지라고 볼 수는 없다.
④ 주임은 일제의 탄압을 보여 주는 전형적인 인물로, 우리 민족을 감시하고 협박한다. 따라서 농촌 아이들의 미래를 걱정한다는 내용은 적절하지 않다.
⑤ 주임은 강제로 교육시키는 것을 문제 삼은 것이 아니라 강제로 기부금을 내게 하는 것이 법률에 저촉된다는 이유를 들어 한글 강습을 탄압하려고 하고 있다.

3 '저촉'은 법률이나 규칙 따위에 위반되거나 어긋난다는 뜻이므로 '걸리다', '위배되다', '어긋나다', '위반되다' 등으로 바꾸어 쓸 수 있다. ② '맞닿다'는 '저촉'과 발음이 유사한 '접촉'과 바꾸어 쓸 수 있는 말이다.

4 이 장면은 일제의 강압으로 강습소의 인원을 제한해야 하는 영신이 그 해결 방안을 찾을 수 없어서 고민하다가 교실에 금을 긋고, 강습 인원을 제한해야 함을 아이들에게 설명하는 장면이다. 이 부분에서는 일제의 강압에 못 이겨 아이들을 내보내야 하는 영신과 배움을 계속하고자 하는 아이들 사이의 외적 갈등이 드러난다.

5 영신은 더 이상 공부를 배울 수 없는 아이들을 바라보며 안타까움을 느끼고 있으므로, 불쌍히 여기는 마음이라는 뜻의 '측은지심(惻隱之心)'이 적절하다.

| 오답 풀이 |
① 수구초심(首丘初心): 여우가 죽을 때 머리를 자기가 살던 굴 쪽으로 둔다는 뜻으로, 고향을 그리워하는 마음을 이르는 말이다.
② 언감생심(焉敢生心): 어찌 감히 그런 마음을 품을 수 있겠냐는 뜻으로, 전혀 그런 마음이 없었음을 이르는 말이다.
③ 일편단심(一片丹心): 한 조각의 붉은 마음이라는 뜻으로, 진심에서 우러나오는 변치 아니하는 마음을 이르는 말이다.
④ 절치부심(切齒腐心): 몹시 분하여 이를 갈며 속을 썩인다는 뜻이다.

6 ⓛ은 영신이 금 밖에 앉은 아이들에게 한 말을 빗대어 표현한 것으로, 영신의 침통한 심정과 아이들이 받을 충격을 생생하게 드러내고 있다.

| 오답 풀이 |
① ㉠: 마룻바닥에 그어 놓은 금을 사제 간의 정을 한칼에 베어 내는 것에 직접 빗대어 표현함으로써 아이들을 내쫓아야 하는 영신의 괴로움을 잘 드러낸다.
③ ㉢: 금 밖에 앉은 아이들은 더 이상 공부를 배울 수 없다는 영신의 말을 '청천의 벽력' 즉, 마른 하늘의 날벼락에 빗대어 표현함으로써 아이들이 느꼈을 충격을 인상적으로 드러낸다.
④ ㉣: 영신의 말을 듣고 놀라 동그래진 아이들의 눈을 '꽈리'에 직접 빗대어 표현함으로써 아이들의 놀란 표정을 생생하게 드러낸다.
⑤ ㉤: 남학생의 말에 정곡을 찔려 당혹스러워하는 영신의 마음을 '화살에 맞은' 것에 직접 빗대어 표현함으로써 영신의 심정을 인상 깊게 드러낸다.

7 예배당에서 쫓겨난 아이들은 예배당을 둘러싼 담에 매달리거나 나뭇가지에 올라 담 안을 들여다보았다.

8 교회 직원들이 쫓겨나지 않으려는 아이들을 억지로 내보낸 것은 더 큰 불이익을 피하기 위해 한 행동이므로, 영신이 교회 직원들에게 배신감을 느낀다고 보기는 어렵다.

| 오답 풀이 |
② 아이들이 쫓겨난 후 눈물을 흘리는 영신의 모습에서 아이들에 대한 안타까운 심정을 느낄 수 있다.
③ 창밖에 있는 아이들을 본 영신의 콧마루가 시큰해지는 장면에서 영신이 아이들의 열의에 감격했음을 알 수 있다.
④ 교실 한 귀퉁이가 허전한 것을 보지 않으려고 유리창 밖으로 눈을 돌리는 영신의 모습에서 슬픔을 느낄 수 있다.
⑤ 칠판을 창 앞턱에 버티어 놓고 글을 크게 쓰는 영신의 모습에서 어려움을 꿋꿋이 이겨 나가겠다는 의지를 느낄 수 있다.

9 이 글에서는 계속 공부하고 싶어 하는 아이들과 금 밖에 앉은 아이들을 내보내는 영신 사이의 외적 갈등이 나타나지만, 쫓겨난 아이들이 예배당 창밖에서 창 앞턱에 놓인 칠판을 보며 함께 공부할 수 있게 됨으로써 이러한 갈등은 해결된다. 따라서 예배당 안팎에 있는 아이들이 바락바락 소리를 지르며 독본을 읽는 마지막 장면은 일제에 대한 저항 의지와 배움에 대한 의지를 보여 주고 함께 수업하는 모습을 보여 줌으로써 영신과 아이들 사이의 갈등이 해소되었음을 의미한다.

간단 확인

1 ○   2 ○   3 X   4 ○

문제

1 ①   2 ②   3 ①   4 ③   5 ②
6 ②   7 ③   8 ④   9 ①

작품 독해

1 전통적, 나무
2 물질적, 천지 만물
3 천리, 물질

사고력 키우기

|예시 답|

• 창섭은 병원을 확장할 돈을 마련하기 위해 아버지를 찾아가 땅을 팔 것을 제안한다. 하지만 아버지는 땅이란 삶의 터전이자 천지 만물의 근원이고, 가족들의 추억과 피땀이 담겨 있어 물질적 가치로 따질 수 있는 것이 아니기 때문에 팔 수 없다고 한다. 이에 창섭이 '우리 아버진 훌륭헌 인물이십니다.'라고 말하는 것으로 보아 그가 아버지의 신념을 인정했음을 알 수 있다. 그러나 그에 이어 창섭이 '아버지와 자기와의 세계가 격리되는 일종의 결별의 심사'를 체험했다고 하는 것으로 보아, 아버지의 세계를 이해는 하지만 자신은 아버지와 같은 가치관을 가지고 살아가지는 않을 것이라는 모순된 심리도 가지고 있음을 짐작할 수 있다.

|작품 해제|

이 작품은 '돌다리'라는 상징적 소재를 통해 땅에 대한 가치를 인식할 것을 촉구하고, 물질 만능주의 사회에 대해 비판하고 있는 소설이다. 이 소설은 창섭이 병원을 확장하기 위한 돈을 마련하기 위해 땅을 팔 것을 제안하려고 시골 마을의 아버지를 찾아가면서 이야기가 시작된다. 창섭은 앞으로 자신이 부모님을 모셔야 하고, 농토에서 얻는 이익보다 병원을 확장하여 얻는 이익이 더 크며, 땅은 돈만 있으면 언제든지 살 수 있다는 근거를 들어 아버지께 땅을 팔아야 한다고 이야기한다. 하지만 아버지는 땅은 천지 만물의 근원이라는 논리를 내세워 반대하고, 결국 창섭은 아버지의 뜻을 존중하고 다시 서울로 돌아간다. 작가는 아버지와 아들의 가치관의 차이로 인한 갈등을 보여 줌으로써 당시 사회가 물질만을 중시하는 사회로 변화하는 것에 대한 비판적인 시선을 드러내고 있다. 또한 아버지가 땅을 팔지 않겠다고 주장하는 것은 변화를 거부하는 고집으로 보일 수도 있지만, 한편으로는 전통적 가치관을 지키려는 것으로도 이해할 수 있다. 이러한 아버지의 가치관은 '돌다리'를 통해 드러나는데, 아버지에게 '돌다리'란 단순한 다리가 아니라 가족과 선조들의 인연이 살

아 숨쉬는 자연물이자 일제 강점하의 어려운 현실에서도 우리의 민족성을 지키려는 의지의 표현으로 볼 수 있다.

|주제|

땅의 가치에 대한 신구 세대의 갈등과 물질 만능주의 가치관에 대한 비판

1 아버지는 어렸을 때 창섭에게 '돌다리'에 얽힌 내력을 이야기해 주었다. 창섭은 현재 아버지의 모습을 보고 그것을 떠올리는데, 이를 통해 아버지가 가지고 있는 전통적 가치관을 엿볼 수 있다.

|오답 풀이|

② 〈보기〉에서 '돌다리'는 변하지 않는다는 특징을 가지고 있고, 전통적 가치를 상징하며 아버지의 표상이라고 하였으므로, 이를 통해 아버지는 변하지 않는 전통적 가치관을 지녔을 것이라고 추측할 수 있다. 따라서 근대적 변화를 받아들이게 될 거라는 반응은 적절하지 않다.

③ 〈보기〉에 따르면 '돌다리'는 아버지의 전통적 가치관을 상징하고, 이는 아들의 근대적 가치관과 대립 관계를 형성할 것임을 짐작할 수 있다. 따라서 창섭이 마을에 들어왔을 때 '돌다리'를 고치고 있는 아버지를 만나는 장면은, 부자간의 갈등이 시작될 것임을 암시한다.

④ 〈보기〉에서 '돌다리'가 안정적이라고는 하였으나, 창섭이 아버지를 두고 집으로 간 것은 아버지가 먼저 가 있으라고 했기 때문이지, 돌다리가 안전하다고 생각했기 때문은 아니다.

⑤ 나무다리가 새로 만들어진 후 '돌다리'가 마을 사람들에게 외면당했다는 내용은, 마을 사람들이 '나무다리'로 상징되는 근대적 가치관을 받아들이기 시작했다는 것을 의미한다. 하지만 나무다리가 마을 사람들의 공동 작업으로 만들어졌는지는 알 수 없고, 그것이 나무다리의 상징성과 연관이 있다고 보기도 어렵다.

2 ㉠은 아버지가 땅을 소작을 주고 서울에 있으면 걱정이 되어서 편안하지 못할 것이라는 의미이므로, '누워서 몸을 이리저리 뒤척이며 잠을 이루지 못함.'의 의미를 지닌 '전전반측(輾轉反側)'이 이 상황을 나타내기에 가장 적절하다.

|오답 풀이|

① 풍수지탄(風樹之嘆): 효도를 다하지 못한 채 어버이를 여읜 자식의 슬픔을 이르는 말이다.

③ 토사구팽(兎死狗烹): 토끼가 죽으면 토끼를 잡던 사냥개도 필요 없게 되어 주인에게 먹히게 된다는 뜻으로, 필요할 때는 쓰고 필요 없을 때는 야박하게 버리는 경우를 이르는 말이다.

④ 견마지로(犬馬之勞): 개나 말 정도의 하찮은 힘이라는 뜻으로, 윗사람에게 충성을 다하는 자신의 노력을 낮추어 이르는 말이다.

⑤ 각주구검(刻舟求劍): 융통성 없이 현실에 맞지 않는 낡은 생각을 고집하는 어리석음을 이르는 말이다. 초나라 사람이 배에서 칼을 물속에 떨어뜨리고 그 위치를 뱃전에 표시하였다가 나중에 배가 움직인 것을 생각하지 않고 칼을 찾았다는 데서 유래한다.

3 '그런데 내가 시골로 올 순 없고, 천생 부모님이 서울로 가시어야 한다.'라는 부분을 통해 창섭이 부모님을 모셔야

한다고 생각하고는 있지만, 귀향을 생각하지는 않는다는 점을 알 수 있다.

| 오답 풀이 |

② '이런 땅을 팔기에는, 아무리 수입은 몇 배 더 나은 병원을 늘리기 위해서나 아버지께 미안하지 않을 수 없었다.'에서 창섭이 아버지가 땅을 소중히 여기는 것을 알고 있기에 병원을 확장하기 위해 땅을 팔자는 말을 꺼내는 것을 미안해하고 있음을 알 수 있다.

③ '아무리 수입은 몇 배 더 나은 병원을 늘리기 위해서나'와 '어떻게 갑재기 오느냐?'라는 아버지의 말을 통해 창섭이 병원 확장을 위한 목적으로 불쑥 고향을 방문했음을 알 수 있다.

④ '아버님의 말년을 편안히 해 드리기 위해서도 땅은 전부 없애 버릴 필요가 있는 거다!'라는 창섭의 생각을 통해 알 수 있다.

⑤ '한 동네서도 땅을 당신만치 못 거둘 사람에겐 소작을 주지 않으셨다. 땅 전부를 소작을 내어 맡기고는 서울 가 편안히 계실 날이 하루도 없으실 게다.'라는 창섭의 생각을 통해 알 수 있다.

4 이 글은 전지적 작가 시점의 소설로 서술자가 독자에게 인물의 행동과 말을 전달한다는 특성을 가지고 있다.

| 오답 풀이 |

① 이 글은 소설이므로 현실에서 있음 직한 일을 작가의 상상력으로 꾸며 낸 허구의 이야기이다.

② 화자가 운율이 있는 언어로 자신의 감정을 표현하는 것은 시의 특성이다.

④ 작가가 자신이 실제로 겪은 일을 독자에게 전달하는 것은 수필의 특성이다.

⑤ 이야기 전달자 없이 인물의 대사와 행동으로 사건이 전개되는 것은 희곡의 특성이다.

5 창섭이 새 병원으로 알아본 건물은 교통이 편한 자리의 삼층 양옥이다.

| 오답 풀이 |

① '외아들인 자기가 부모님을 진작 모시지 못한 것이 잘못인 것'이라는 부분을 통해 알 수 있다.

③ 병원을 팔면 일만 오천 원쯤 받는데, 새 집을 고치는 비용과 수술실 기계 완비에 쓰고 나면 새로 살 집값 삼만 이천 원이 따로 필요하다고 하였다.

④ '병원은 나날이 환자가 늘어 가나 입원실이 부족하여 오는 환자의 삼분지 일밖에 수용 못하는 것'이라는 부분을 통해 알 수 있다.

⑤ 창섭은 땅을 팔지 않고 시골에 두면 고작 일 년에 삼천 원 정도의 실리가 떨어진다고 생각한다.

6 아버지는 가족의 역사와 추억이 담겨 있는 ⓒ이 나무다리보다 훨씬 더 가치 있다고 믿고 있으며, ⓒ이 나무다리보다 더 튼튼하다고 생각한다.

| 오답 풀이 |

① ⓒ의 가운뎃 돌이 떨어졌던 것은 맞지만, 그 이유로 아버지가 나무다리보다 돌다리가 약할 것이라고 생각하고 있지는 않다. 오히려 "나무가 돌만 하다든?"이라는 부분을 통해 알 수 있듯이 아버지는 돌다리가 나무다리보다 튼튼하다고 믿고 있다.

③ 아버지는 나무다리가 있으므로 고칠 필요가 없다는 아들의 생각에 동의하지 않고 있다.

④ 면의 보조를 받아 만든 다리는 ⓒ이 아니라 나무다리이다.

⑤ 나무다리보다 튼튼하다고 생각하고는 있지만, 오래가지 못할 것이라고 생각하는 부분은 확인할 수 없다.

7 아버지는 '자식의 젊은 욕망을 들어 못 주는 게 애비 된 맘으루두 섭섭허다.'라고 말하며 땅에 대한 자신의 신념 때문에 자식의 요청을 거절할 수밖에 없는 것에 대해 창섭의 이해를 구하고 있다. 또한 '동구 밖으로 사라지는 아들의 뒷모양을 지키고 섰을 때, 아버지의 마음도 정말 임종에서 유언이나 하고 난 것처럼 외롭고 한편 불안스러운 심사조차 설레었다.'라고 하며 창섭의 요청을 들어주지 못한 것에 안타까움을 드러내고 있다.

8 이 글의 주요한 갈등은 물질 만능주의의 가치관을 지닌 아들과, 땅이 지닌 본래적 가치를 중시하는 아버지 사이의 가치관의 대립이다. 따라서 개인과 개인 사이의 갈등이라고 보는 것이 적절하다.

9 ㉠에는 어떠한 일이든 미리 준비하거나 보살피면 큰 문제가 발생하지 않을 것이라는 아버지의 믿음이 담겨 있다. 따라서 '물이 없는 가뭄에 도랑을 미리 쳐서 물길을 낸다는 뜻으로, 무슨 일이든지 사전에 미리 준비를 해야 함을 비유적으로 이르는 말.'인 '가물에 돌 친다'는 속담이 가장 잘 어울린다.

| 오답 풀이 |

② 모난 돌이 정 맞는다: 두각을 나타내는 사람이 남에게 미움을 받게 된다는 말이다. 또는 강직한 사람은 남의 공박을 받는다는 말이다.

③ 굴러온 돌이 박힌 돌 뺀다: 외부에서 들어온 지 얼마 안 되는 사람이 오래전부터 있던 사람을 내쫓거나 해치려 함을 비유적으로 이르는 말이다.

④ 믿었던 돌에 발부리 채었다: 잘되리라고 믿고 있던 일이 어긋나거나 믿고 있던 사람이 배반하여 오히려 해를 입음을 비유적으로 이르는 말이다.

⑤ 아랫돌 빼서 윗돌 괴고 윗돌 빼서 아랫돌 괴기: 일이 몹시 급하여 임시변통으로 이리저리 둘러맞추어 일함을 비유적으로 이르는 말이다.

간단 확인

1 ○   2 X   3 X   4 ○

문제

1 ①   2 ②   3 ②   4 ④   5 ②

6 ⑤   7 ⑤   8 ⑤   9 ⑤

작품 독해

1 구렁이, 성장

2 국군, 삼촌

3 가족, 민족

사고력 키우기

예시 답

• 처음에 할머니와 외할머니는 각자 당신의 아들만 소중하다고 생각하였기 때문에 서로 갈등하고 적대적인 태도를 보인다. 하지만 자신의 아들이 소중하다면 다른 사람의 아들도 소중하다는 것을 깨닫고, 각자의 입장보다는 상대방을 이해하고 배려함으로써 결국 갈등이 해결된다. 남한과 북한의 관계도 이와 같다고 생각한다. 남한과 북한이 각자의 입장만을 내세운다면 서로에 대한 적대감만 늘어갈 것이다. 남한과 북한은 같은 민족이므로 공유할 수 있는 정신적 가치가 많다는 것을 깨닫고, 이를 바탕으로 상대방의 입장을 헤아리려는 노력을 기울인다면 남북 관계는 지금보다 더욱 개선될 것이라고 생각한다.

│작품 해제│

이 작품은 한국 전쟁 중에 일어난 한 가정의 비극적 상황과 그 극복 과정을 그린 소설이다. 이 소설에서는 한국 전쟁과 관련된 이념 문제를 직접적으로 언급하기보다는 전쟁을 겪은 우리 민족의 모습에 초점을 맞추고 있다. 인민군을 아들로 둔 할머니와 국군을 아들로 둔 외할머니의 갈등은 이념의 대립이라기보다는 아들을 사랑하는 마음 때문임을 보여 줌으로써 전쟁이 이념과는 무관한 사람들에게 큰 고통을 준다는 사실을 드러낸다. 또한 할머니와 외할머니의 갈등이 해소되는 것은 서로를 이해하는 마음에서 비롯된 것임을 보여 줌으로써 남북 관계 개선을 위해서는 무엇보다 서로를 이해하는 마음이 우선되어야 함을 드러내기도 한다. 이 소설의 특징은 성인이 된 서술자가 과거를 회상하면서 어린이의 시점으로 내용을 전달하고 있어 전쟁을 겪으면서 느끼는 우리 민족의 고통을 효과적으로 드러내고, 부분적으로 어른 서술자의 시각을 활용하여 내용을 보충하고 있다는 것이다. 또한 한 가족의 불행인 동시에 우리 민족의 비극인 한국 전쟁을 상징하는 '장마'를 소재로 하여 음울한 분위기를 형성하고, 장마의 시작과 끝이 갈등의 시작과 끝으로 맞물리면서 구성상의 완결성을 보여 준다. 그리고 죽은 삼촌이 현신한 모습을 '구렁이'를 통해

드러냄으로써 동족상잔의 비극으로 상처받은 우리 민족이 토속 신앙에 기반한 무속적 사고로 갈등을 극복하는 모습을 보여 주기도 한다.

│주제│

이념의 대립과 전쟁으로 발생한 가족 내 비극과 그 극복 과정

1 이 글에서 할머니는 삼촌이 어느 때 와도 기필코 올 것이라고 믿기 때문에 추호도 지친 기색 없이 기다렸다가 모자 겸상을 받겠다고 한 것이다.

│오답 풀이│

② '나'가 아버지가 그저 웃고만 있는 것을 보고 동네 사람들이 우리 일을 가지고 나름으로 즐기고 있다는 사실을 아버지가 충분히 눈치챘을 것이라고 한 것으로 보아, 아버지가 동네 사람들에게 고마움을 느낀다고 볼 수는 없다.

③, ⑤ 동네 사람들은 '나'의 가족을 진심으로 걱정하여 삼촌이 돌아올 것을 확신한다기보다는 자신들의 호기심을 채우며 나름대로 즐기고 있다.

④ '나'의 말을 통해 '나'가 동네 사람들의 마음을 어느 정도 짐작하고 있음을 알 수 있다.

2 ⓛ은 동네 사람들이 겉으로 하는 말뿐 아니라 그들의 생각까지도 파악해야 알 수 있는 것이므로 어른이 된 서술자의 시각이라고 할 수 있다.

│오답 풀이│

①, ③, ④, ⑤ 객관적인 사실(겉모습)을 서술한 것이므로 어린이의 시각이라고 할 수 있다.

3 ⓐ는 '음식 따위가 가짓수가 많고 푸짐하다.'라는 의미이므로 ②와 의미가 같다.

│오답 풀이│

① '벽이나 못 따위에 어떤 물체를 떨어지지 않도록 매달아 올려놓다.'를 의미한다.

③ '흙이나 거름 따위가 기름지고 양분이 많다.'를 의미한다.

④ '액체 따위가 내용물이 많고 진하다.'를 의미한다.

⑤ '말씨가 거칠고 험하다.'를 의미한다.

4 외할머니는 구장 어른과 진구네 아버지 등의 도움을 받아 집 안에 들어온 사람들을 밖으로 내쫓았다.

│오답 풀이│

①, ② 외할머니는 구렁이가 죽은 삼촌의 현신이라고 생각했기 때문에 구렁이를 전혀 두려워하지 않았으며, 사람을 대하듯이 말을 걸었다.

③ 외할머니가 호령을 하기 전까지 아이들은 구렁이에게 돌멩이나 나뭇개비를 던졌다.

⑤ 구렁이가 나타나자 할머니가 졸도하였고, 물러갔던 동네 사람들이 재차 모여들기 시작하였다.

5 할머니와 외할머니는 죽은 삼촌이 환생하여 구렁이가 되었다는 무속 신앙적 세계관을 가지고 있다. 따라서 할머니는 구렁이를 보고 삼촌이 죽었다고 생각하여 기절을 한

것이고, 외할머니는 구렁이로 환생한 삼촌의 원한을 풀어 주기 위해 달래는 것이다.

6 식구들은 야단법석을 떨며 기절한 할머니가 깨어나기를 빌었으므로 '몹시 마음을 쓰며 애를 태운다.'는 뜻의 '노심초사(勞心焦思)'가 적절하다.

| 오답 풀이 |
① 목불식정(目不識丁): 아주 간단한 글자인 '丁' 자를 보고도 그것이 '고무래'인 줄을 알지 못한다는 뜻으로, 아주 까막눈임을 이르는 말이다.
② 감탄고토(甘呑苦吐): 달면 삼키고 쓰면 뱉는다는 뜻으로, 자신의 비위에 따라서 사리의 옳고 그름을 판단함을 이르는 말이다.
③ 역지사지(易地思之): 처지를 바꾸어서 생각하여 본다는 뜻이다.
④ 유구무언(有口無言): 입은 있어도 말은 없다는 뜻으로, 변명할 말이 없거나 변명을 못함을 이르는 말이다.

7 삼촌 때문에 갈등 관계에 있던 '나'와 할머니의 화해, 그리고 할머니의 모든 것을 용서했다는 '나'의 서술은 그동안 일련의 사건을 겪으며 미성숙했던 '나'가 정신적으로 성숙했음을 의미하는 것이며, 그런 점에서 볼 때 이 작품은 '나'의 성장 소설로 볼 수 있다.

8 할머니가 점쟁이의 말을 믿은 것은 맞지만 그러한 자신의 행동을 반성하는 태도는 드러나지 않는다.

9 이 글에서는 "정말 지루한 장마였다."라는 한 문장으로 작품을 끝맺어 여운을 남기고, '지루한'이라는 표현을 통해 실제 시간보다 더 길게 느껴질 만큼 힘든 시간을 보냈음을 드러내고 있다. 또한 과거형 문장으로 표현함으로써 장마를 비롯한 모든 사건이 끝났음을 암시하고 있다.

---

05 황만근은 이렇게 말했다 52~61쪽

간단 확인

1 X   2 X   3 O   4 X

문제

1 ②   2 ③   3 ⑤   4 ④   5 ③
6 ④   7 ④   8 ③   9 ②

작품 독해

1 이타적, 민 씨
2 마을, 묘비명
3 부채, 죽음, 비판

사고력 키우기

예시 답

• 황만근은 마을에서 사라지기 전에 마을 공통의 분뇨를 충분히 익힌 후에 마을 사람들에게 공평하게 나누어 주었다. 자신이 펐다고 하여 자신의 밭에 가져다가 뿌리지 않았으며, 홀몸이 된 노인들에게는 더 자주 거름을 가져다주었다. 이러한 행동으로 볼 때, 황만근은 남들이 꺼려 하는 일에도 솔선수범하는 사람이었으며, 마을 사람들 가운데 그 누구보다도 남을 위하는 삶을 사는 사람이었다고 평가할 수 있다.

• 황만근은 어느 농사꾼보다도 부지런했고 농사일에도 뛰어났다. 하지만 술을 너무 좋아했기 때문에 술을 마실 기회가 생기면 고꾸라질 정도로 마셨다. 이러한 행동으로 볼 때 황만근은 자신만의 소신을 가지고 농사일을 하는 사람이었지만, 반면 술에 있어서는 절제력이 부족한 사람이었다고 평가할 수 있다.

| 작품 해제 |
이 작품은 1990년대 IMF 경제 위기를 겪고 있는 농촌 현실을 배경으로 하여, 이기적인 현대인에 대한 풍자와 함께 암울한 농촌 현실을 고발하는 소설이다. 마을 사람들이 황만근의 실종을 알게 되면서 시작되는 이 소설은, 비교적 객관적인 시선을 가지고 있는 민 씨를 통해 매사에 성실하고 정직한 황만근의 일생을 추적하는 형식을 갖추고 있다. 이 과정에서 황만근과는 다르게 이해타산적인 마을 사람들을 제시함으로써 주제의식을 선명하게 부각하고 있다. 민 씨를 통해 독자들은 마을 사람들로부터 바보로 취급받는 황만근이 사실은 매우 긍정적인 인물이며 현대인의 삶에는 없는 관용과 도량의 정신을 가진 인물임을 알게 된다. 작가는 민 씨의 시선을 빌려, 마을의 궂은일을 도맡아 하는 황만근이 마을 사람들에게 무시당하지만, 오히려 정말로 어리석은 이들은 그 자신밖에 모르고 이기적인 마을 사람들임을 보여 주고 있다. 향토적인 정서를 자아내는 방언의 사용, 인물의 우스꽝스러운 행동을 통해 드러나는 해학성 등을 특징으로 하는 이 소설은, 바보형 인물을 제시함으로써 농촌의 암

울한 현실을 보여 주며, 동시에 이기적인 현대인을 비판하고 있다.

|주제|
부채로 무너져 가는 농촌 현실 고발과 인정이 메말라 가는 현대인에 대한 비판

1 아버지가 자신의 옷을 입었다고 아들이 당장 벗으라고 소리치는 것은 아들이 아버지를 무시하고 있다는 것을 보여 준다.

|오답 풀이|
① 아버지가 아들에게 옷을 빌려준 것이 아니라 아버지가 아들의 옷을 허락 없이 입은 것이다.
③ 아들이 아버지에게 아예 무관심하다면 자신의 옷을 입은 것에 대해 타박하거나, 좀 씻으라고 요구하지는 않을 것이다.
④ 아들이 아버지에게 소리를 지르는 모습으로 보아 아버지가 아들에게 매우 강압적이라고 보기는 어렵다.
⑤ 아들이 아버지가 자신의 방에서 잔 것에 대해 불쾌하게 생각하고, 씻을 것을 요구하는 모습을 보면 아들이 아버지를 부정적으로 평가한다는 것을 알 수 있다.

2 황만근이 사라지자 마을 사람들이 그 사실을 쉽게 알게 되었다. 이런 상황을 잘 나타내는 속담은 사람이나 재물이 붙는 것은 눈에 잘 띄지 않아도 그것이 줄어드는 것은 곧 알아차릴 수 있다는 뜻을 지닌 '드는 줄은 몰라도 나는 줄은 안다'이다.

|오답 풀이|
① 말 타면 경마 잡히고 싶다: 사람의 욕심이란 한이 없다는 말이다.
② 하룻강아지 범 무서운 줄 모른다: 철없이 함부로 덤비는 경우를 비유적으로 이르는 말이다.
④ 똥 묻은 개가 겨 묻은 개 나무란다: 자기는 더 큰 흉이 있으면서 남의 흉을 본다는 말이다.
⑤ 물에 빠지면 지푸라기라도 움켜쥔다: 위급한 때를 당하면 무엇이나 닥치는 대로 잡고 늘어지게 됨을 이르는 말이다.

3 황만근이 실종된 후 하룻밤에 지나지 않았음에도 마을 사람들은 모두 그의 부재를 알게 된다. 따라서 마을 사람들이 그 사실을 알아차리지 못한다는 내용은 적절하지 않다.

|오답 풀이|
① 황만근의 실종 후 그에 대한 평가가 제시되고 있는데, 이를 통해 황만근의 일생 중 일부를 알 수 있다.
② 이 소설의 발단 부분에서 그의 실종이 알려지고, 〈보기〉의 설명에서처럼 주인공의 실종은 독자의 호기심을 자극한다.
③ 황만근의 실종 후, 마을 사람들의 대화나 서술자의 서술 등에서 그동안 마을에서 그가 한 일들이 무엇이었는지가 드러나는데, 이를 통해 〈보기〉의 내용처럼 황만근의 일생(삶)을 엿볼 수 있다.
④ 이 소설은 황만근의 실종으로 시작하여 결말 부분에서 황만근의 죽음으로 마무리된다. 따라서 〈보기〉의 내용처럼 구성적으로 완결된 느낌을 준다.

4 황만근은 용왕제(제사)에 쓸 돼지를 산 채로 묶어서 때때옷을 입히는 일을 하였다.

|오답 풀이|
① 둘째 문단의 '똥구덩이를 파고'에서 알 수 있다.
② 둘째 문단의 '반값이거나(다른 사람의 농사일을 하는 경우)'에서 알 수 있다.
③ 둘째 문단의 '염습과 산역같이 남이 꺼리는 일에는 누구보다 앞장을 섰고'에서 알 수 있다.
⑤ 둘째 문단의 '공동 우물 청소'에서 알 수 있다.

5 마을의 궂은일을 도맡아 하는 황만근에게 고마워하기는커녕 황재석과 같은 마을 사람은 황만근에게 마을 사람들에게 고마워해야 한다며 적반하장식으로 말을 한다. 또한 그런 황만근이 술에 취하면 냄새가 난다는 이유로 아무도 돌보지 않는 등 마을 사람들은 황만근을 바보 취급하며 무시하고 있다.

|오답 풀이|
① 마을 사람들의 언행으로 볼 때 그들이 황만근을 존경하고 있다고 보기는 어렵다.
② 황만근이 마을에서 도움이 되지 않는다는 진술은 적절하지 않다. 마을 사람들은 적어도 황만근이 마을의 일을 도맡아 하고 있다는 것은 알고 있다. 또한 마을 사람들이 황만근을 혐오하고 있는지는 확인할 수 없는 내용이다.
④ 황만근은 술을 좋아했으나 가난해서 취하게 마실 수 없어 공짜 술을 마실 기회가 생기면 고꾸라지도록 마셨다고 했다. 이를 두고 마을 사람들이 그를 인색하다고 생각하는 부분은 확인할 수 없다. 오히려 냄새가 나는 황만근을 떠메어 집에 데려다 줄 사람이 없어 겨울에 애경사가 생기면 길에서 얼어 죽을까 봐 아예 그를 부르지도 않았다고 했다.
⑤ 마을 사람들은 황만근을 바보 취급하고 있기 때문에 그들이 황만근을 시샘한다고 보기는 어렵다.

6 황만근은 바보형 인물에 해당한다. 마을 사람들이 오히려 황만근에게 고마워해야 하는 상황에서, 황재석은 반대로 황만근이 마을 사람들에게 고마워해야 한다고 말하는데 이러한 황재석의 말에 황만근은 보통 사람과는 다르게 반응하고 있다. 만약 보통 사람이었다면 화를 내거나, 부정적인 반응을 보였을 것이다.

|오답 풀이|
① 황재석이 이타적인 말을 하고 있는 것은 아니며, 황만근이 이에 감동하고 있는지도 알 수 없다.
② 황재석이 황만근을 바보라고 생각하고 있다.
③ 황재석이 순수한 사람이라고 보기는 어려우며 황만근이 그렇게 생각했는지는 알 수 없다.
⑤ 황만근이 마을 사람들이 자신을 이용했다고 생각하는지도 알 수 없고, 적대감을 드러냈다고 보기도 어렵다.

7 사람들은 황만근이 술 때문에 가난하다고 생각한다. 민 씨는 황만근이 마신 술은 힘의 근원이고 낙천의 뼈라며 재

해석하고 있지만 황만근이 술을 좋아해서 부유해질 수 있었다는 설명은 적절하지 않다.

|오답 풀이|
① 첫째 문단의 '늘 부지런하고 근면하였다.'를 통해 알 수 있다.
② 첫째 문단의 '그리하여 후년에는 그 누구보다 지혜로웠다.'를 통해 알 수 있다.
③ 첫째 문단의 '하늘이 내린 효자로서', '아들에게는 따뜻하고 이해심 많은 아버지였고'를 통해 알 수 있다.
⑤ 셋째 문단의 마지막 문장 '아아, 선생이 좀 더 살았더라면 난세의 혹염에 그늘의 덕을 널리 베푸는 큰 나무가 되었을 것이다.'를 통해 알 수 있다.

8 황만근이 경운기를 타고 집으로 돌아올 때 자동차를 피하느라 시간이 지체되고 위험한 상황에 빠지기도 하였지만, 그의 죽음이 현대 기술을 대표하는 자동차 때문이라는 진술은 연관성이 적다.

|오답 풀이|
① 〈보기〉와 이 글의 내용을 보면, 황만근이 마을 사람들 및 이장과의 약속을 지키기 위하여 농민 궐기 대회에 경운기를 몰고 갔다가 죽게 되었음을 알 수 있다.
② 〈보기〉와 이 글의 내용을 보면, 오래된 경운기를 몰던 황만근이 그 경운기 때문에 사고를 당하고 그 과정에서 죽음을 맞게 되었다는 것을 알 수 있다.
④ 농민 궐기 대회는 이 작품의 배경이 되는 암울한 농촌 현실을 고려할 때 농민들이 암울한 현실을 벗어나고자 연 대회라고 볼 수 있는데, 황만근은 경운기를 몰고 갔기 때문에 제 시간에 약속 장소에 도착하지 못하고 결국 궐기 대회에도 참석하지 못한 셈이 되었다.
⑤ 황만근이 오래된 경운기를 몰고 농민 궐기 대회에 참여한 것이 죽음의 원인이고, 그렇기 때문에 그가 농민 궐기 대회에 참여할 것을 요구한 사람들이 그가 죽음을 맞게 한 하나의 원인이라고 볼 수 있다.

9 이 소설의 공간적 배경은 농촌 마을이며, 시간적 배경은 1990년대 말 농촌 해체가 지속되고 농산물 수입 개방에 따라 경제적으로 궁핍해져 가던 시기이다. 따라서 이 글의 배경을 알 수 있는 구절은 '빚만 남는 농사'이다.

---

06 운수 좋은 날
62~71쪽

간단 확인
1 X   2 O   3 O   4 O

문제
1 ⑤   2 ③   3 ②   4 ⑤   5 ④
6 ④   7 ⑤   8 ④   9 ①

작품 독해
1 비, 설렁탕
2 뺨, 사랑
3 하층민, 결말

사고력 키우기
예시 답
• 김 첨지는 가난한 상황이기 때문에 돈을 벌어야만 했고, 그래서 집에 있어 달라는 아픈 아내의 부탁을 외면하고 돈을 벌러 나간다. 하지만 김 첨지는 이미 아내에게 어떠한 불행한 일이 벌어질 것이라는 불안감을 느끼는데, 그래서 아내의 부탁을 들어주지 못한 것에 자책감을 가지게 되었을 것이다. 이후 술에 취해 설렁탕을 사 가지고 집으로 돌아왔을 때에는 아내의 죽음을 직감했기 때문에 자신의 불안감과 자책감을 애써 누르기 위해 아내의 죽음을 부정하며 강압적이고 과장된 행동을 했을 것이다.

|작품 해제|
이 작품은 1920년대 김 첨지라는 하층민이 인력거꾼으로 일하며 겪는 하루의 일을 압축적으로 보여 주는 소설로, 일제 강점 당시 하층민의 비극적 삶을 사실적으로 그리고 있다. 이 소설은 시간의 순서가 아닌 역행적 구성으로 이야기가 전개되는데, 과거 회상 장면이 중간에 삽입되어 작품 전체에 긴장감을 부여하는 역할을 한다. 또한 하층민의 속되고 거친 말투를 그대로 사용하여 일제 강점 당시 하층민의 삶을 생동감 있게 그려 내고 있다. 하지만 이 소설의 가장 큰 특징은 인물의 대화와 상황 속에서 드러나는 아이러니(반어)에 있다. 행운이 계속해서 이어지는 김 첨지의 '운수 좋은 날'이 사실은 아내가 병과 굶주림 속에 외롭게 죽어 간 '가장 운수 나쁜 날'이기 때문이다. 제목에서부터 제시되는 반어적 표현은 작품 전체를 관통하는 표현적 특성일 뿐만 아니라 주제를 드러내는 데 매우 개성적인 방식으로 작용하고 있다. 이를 통해 김 첨지 아내의 죽음이 가지는 비극성을 고조시키고, 일제 강점 당시 하층민의 비참한 삶을 강조함으로써 김 첨지가 겪는 사건의 비극성을 극대화시키는 기능을 한다.

|주제|
일제 강점기 하층민의 비참한 삶

1 김 첨지는 아픈 아내를 구박하며 원망스러움을 표현하고 있지만, 설렁탕을 사 주지 못하는 것에 미안함 또한 가지고 있다.

| 오답 풀이 |
① 아내가 병든 것에 안타까워하고 있지만 자신이 아무것도 해 주지 못하는 것에 분노하고 있지는 않다.
② 김 첨지가 인력거꾼으로 힘든 삶을 살고는 있지만 가족을 버리고 도망갈 생각을 하고 있지는 않다.
③ 김 첨지가 아내의 병을 자신의 탓으로 생각하는지 알 수 없고, 그 죄책감으로 남은 삶을 포기하려 한다는 내용 또한 나타나 있지 않다.
④ 김 첨지는 계속해서 병든 아내를 걱정하고 있으므로 아픈 아내에게 관심이 전혀 없다는 내용은 적절하지 않다.

2 눈이 올 듯 하다가 비가 추적추적 내린다는 배경 묘사는 행운이 따를 줄 알았다가 결국 불행을 맞게 되는 김 첨지의 비극적 삶을 암시하며, 동시에 비 때문에 조성되는 음울함과 쓸쓸함이 김 첨지의 심리 상태와 유사하므로 그의 심리를 암시한다고 볼 수 있다.

| 오답 풀이 |
① 제시된 부분은 소설의 '발단' 부분으로, 인물 간 갈등 해소의 실마리는 나타나 있지 않다.
② 눈이 올 듯 하다가 비가 내리는 것은 행운이 따르는 줄 알았으나 결국 불행이 닥쳐오는 김 첨지의 앞날을 암시한다고 볼 수 있다.
④ 비가 추적추적 내린다는 암울한 분위기가 앞으로 유쾌하고 흥미로운 사건이 전개될 것을 암시한다고 보기는 어렵다.
⑤ '비'는 김 첨지의 수입을 늘려 주는 행운의 요소가 된다.

3 ⓒ을 통해 김 첨지 가족의 궁핍한 삶을 엿볼 수 있다. 따라서 '삼십 일 동안 아홉 끼니밖에 먹지 못한다는 뜻으로, 몹시 가난함을 이르는 말.'인 '삼순구식(三旬九食)'이 ⓒ의 상황과 관련이 있다.

| 오답 풀이 |
① 구밀복검(口蜜腹劍): 입에는 꿀이 있고 배 속에는 칼이 있다는 뜻으로, 말로는 친한 듯하나 속으로는 해칠 생각이 있음을 이르는 말이다.
③ 금란지계(金蘭之契): 친구 사이의 매우 두터운 정을 이르는 말이다.
④ 후생가외(後生可畏): 젊은 후학들을 두려워할 만하다는 뜻으로, 후진들이 선배들보다 젊고 기력이 좋아, 학문을 닦음에 따라 큰 인물이 될 수 있으므로 가히 두렵다는 말이다.
⑤ 수주대토(守株待兔): 한 가지 일에만 얽매여 발전을 모르는 어리석은 사람을 비유적으로 이르는 말이다. 중국 송나라의 한 농부가 우연히 나무 그루터기에 토끼가 부딪쳐 죽은 것을 잡은 후, 그와 같이 토끼를 잡을까 하여 일도 하지 않고 그루터기만 지키고 있었다는 데서 유래한다.

4 이 글은 현재 장면에서 과거 회상 장면이 삽입되는 역행적 구성의 특성을 보여 준다. 제시된 부분에서는 김 첨지가 학생 손님과 협상을 하던 중에 아침에 들은 아내의 당부를 떠올리고 있다.

| 오답 풀이 |
① 이 글은 김 첨지가 행운을 얻는 동안 아내는 죽는다는 사건 하나만 전개되고 있다.
② 한 이야기 속에 다른 이야기가 들어 있는 것은 액자식 구성으로, 이 글과는 관련이 없다.
③ 김 첨지가 손님을 태우고 돌아다니므로 공간의 이동이 이루어진다고 볼 수는 있으나, 이에 따라 갈등이 해결되는 것은 아니다.
④ 이 작품은 전지적 작가 시점으로, 작품 밖 서술자가 전지적 시점에서 사건을 서술한다.

5 김 첨지는 앞에서 만난 행운보다 더 큰 행운으로 보이는 학생 손님에게 다소 큰 금액인 일 원 오십 전을 요구한다. 따라서 계속되는 행운이 불안하여 학생의 요금을 깎아 주었다는 내용은 적절하지 않다.

| 오답 풀이 |
① 아내의 "오늘은 나가지 말아요. 제발 덕분에 집에 붙어 있어요. 내가 이렇게 아픈데……."라는 말을 통해 알 수 있다.
② 학생의 "그래, 남대문 정거장까지 얼마란 말이오?"라는 말을 통해 알 수 있다.
③ 김 첨지의 "또 이런 진날에는 좀 더 주셔야지요."라는 말을 통해 알 수 있다.
⑤ 인력거 요금으로 일 원 오십 전을 요구한 김 첨지의 말에 학생이 "그러면 달라는 대로 줄 터이니 빨리 가요."라고 말한 것을 통해 알 수 있다.

6 김 첨지의 발걸음이 거뿐한 것은 돈을 많이 벌게 되어 기쁜 마음 때문이므로, 이를 복선이라고 보기는 어렵다.

| 오답 풀이 |
① 김 첨지가 오늘은 나가지 말라는 아내의 부탁이 마음에 켕긴 것은, 아내에게 무언가 일이 일어나지 않을까 하는 김 첨지의 불안감 때문이며, 이는 후에 아내의 죽음으로 실현되므로 복선이라고 보는 것이 적절하다.
② 아내가 김 첨지에게 오늘은 나가지 말라고 부탁한 것은 자신의 죽음을 예견했기 때문이라고 추측할 수 있으며, 따라서 이는 복선에 해당한다고 볼 수 있다.
③ 김 첨지가 집 근처를 지나다가 새삼스러운 염려를 느낀 것은 아픈 아내를 떠올렸기 때문이며, 이에 대한 염려는 바로 아내가 죽을지도 모른다는 불안감이 원인이므로 복선에 해당한다.
⑤ 김 첨지가 떠올린 아픈 아내의 모습은 가련하고 불쌍한 외양을 지니고 있다. 이는 아내가 앞으로 비극적 운명을 맞이하게 될 것 같다는 추측으로 연결되므로 복선에 해당한다고 볼 수 있다.

7 운이 좋아 돈을 많이 번 김 첨지가 아픈 아내가 먹고 싶어 한 설렁탕을 사 왔다. 이를 통해 아내에 대한 김 첨지의 사랑을 알 수 있지만 아내는 결국 설렁탕을 먹지 못하고 죽고 만다. 따라서 먹지 못한 설렁탕은 결말의 비극성을 심화시킨다고 볼 수 있다.

| 오답 풀이 |
① 김 첨지가 설렁탕을 가장 좋아하는지는 알 수 없다.

② 김 첨지가 술을 먹으면 매번 설렁탕을 사 오는지는 알 수 없다.
③ 설렁탕은 아내가 먹고 싶어 한 음식이므로 개똥이를 먹이기 위해 설렁탕을 사 왔다는 설명은 적절하지 않다.
④ 김 첨지가 인력거꾼 생활을 끝낼 수 있을지는 알 수가 없고, 설렁탕이 그런 가능성을 암시한다고 볼 수도 없다.

8 '빡빡하는 그윽한 소리'는 아들인 개똥이가 죽은 엄마의 빈 젖을 빠는 소리이기 때문에 김 첨지가 평소 집에서 아늑함을 느껴 왔음을 암시한다고 보기 어렵다.
| 오답 풀이 |
① '무시무시한 정적'에서 비극적 사건이 일어났음을 느낄 수 있다.
② 아픈 아내의 기침 소리가 더 이상 들리지 않는다는 것은 아내가 이미 죽었음을 암시한다.
③ '무덤'은 죽은 사람을 묻은 장소이므로, 아내의 죽음을 암시한다고 볼 수 있다.
⑤ 아기가 빈 젖을 빡빡 빤다는 것은, 엄마가 이미 죽어서 젖이 나오지 않음을 뜻하므로 아내의 죽음을 암시한다고 볼 수 있다.

9 이 글의 제목인 '운수 좋은 날'처럼 김 첨지는 매우 운수 좋은 하루를 맞는다. 하지만 생각보다 많은 돈을 번 '운수 좋은 날', 집에 돌아왔을 때에는 먹고 싶다던 설렁탕 한 그릇조차 못 먹고 젖먹이 아들을 남긴 채 아내는 이미 죽어 있다. 결국 김 첨지의 운수 좋은 날은 매우 운수 나쁜 날이었던 것으로 이는 상황적 반어에 해당한다.

---

07 토끼전

72~81쪽

간단 확인

1 ○   2 X   3 ○   4 X

문제

1 ⑤   **2** ④   **3** ⑤   **4** ④   **5** ⑤
6 ④   **7** ④   **8** ④   **9** ②

작품 독해

1 위기, 충성, 이기적
2 기지, 충성심, 지배층(집권층)
3 토끼전

사고력 키우기

예시 답

• 하나의 사회가 구성되고 안정적으로 운영되기 위해서는 그 구성원들이 각자 충실하게 자신의 역할을 다해야 한다. 개인적인 신념과 다르다는 이유로 자신이 해야 할 역할을 하지 않는 구성원이 늘어난다면 그 사회는 큰 혼란이 일어날 것이다. 따라서 자신의 직무를 수행하기 위해 최선을 다한 별주부의 행동은 긍정적으로 평가되어야 한다고 생각한다.

• 별주부는 자신에게 주어진 일에 최선을 다하는 성실하고 책임감이 강한 인물이라고 볼 수 있다. 하지만 생명은 귀천이 없이 모두 소중한 것이므로 용왕의 목숨을 살리기 위해 토끼의 목숨을 희생시키라는 지시에 따르는 것은 옳지 않은 행동이다. 책임감도 중요하지만 생명 존중이라는 올바른 가치를 간과하는 것은 범죄에 해당할 수도 있기 때문이다. 따라서 토끼를 위험에 처하게 한 별주부의 행동은 부정적으로 평가되어야 한다고 생각한다.

| 작품 해제 |
이 작품은 우화를 통해 인간 세상을 풍자하고 있는 판소리계 소설이다. 별주부와 토끼, 토끼와 용왕의 갈등 구조 속에서 위험에 처해 있던 토끼가 지혜롭게 위기를 극복한다는 내용은 표면적으로는 욕심을 부리다 위기에 처하는 토끼에 대한 비판, 별주부의 맹목적인 충성심에 대한 비판, 용왕의 이기적인 태도에 대한 비판으로 해석할 수 있다. 또한 이 작품이 창작된 당시의 현실과 연결시켜 이 작품을 해석한다면 지배층을 상징하는 용왕과 별주부가 피지배층을 상징하는 토끼를 괴롭힌다는 설정에서 지배층의 횡포를 비판한 것으로도 해석할 수 있다.

| 주제 |
❶ 토끼의 기지와 별주부의 충성심
❷ 조선 후기 무능한 지배층에 대한 비판

1 토끼가 부귀영화를 누리게 해 준다는 별주부의 말에 속 았다고 생각한 부분이나, "네 진정 임금을 위하는 정성이 있을진대, 어이 이러한 사정을 일언반구도 말하지 아니하였 는가?"라고 말하며 별주부를 꾸짖는 부분을 볼 때, 별주부 는 토끼에게 용왕의 상황을 이야기하지 않았음을 짐작할 수 있다.

2 용왕의 횡포에 고통받는 토끼는 권력에 괴롭힘을 당하 던 민중 혹은 피지배 계층을 대표한다고 할 수 있다. 하지 만 자라는 왕의 신하로 왕에게 충성하는 관리이므로, 자라는 지배 계층에 저항하기 위해 단결하는 피지배 계층의 모습을 나타낸다고 볼 수 없다.

3 '반포지효(反哺之孝)'는 '까마귀 새끼가 자라서 늙은 어 미에게 먹이를 물어다 주는 효(孝)라는 뜻으로, 자식이 자 란 후에 어버이의 은혜를 갚는 효성을 이르는 말.'이므로 ⓐ 과 관련이 없다.

|오답 풀이|
① 청천벽력(靑天霹靂): 맑게 갠 하늘에서 치는 날벼락이라는 뜻으로, 뜻밖에 일어난 큰 변고나 사건을 비유적으로 이르는 말이다.
② 감언이설(甘言利說): 귀가 솔깃하도록 남의 비위를 맞추거나 이로 운 조건을 내세워 꾀는 말이다.
③ 고립무원(孤立無援): 고립되어 도움을 받을 데가 없음을 뜻한다.
④ 하늘이 무너져도 솟아날 구멍이 있다: 아무리 어려운 경우에 처하 더라도 살아 나갈 방도가 생긴다는 말이다.

4 '대개 수궁은 육지의 사정에 밝지 못한 까닭에'라는 구 절을 참고할 때, 용왕은 육지의 사정에 밝지 못해서 간을 들이고 낸다는 토끼의 말을 믿고 있음을 알 수 있다. 따라 서 용왕이 육지의 사정에 밝다는 설명은 적절하지 않다. 용 왕은 처음에는 토끼의 말을 의심했지만 간을 들이고 낸다는 토끼의 말을 점차 믿게 되었고, 토끼를 달래서 토끼의 간을 얻어야겠다고 생각하였다.

5 용왕이 토끼를 토 선생으로 부르는 것은 자신의 목적 (토끼의 간을 얻어서 병을 고치는 것)을 달성하기 위해서이 므로 용왕이 상대방을 존중하는 인간의 유형이라는 설명은 적절하지 않다.

|오답 풀이|
① 우화는 인격화한 동식물이나 기타 사물을 주인공으로 하여 그들의 행동 속에 풍자와 교훈의 뜻을 나타내는 이야기이므로, 동물들의 특성에 주목하여 작품에서 이야기하고자 하는 바가 무엇인지 파 악해야 한다.
② 〈보기〉에서 우화는 사람들에게 교훈을 전달한다고 했으므로 위기 에 대처하는 토끼의 태도를 배워야겠다는 것은 적절한 반응이다.
③ 용왕의 잘못을 지적하는 자가사리의 행동은 소신이 있는 행동이라 고 할 수 있다.
④ 임기응변으로 위기를 극복하는 토끼는 지혜로운 인간의 유형을 형 상화한 것이라고 할 수 있다.

6 토끼는 자신의 특별함을 이야기하고, 용왕의 질문에 그 럴듯한 대답을 하여 그의 신뢰를 얻고 있다. 용왕은 처음에 는 간을 들이고 낼 수 있다는 토끼의 말을 믿지 않았지만, 토끼가 근거를 더하며 그럴듯하게 거짓말을 하자 점차 의심 을 해소하고 토끼의 말을 믿게 된다.

7 숲속으로 도망간 토끼가 이후에 어떻게 살았는지는 이 글에서 확인할 수 없다.

|오답 풀이|
① 용왕은 죽은 별주부를 불쌍히 여겨 후하게 장사를 지내 주었다.
② 별주부가 떠난 뒤 소식이 없자 용왕은 거북을 보내어 자세한 사정 을 알아 오게 하였고, 그 결과 별주부의 죽음을 알게 되었다.
③ 별주부는 토끼에게 속았다는 사실을 알게 되자 용왕과 다른 신하 들을 볼 면목이 없다면서 죽음을 결심하였다.
⑤ 용왕은 하늘의 명을 모르고 토끼의 목숨을 빼앗으려 했다면서 자 신의 행동을 반성하고, 신하들에게 토끼를 잡아들이지 못하게 하 였다.

8 〈보기〉에서는 관음보살이 별주부의 충성심과 정성에 감동하여 용왕의 병을 고칠 수 있는 약을 준다. 결국 별주 부의 충성심으로 문제가 해결되어 행복한 결말을 맞이하게 되므로, 〈보기〉는 별주부의 충성심을 긍정적으로 평가하고 있다고 할 수 있다. 이 글에서도 별주부는 충성스러운 모습 을 보이지만, 별주부가 비극적 죽음을 맞이하는 것으로 보 아 이 글에 비해 〈보기〉에서 별주부의 충성심을 좀 더 긍정 적으로 평가하고 있다고 볼 수 있다.

9 ⓛ은 수궁으로 빨리 돌아가자는 내용이므로 별주부가 토끼의 거짓말을 아직 눈치채지 못했음을 알 수 있다.

|오답 풀이|
① 육지에 무사히 도착한 토끼의 말로, 죽을 뻔하다가 살아난 토끼의 기쁨이 드러난다.
③ 용왕과 수궁 신하를 미련하고 어리석다고 한 데서 지배층에 대한 비판적인 시각을 확인할 수 있다.
④ 별주부가 용왕을 구하기 위해 토끼를 데리고 육지에 다시 왔음에 도 불구하고 자신의 충성심이 부족하여 토끼에게 속아 빈손으로 돌아가게 되었으니 용왕과 신하를 대할 면목이 없다고 하는 말에 서 별주부의 충성심을 알 수 있다.
⑤ 하늘의 명을 모르고 무고한 토끼의 목숨을 빼앗으려 했다는 내용 에서 용왕이 자신의 잘못을 반성하고 있음을 알 수 있다.

간단 확인

1 X　　2 ○　　3 X　　4 X

문제

1 ⑤　　2 ⑤　　3 ②　　4 ③　　5 ②

6 ③　　7 ⑤　　8 ③　　9 ⑤

작품 독해

1 궁궐(궁), 글, 안평 대군

2 사랑, 제도, 비극적

사고력 키우기

예시 답

• 궁녀는 일단 궁궐에 들어온 뒤에는 특별한 경우를 제외하고는 평생 궁중에서 살아야 했다. 특별한 경우에 궁에서 나가는 경우도 있었지만, 궁궐에서 나온 뒤에도 혼인이 금지되는 등 행동에 제약을 받았다. 이와 같은 처지에 있던 운영이 김 진사와 사랑을 나누고자 한 것은 숭고하고 용기 있는 태도라고 생각한다. 왜냐하면 자신이 김 진사와의 사랑을 선택하는 순간 비극적인 결말을 맞이할 것을 알면서도 당시의 사회 제도와 신분을 넘어서는 진취적인 사랑을 선택했기 때문이다.

| 작품 해제 |

이 작품은 궁녀 운영과 선비 김 진사의 사랑을 다룬 애정 소설로 세 가지 큰 특징을 지닌다. 첫 번째는 조선의 유교적인 관습과 궁녀라는 신분적 제약을 뛰어넘는 남녀 간의 비극적인 사랑을 소재로 다룸으로써 고전 소설에서 보기 드물게 비극적인 결말을 보여 준다는 것이다. 두 번째는 꿈속의 일을 소재로 하여 구성된 몽유록의 형식을 취하고 있다는 것과, 그 안에 다시 액자식 구성을 택하여 작품 내부를 구성한 것이다. 즉 유영에 대한 외부 이야기와 김 진사와 운영에 대한 내부 이야기로 구성되어 있는데, 내부 이야기에서 운영과 김 진사가 그들의 사랑 이야기를 직접 전달하게 함으로써 사실감과 감동을 더해 준다. 세 번째는 이 소설이 단순히 남녀 간의 사랑만을 다룬 애정 소설이 아니라 전통과 관습만을 중시하는 유교 사회의 모순을 비판하고, 중세 봉건 질서의 장벽을 뛰어넘어 자유연애를 쟁취하려는 선구적인 시대 의식도 담고 있다는 것이다.

| 주제 |

❶ 이루어질 수 없는 남녀의 비극적 사랑

❷ 억압된 삶에 대한 저항, 자유연애 사상

1 판소리 사설과 관련된 소설을 판소리계 소설이라고 하는데, 이 글은 판소리와는 관련이 없는 소설이다. 판소리계

소설로는 「춘향전」, 「심청전」, 「흥부전」 등이 대표적이다.

| 오답 풀이 |

① 이 글은 안평 대군의 궁녀인 운영과 선비 김 진사의 사랑을 소재로 한다.

② 안평 대군과 김 진사의 대화를 통해 상대를 배려하는 두 인물의 태도와 겸손한 성품 등이 나타나 있다.

③ 이 글은 안평 대군의 거처인 수성궁을 공간적 배경으로 한다.

④ 김 진사의 외양을 묘사하는 부분에서 비유적 표현이 사용되고 있다.

2 이 작품의 내부 이야기는 1인칭 주인공 시점으로 서술되고 있다. 이에 따라 주인공인 운영의 심리가 잘 드러나고 있다.

| 오답 풀이 |

① 서술자인 운영은 자신의 입장에서 사건을 전달하고 있을 뿐, 상황을 엉뚱하게 전달하고 있지는 않다.

② 주인공의 입장에서 다른 인물의 심리를 주관적으로 서술하고 있다.

③ 독자는 주인공이 전달하는 내용만 알 수 있으므로 사건에 대해 객관적으로 접근할 수 있다고 보기는 어렵다.

④ 사회적 현실과 등장인물에 대한 비판적 태도는 나타나지 않는다.

3 운영이 김 진사를 보고 정신이 어지럽고 가슴이 울렁거렸다는 것은 운영이 김 진사에게 사랑의 감정인 연정(戀情)을 품게 되었음을 의미한다.

| 오답 풀이 |

① 우애(友愛): 형제간 또는 친구 간의 사랑이나 정분을 뜻한다.

③ 동정(同情): 남의 어려운 처지를 자기 일처럼 딱하고 가엾게 여김을 뜻한다.

④ 공감(共感): 남의 감정, 의견, 주장 따위에 대하여 자기도 그렇다고 느낌. 또는 그렇게 느끼는 기분을 뜻한다.

⑤ 교감(交感): 서로 접촉하여 따라 움직이는 느낌을 뜻한다.

4 김 진사가 지은 시는 자연 속에서 풍류를 즐기는 선비들의 유유자적하는 삶을 노래한 것으로, 대군에 대한 진사의 생각을 드러내고 있지는 않다.

5 이 글의 '작은 소리에도 혹시나 하여 마음이 두근두근 놀라곤 했지.'를 통해 '나'(운영)가 김 진사와의 만남에 대한 기대감을 가지고 있다는 것을 알 수 있다. 또한 〈보기〉의 '떨어지는 나뭇잎 소리와 바람 부는 소리에 혹시 임이 오는 소리가 아닌가 하노라.' 부분을 통해 〈보기〉의 화자도 임과의 만남을 기대하고 있음을 알 수 있다.

| 오답 풀이 |

① 〈보기〉의 화자는 임을 원망하지 않고 그리워한다.

③ 이 글의 '나'는 임을 만나지 못할 뿐, 임과 이별한 상태라고 말할 수는 없다.

④ 〈보기〉에서 화자는 바람 소리를 듣고 임이 온 것으로 착각하고 있지만 바람을 통해 감정을 위로받았다고 보기는 어렵다.

⑤ 김 진사가 '나'의 마음을 모른다는 것도 〈보기〉에서 임이 '나'의 마음을 알고 있다는 것도 분명하게 드러나지 않는다.

6 ㉠은 우열을 가리기 어려운 상황이므로 '누구를 형이라 하고 누구를 아우라 하기 어렵다는 뜻으로, 두 사물이 비슷하여 낫고 못함을 정하기 어려움을 이르는 말.'인 '난형난제(難兄難弟)'가 가장 적절하다.

| 오답 풀이 |
① 갑남을녀(甲男乙女): 갑이란 남자와 을이란 여자라는 뜻으로, 평범한 사람들을 이르는 말이다.
② 고장난명(孤掌難鳴): 외손뼉만으로는 소리가 울리지 아니한다는 뜻으로, 혼자의 힘만으로 어떤 일을 이루기 어려움을 이르는 말이다. 또는 맞서는 사람이 없으면 싸움이 일어나지 아니함을 뜻한다.
④ 침소봉대(針小棒大): 작은 일을 크게 불리어 떠벌림을 뜻한다.
⑤ 호형호제(呼兄呼弟): 서로 형이니 아우니 하고 부른다는 뜻으로, 매우 가까운 친구로 지냄을 이르는 말이다.

7 〈보기〉의 모든 행동은 운영이 김 진사를 보고 싶거나 그리워하여 한 행동이다. 운영은 진사 앞에 대군의 허락 없이 나올 수 없어 문틈으로 엿보거나 벽에 구멍을 내고 들여다보았다. 그리고 자신의 마음을 담은 시를 쓰고 그것을 김 진사에게 전달하기 위해 시와 금비녀 한 쌍을 함께 쌌다.

8 이 글에는 시가 삽입되어 등장인물의 생각이나 감정을 간접적으로 전달하고 문학적 효과를 높이고 있다. 운영이 김 진사에게 전달한 시에는 김 진사를 흠모하지만 부부의 인연을 맺지 못하는 운영의 안타까운 마음이 담겨 있다. 따라서 이 시에서의 '원망'은 김 진사와 부부의 인연을 맺지 못하는 운영 자신의 처지에 대한 원망이므로 김 진사에 대한 운영의 원망스러움이라고 볼 수 없다.

9 ㉠은 운영의 마음과 김 진사의 마음이 서로 통한 상황으로, 이를 나타내는 한자 성어는 '이심전심(以心傳心)'이다.

| 오답 풀이 |
① 우연지사(偶然之事): 우연히 일어난 일을 의미한다.
② 우공이산(愚公移山): 우공이 산을 옮긴다는 뜻으로, 어떤 일이든 끊임없이 노력하면 반드시 이루어짐을 이르는 말이다. 우공(愚公)이라는 노인이 집을 가로막은 산을 옮기려고 대대로 산의 흙을 파서 나르겠다고 하여 이에 감동한 하느님이 산을 옮겨 주었다는 데서 유래한다.
③ 권토중래(捲土重來): 어떤 일에 실패한 뒤에 힘을 가다듬어 다시 그 일에 착수함을 비유하여 이르는 말이다.
④ 과유불급(過猶不及): 정도를 지나침은 미치지 못함과 같다는 뜻으로, 중용(中庸)이 중요함을 이르는 말이다.

---

09 양반전

92~101쪽

간단 확인

1 X   2 X   3 O   4 X

문제

1 ②   2 ④   3 ⑤   4 ④   5 ⑤
6 ⑤   7 ②   8 ①   9 ①

작품 독해

1 양반, 부자, 군수
2 관곡, 신분 제도
3 형식(허례허식), 허례허식, 비판

사고력 키우기

예시 답

• 부자가 양반이 되기를 희망한 까닭은 양반이 아니라는 사실 때문에 천대를 받았기 때문이다. 당시에 신분은 자신의 노력이나 능력과는 상관이 없이 주어지는 것이었으므로 신분 때문에 차별을 받는 것은 부자에게 큰 상처가 되었을 것이다. 따라서 부자가 자신의 노력으로 얻은 경제력을 바탕으로 양반 신분을 사려고 한 것은 그럴 만한 충분한 이유가 있다고 생각한다. 물론 돈으로 모든 문제를 해결하려는 태도는 바람직하지 않지만 부자가 양반 신분이 되기 위한 수단은 돈밖에 없었다는 것도 고려해야 한다. 따라서 돈으로 양반 신분을 사려고 하는 부자의 행동은 정당하다고 생각한다.

| 작품 해제 |
이 작품은 부자가 돈으로 양반 신분을 사려고 하다가 양반의 실상을 알게 된 후 양반이 되기를 포기한다는 내용을 통해 양반의 모습을 풍자하는 소설이다. 작가는 경제적으로 무능한 양반과 경제적으로 능력이 있는 평민 부자가 돈으로 양반 신분을 매매한다는 설정을 통해 조선 후기 신분 제도의 동요라는 사회적 변화를 실감 나게 드러내고 있다. 이 소설에서는 두 차례에 걸쳐 작성한 양반 매매 증서의 내용을 통해 양반의 모습을 풍자하고 있다. 첫 번째 양반 매매 증서에는 양반이 지켜야 할 의무와 규범에 대한 내용을 제시함으로써 양반의 무위도식하는 비생산성과 위선적인 허례허식을 비판하고, 두 번째 양반 매매 증서에는 양반의 특권을 강조하는 내용을 제시함으로써 백성들에 대한 양반의 수탈과 횡포를 비판하고 있다. 이때 양반의 모습을 과장하고 희화화함으로써 양반에 대한 비판의 효과를 극대화하고 있다.

| 주제 |
양반의 무능, 위선, 허례허식, 부도덕성, 특권 의식 비판

1 이 글에서는 관곡을 갚지 못하고 그 해결 방법도 찾지 못한 채 울기만 하는 양반의 모습을 제시하고 있다. 이는 "양반, 양반 하더니 그놈의 양반이라는 게 한 푼어치도 못 되는 것이구려!"라는 아내의 말을 통해 양반의 경제적인 무능력함을 비판한 것이다.

2 부자가 "아무리 가난해도 양반이라 하면 사람들은 그를 존경하는데 우리는 아무리 돈이 많아도 늘 천대받고 살지 않느냐."라고 말한 것을 통해 부자의 평소 생각을 짐작할 수 있다.

|오답 풀이|
① 관찰사는 군수에게 양반을 잡아들이라 명하였다.
② 군수는 관찰사의 명령을 받았지만, 이러지도 못하고 저러지도 못하였다.
③ 신분 거래를 제안한 것은 부자이다.
⑤ '고을에 군수가 부임해 올 때면 늘 이 양반을 먼저 찾아가 그에게 경의를 표했다.'라는 부분에서 알 수 있듯이, 모든 사람에게 좋은 평가를 받지 못했다는 설명은 적절하지 않다.

3 부자가 양반의 빚을 대신 갚아 주고 양반 신분을 사고자 하며 가족들과 상의하는 부분에서 양반 신분을 사고파는 일이 존재했던 당시의 사회적 상황을 엿볼 수 있다. 양반 자리를 사고파는 행위를 범죄로 여겼다는 내용은 확인할 수 없다.

|오답 풀이|
① 양반의 경제적인 무능력을 비판하고 부자가 돈으로 양반의 신분을 사는 것에서 물질적 가치가 중요해졌음을 확인할 수 있다.
② 부자가 관곡을 갚아 주고 양반의 신분을 산 것에서 확인할 수 있다.
③ 양반의 신분을 사고판다는 것에서 확인할 수 있다.
④ 관곡을 빌리고 갚지 못하는 양반의 처지에서 확인할 수 있다.

4 제시된 부분의 증서에는 양반 신분이 살 만한 가치가 있다는 사실은 드러나지 않는다. 다만, 공허한 관념과 체면, 형식을 중시하여 현실적으로 무능하고 비생산적인 양반의 모습이 풍자적으로 드러날 뿐이다. 따라서 부자의 태도로 볼 때 제시된 부분의 증서에서 언급하고 있는 양반 신분은 살 만한 가치가 없다는 내용으로 이해하는 것이 적절하다.

|오답 풀이|
①, ③ 제시된 부분의 증서에는 오경에 일어나 『동래박의』 줄줄 외우기, 손에 돈을 쥐어서는 안 되고 쌀값도 묻지 말기, 버선 신기 등 양반이 지켜야 할 규범과 의무가 기록되어 있는데, 그 의무는 체면을 지키기 위해 형식적인 부분만 강조하는 것이라고 할 수 있다.
② 제시된 부분의 증서에는 양반의 신분을 관곡 천 석에 팔았다는 내용이 기록되어 있다.
⑤ 제시된 부분의 증서에는 양반의 종류와 양반이라는 단어의 뜻이 기록되어 있다.

5 ㉤은 돈과 관련된 것을 천하게 여기며 상업을 경시하는 양반들의 의식이 반영된 부분이다.

6 이 글에는 공허한 체면과 형식만 지나치게 강조하는 양반의 모습이, 〈보기〉에는 경제적인 문제를 해결하지 못하는 양반의 모습이 드러난다. 즉, 이 글과 〈보기〉 모두 현실의 문제에는 관심이 없는 양반의 태도가 드러난다.

|오답 풀이|
① 〈보기〉에도 양반의 부정적인 측면(경제적인 문제를 해결하지 못함)이 드러난다.
② 이 글과 〈보기〉 모두 양반의 부정적인 측면이 드러난다.
③, ④ 이 글과 〈보기〉 모두 드러나지 않는 내용이다.

7 ㉢은 양반들이 사회 · 정치 · 경제적으로 특별한 권리를 누리고자 하는 의식이 드러난 부분이다. 당시 사람들이 양반을 긍정적으로 평가했음을 나타내는 것이 아니다.

|오답 풀이|
① ㉠은 양반이 지녀야 할 자세로 다른 사람에게 보이기 위한 형식적인 것을 의미한다.
③ ㉡은 벼슬을 하면 쉽게 돈을 벌 수 있다는 것으로 양반들이 부당하게 물질적인 이득을 취했음을 의미한다.
④ ㉣은 집안이나 권력을 가진 남인의 힘에 따라 인재 등용이 이루어진다는 것으로 당시 인재 등용이 공정하지 못했음을 의미한다.
⑤ ㉤은 양반들이 시골에 사는 백성들을 마음대로 움직일 수 있다는 것으로 양반들이 자신들의 특권을 이용하여 백성을 함부로 괴롭히고 이용했음을 짐작할 수 있게 한다.

8 두 번째 증서에서 양반은 자신의 지위를 이용해서 권세와 부를 누리고 백성들을 괴롭히는 모습으로 나타난다. 따라서 '세금을 가혹하게 거두어들이고, 무리하게 재물을 빼앗음.'이라는 뜻의 '가렴주구(苛斂誅求)'가 양반의 모습과 비슷하다.

|오답 풀이|
② 교각살우(矯角殺牛): 소의 뿔을 바로잡으려다가 소를 죽인다는 뜻으로, 잘못된 점을 고치려다가 그 방법이나 정도가 지나쳐 오히려 일을 그르침을 이르는 말이다.
③ 어불성설(語不成說): 말이 조금도 이치에 맞지 아니함을 뜻한다.
④ 망운지정(望雲之情): 자식이 객지에서 고향에 계신 어버이를 생각하는 마음을 뜻한다.
⑤ 인면수심(人面獸心): 사람의 얼굴을 하고 있으나 마음은 짐승과 같다는 뜻으로, 마음이나 행동이 몹시 흉악함을 이르는 말이다.

9 풍자는 공격적인 웃음으로 상대방을 비판하는 표현 방식이다. 따라서 글쓴이가 양반에 대한 애정을 갖고 있기 때문에 양반을 풍자한 것이라고 할 수는 없다.

10 목걸이

102~111 쪽

간단 확인

1 X   2 ○   3 X   4 X

문제

1 ④   2 ③   3 ⑤   4 ②   5 ⑤
6 ②   7 ④   8 ③   9 ④

작품 독해

1 허영심, 만족
2 무도회(파티), 욕망(허영심)
3 목걸이, 가짜, 주제

사고력 키우기

| 예시 답 |

• 이 소설에서는 목걸이를 빌려서 무도회에 참석하는 루아젤 부인의 모습을 부정적으로 평가하고 있다. 그러나 나는 루아젤 부인의 이러한 행동이 반드시 부정적인 것만은 아니라고 생각한다. 사람은 누구나 다른 사람에게 좋은 모습으로 기억되고 싶은 욕구가 있기 때문에 루아젤 부인이 자신의 모습을 돋보이게 하고 싶어 하는 것은 당연한 심리라고 생각한다. 또한 루아젤 부인은 목걸이를 빌릴 때 거짓말을 하거나 터무니없는 핑계를 댄 것이 아니라 자신의 처지를 솔직하게 말하고 양해를 구했다. 따라서 이렇게 빌린 목걸이로 자신의 모습을 꾸민 것이 문제가 되는 행동이라고 생각하지 않는다. 만약 목걸이를 잃어버리지 않았다면 행복한 결말에 다다를 수 있었을 것이고, 그렇다면 루아젤 부인의 삶도 비극적이지 않았을 것이라고 생각한다.

| 작품 해제 |

이 작품은 루아젤 부인이 다이아몬드 목걸이를 잃어버린 사건을 통해 인간의 본질에 대해 탐구하는 단편 소설이다. 아름답지만 가난한 루아젤 부인은 무도회에 참석하기 위해 친구에게 다이아몬드 목걸이를 빌리고, 무도회에서 사람들의 주목을 받는다. 루아젤 부인은 행복을 경험한 후 목걸이를 잃어버린 사실을 알게 되고, 똑같은 목걸이를 사기 위해 빚을 진 그녀는 십 년 동안 힘든 삶을 살게 된다. 그런데 그 목걸이가 가짜였다는 사실이 드러나면서 소설은 끝난다. 작가는 인간의 욕망과 허영심으로 상징되는 목걸이를 통해 인간의 욕망과 허영심이 삶에 미치는 영향에 대해 성찰하고 있으며, 극적인 반전으로 주제 의식을 강하게 드러내고 있다.

| 주제 |

인간의 어리석은 욕망이 가져온 비극

1 루아젤 부인은 보석으로 자신을 꾸며서 멋진 모습으로 무도회에 참여하지 못한다면 파티에 나가지 않는 것이 낫다고 생각한다. 따라서 루아젤 부인은 과시욕이 있으며 남의 이목을 지나치게 신경 쓰는 인물이라고 할 수 있다.

2 〈보기〉에서는 루아젤 부인이 자신을 돋보이게 하기 위해 친구의 목걸이를 빌린다고 하였다. 따라서 루아젤 부인은 친구에게 빌린 다이아몬드 목걸이를 통해 자신을 돋보이게 하려고 한다는 것을 알 수 있다.

3 루아젤 부인은 포레스티에 부인에게 보석을 빌리면서도 염치없이 계속해서 다른 보석을 보여 줄 것을 요구하고 있다. 따라서 '매우 염치없음을 비유적으로 이르는 말.'인 '봉당을 빌려주니 안방까지 달란다'가 [A]와 같은 루아젤 부인의 태도를 가장 잘 나타낸다.

| 오답 풀이 |

① 당나귀 귀 치레: 당나귀의 큰 귀에다 여러 가지 치레를 잔뜩 한다는 뜻으로, 당치도 않은 곳에 어울리지 않게 쓸데없는 치레를 하여 오히려 겉모양을 흉하게 만듦을 비유적으로 이르는 말이다.
② 죽 쒀서 개 준다: 애써 한 일을 남에게 빼앗기거나, 엉뚱한 사람에게 이로운 일을 한 결과가 되었음을 이르는 말이다.
③ 술 받아 주고 뺨 맞는다: 술을 받아서 대접해 주고는 오히려 뺨을 맞는다는 뜻으로, 남을 잘 대접하고 나서 오히려 그에게 해를 입는 경우를 비유적으로 이르는 말이다.
④ 고기도 저 놀던 물이 좋다: 평소에 낯익은 제 고향이나 익숙한 환경이 좋다는 말이다.

4 루아젤 부인은 낡고 초라한 웃옷이 털옷으로 치장한 다른 여자들의 눈에 뜨이지 않도록 몸을 피하려고 하였다.

| 오답 풀이 |

① 루아젤 부인은 감기에 걸릴 것을 걱정하는 남편의 말을 전혀 귀담아듣지 않고 층계를 내려갔다.
③ 루아젤이 아내를 안쓰러워한다는 내용은 찾아볼 수 없다.
④ 루아젤 부인이 새벽까지 무도회를 즐기는 동안 루아젤은 응접실에서 졸고 있었다.
⑤ 루아젤 부인이 무도회에서 주목을 받은 것은 맞지만 루아젤이 그것을 어떻게 생각했는지는 확인할 수 없다.

5 〈보기〉에서 작가는 루아젤 부인이 파티에서 사람들의 주목을 받아 감정이 최고조에 이르렀을 때 목걸이를 잃어버린 사건으로 전환시킴으로써 감정의 변화를 극명하게 드러내고 있다고 하였다. 따라서 루아젤 부인이 파티에서 느낀 감정과 목걸이를 잃어버린 후의 감정은 작가가 의도한 것으로, 서로 깊은 연관이 있다고 볼 수 있다.

6 ㉠ 이후의 부분에서 루아젤 부인은 다시 한 번 자신의 화려한 모습을 보기 위해 거울을 본다. 이를 통해 루아젤 부인이 무도회가 끝난 것에 대해 아쉬워한다는 사실을 알 수

정답과 해설 • 17

있다.

7 이 글의 중심 사건은 루아젤 부인이 빌린 목걸이를 잃어버린 후 온갖 고생을 한 것이다. 이 글에서는 이러한 사건을 루아젤 부인을 중심으로 하여 서술하고 있으므로, 사건의 다양한 측면을 입체적으로 서술하고 있다는 설명은 적절하지 않다.

| 오답 풀이 |

① '십 년이 흐른 뒤에야 모든 빚을 청산할 수 있었다. 고리대금의 이자를 비롯하여 묵은 이자의 이자까지 모두 갚게 되었던 것이다.'와 같이 서술자가 사건을 요약하여 제시하고 있다.

② 루아젤 부인을 십 년 간 고생시킨 목걸이가 실은 가짜라는 반전의 결말이 드러난다.

③ '인생이란 기이하기도 하고 허무한 것이야! 대수롭지 않은 일이 파멸을 가져오기도 하고 구원을 주기도 하고!'와 같이 중심 사건의 의미를 직접적으로 드러내고 있다.

⑤ 루아젤 부인의 초라한 외양 묘사를 통해 그녀가 억세고 완강하고 가난한 살림꾼 아낙네가 되어 버렸음을 드러내고 있다.

8 루아젤 부인은 목걸이 값을 치르느라고 십 년이나 걸렸지만 이제 다 갚아서 마음이 이렇게 후련할 수가 없다고 말하였다.

| 오답 풀이 |

① 포레스티에 부인은, 십 년 동안 고생을 많이 하여 늙고 추레해진 루아젤 부인을 알아보지 못한 것이다.

② 루아젤 부인은 자신을 알아보지 못하는 포레스티에 부인에게 먼저 말을 걸었으므로 부끄럽게 생각했다고 볼 수 없다.

④ 포레스티에 부인은 루아젤 부인을 가엾게 생각했다.

⑤ 포레스티에 부인이 루아젤 부인을 가엾게 생각한 것은 나타나 있지만, 그녀의 허영심에 대한 생각은 나타나 있지 않다.

9 〈보기〉에서는 소설이 인간과 사회의 보편적인 모습을 담고 있다는 것을 설명하고 있다. 따라서 이 글이 오래 전 프랑스를 배경으로 한 소설이라 하더라도 그 안에 담겨 있는 인간과 사회의 보편적인 모습(인간의 허영심, 욕망 등)에 공감하며 작품을 감상할 수 있다.

Ⅱ 시

| 01 ⑤ | 02 ④ | 03 ② | 04 소년(남자아이) |
| 05 (1) 시각적 심상 (2) 촉각적 심상 (3) 공감각적 심상 |
| 06 ② | 07 ④ | 08 ④ |

01 답 ⑤

시적 화자는 시인의 정서와 생각이 투영된 인물로, 시적 화자가 시인 자신일 수도 있지만 시인이 항상 시적 화자가 되어 주제를 전달하지는 않는다.

02 답 ④

시에서 글자 수, 운율 등을 일정한 규칙에 맞추어 쓴 시를 일컫는 말은 '정형시'이다.

03 답 ②

시적 화자는 시에 직접적으로 드러나기도 하지만, 직접적으로 드러나지 않은 채 시적 상황을 전달하는 역할만을 하기도 한다.

04 답 소년(남자아이)

'엄마', '누나'라는 표현으로 볼 때, 제시된 시의 화자는 어린 남자아이임을 알 수 있다.

05 답 (1) 시각적 심상 (2) 촉각적 심상 (3) 공감각적 심상

(1)은 '어두운, 바알간'에서 시각적 심상이 느껴진다. (2)는 '서느런 옷자락'에서 촉각적 심상이 느껴진다. (3)은 '푸른 휘파람 소리'에서 청각의 시각화, 즉 공감각적 심상이 느껴진다.

06 답 ②

②에는 은유법이 사용되었고, 나머지에는 모두 직유법이 사용되었다.

07 답 ④

제시된 시구에는 당연한 이야기를 의문문의 형식으로 표현하는 설의법이 사용되었다.

08 답 ④

제시된 시구에는 '슬픔'이 '찬란'하다고 모순되게 표현하였으므로 역설법이 사용되었다.

118~121쪽

문제

1 ⑤   **2** ②   **3** ④

작품 독해

1 풍요로운, 소망, 광복(독립)
2 푸른 바다, 은쟁반, 색채 대비
3 조국 광복(독립)

사고력 키우기

[예시 답]

• 〈보기〉에서는 시인이 투철한 독립운동가였다는 점에 주목하여 이 작품을 일제 강점기의 항일 독립 정신의 발로라는 측면에서 해석할 수 있다고 설명하고 있다. 이를 고려할 때 화자가 기다리는 '손님'은 조국의 광복이나 독립운동에 투신하는 독립 투사로 해석할 수 있으며, '고달픈 몸으로 / 청포(靑袍)를 입고 찾아온다고 했으니'라는 구절은 비록 '고달픈' 시련의 과정을 거치겠지, 희망을 상징하는 '청포'를 입은 것처럼 반드시 조국의 광복이 찾아올 것이라는 기대와 확신, 소망을 드러낸다고 해석할 수 있다.

| 작품 해제 |

이 작품은 이육사의 대표작 중 하나로, 1939년 8월호 『문장』지에 발표된 시이다. 이 시에서 시적 화자는 정성스러운 태도로 손님을 기다리면서 손님과 함께 청포도를 먹기를 염원하고 있다. 이는 평화롭고 풍요로운 세계를 소망하는 시적 화자의 마음을 나타낸 것으로 여기에서 평화롭고 풍요로운 세계는 청포도가 익어 가는 칠월의 내 고장과 같은 모습으로 묘사된다. 그런데 이 시가 창작된 시대적 배경과 시인의 삶을 고려한다면, 이 시에서 염원하고 있는 평화롭고 풍요로운 세계는 단순한 관념적 이상향의 세계가 아니라 광복된 조국의 모습으로 볼 수 있다. 이 시가 창작된 시기는 일제 강점기였으며, 시인은 항일 독립운동가로서 독립 의식을 고취하려는 목적에서 이 시를 창작했다고 볼 수 있기 때문이다. 이런 관점에서 시적 화자가 기다리는 '손님'은 '조국의 광복', 혹은 '광복을 가져다 줄 독립운동가'라고 볼 수 있으며, 정성스레 준비하며 손님을 기다리는 시적 화자는 경건한 마음으로 조국의 광복을 기다리고 소망하는 사람으로 볼 수 있는 것이다. 특히 이 작품에서는 이와 같은 내용을 '청포도', '손님' 등의 상징적 시어와 흰색과 푸른색의 색채 대비를 통해 형상화함으로써 주제를 효과적으로 전달하고 있다.

| 주제 |

❶ 조국 광복에 대한 염원
❷ 평화롭고 풍요로운 삶에 대한 소망

1 이 시에서 '청포도'는 내 고장 칠월에 풍성하게 열리는 과일로, 풍요롭고 평화로운 삶을 상징하며, 시적 화자는 이러한 삶을 소망한다. 그러나 '청포도'가 돌아오지 않는 과거에 대한 향수를 의미하지는 않는다. 시적 화자는 '청포도'가 열릴 시절이 앞으로 도래할 것을 믿고 소망하고 있기 때문이다.

| 오답 풀이 |

① 1연의 내용을 통해 '청포도'가 고향 여름의 풍요로움을 의미함을 확인할 수 있다.
② '청포도'가 '주저리주저리 열리고', '알알이 들어와 박혀' 푸른색으로 익어 가는 모습을 통해 풍요로움과 평화로운 삶을 떠올릴 수 있다.
③ '청포도'에는 꿈과 희망의 대상이라고 할 수 있는 '하늘'이 '알알이 들어와 박혀' 있다고 하였다.
④ 시적 화자는 '청포도'를 손님과 함께 먹을 수 있기를 바라고 있다.

2 3연에서는 '푸른 바다'의 푸른색과 '흰 돛단배'의 흰색의 색채 이미지를 대조하여 대상의 모습을 선명하게 형상화하고 있다.

| 오답 풀이 |

① '청포도'에서 푸른색만이 연상되므로 색채 대비라 할 수 없다.
③ '청포'에서 푸른색만이 연상되므로 색채 대비라 할 수 없다.
④ '포도'에서 푸른색이 연상된다고 할 수 있지만, 대비되는 색채는 제시되어 있지 않다.
⑤ '은쟁반'과 '하이얀 모시 수건'에서 흰색만이 연상되므로 색채 대비라 할 수 없다.

3 이 시의 시적 화자가 '은쟁반'과 '하이얀 모시 수건'을 마련하라고 한 것은 귀하디 귀한 손님이 왔을 때, 이 손님을 경건한 태도로 정성을 다해 모시려고 하기 때문이다. '은'과 '하이얀'의 흰색에서 연상되는 깨끗함과 순수함은 이러한 시적 화자의 태도를 더욱 두드러지게 한다.

문제

1 ⑤   2 ⑤   3 ④

작품 독해

1 광명, 어둠, 화합

2 밝음, 어둠

3 평화

사고력 키우기

예시 답

• 이 시는 밝음과 어둠(긍정과 부정)이라는 대립적 구도를
보이고 있다. '어둠', '달밤', '눈물 같은 골짜기'는 부정적
이미지의 시어이고, '해', '청산', '양지', '애띠고 고운 날'
은 긍정적 이미지의 시어들이다. 부정적 이미지의 시어들
은 어두운 현실을 상징하고, 긍정적 이미지의 시어들은
현재의 혼란스럽고 암울한 현실을 극복한 밝고 평화로우
며 화합하는 세계를 상징한다고 생각한다.

|작품 해제|

이 작품은 어둠과 밝음의 이미지를 대립적 구도로 배치하여 어둠의
세계가 가고 밝고 평화로운 화합의 세계가 오기를 바라는 시적 화자
의 소망을 노래한 시이다. 1연에서는 '해야 솟아라'를 반복함으로써
현재 살아가고 있는 현실(해가 비치지 않는 어둠과 같은 절망적인 세
계)이 가고 해가 솟은 밝은 세계가 오기를 소망하는 시적 화자의 바
람을 드러내고 있다. 2연에서는 '달밤이 싫어'를 반복함으로써 시적
화자가 절망적인 세계를 거부하기 때문에 해를 기다리고 있음을 알
수 있다. 3연에서는 해가 떠오른 세계의 모습을 '청산'으로 구체화하
여 드러냄으로써 새로운 세계에 대한 시적 화자의 소망을 다시 한번
나타내고 있고, 4연과 5연에서는 약자로 대변되는 사슴, 강자로 대변
되는 칡범과 시적 화자가 함께 어울리는 모습을 통해 모든 생명체들
이 서로 화합하고 공존하는 날을 꿈꾸고 있음을 보여 주고 있다. 마
지막으로 6연에서는 화합과 공존의 세계를 '애띠고 고운 날'에 비유
함으로써 시적 화자의 소망을 다시 한번 강조하고 있다. 특히 이 시
는 시대적 상황에 따라 다양하게 해석이 가능한데, 만약 이 시가 일
제 강점 당시에 창작이 되었다면 이 시는 조국의 광복을 염원하는 우
리 민족의 바람이 담긴 것이라고 해석할 수 있고, 광복 이후에 창작
이 되었다면 이념적 대립으로 혼란스러운 현실을 극복하고 민족의
화합과 평화를 이룬 이상적인 세계 건설에 대한 우리 민족의 소망이
담긴 것이라고 해석할 수 있다.

|주제|

화합과 평화의 세계에 대한 소망

1 시적 화자는 시인의 정서와 생각이 투영된 인물로, 시
의 표면에 직접적으로 드러날 수도 있고, 겉으로 드러나지
않고 숨어 있을 수도 있다. 이 시에서는 '나'라는 시적 화자
가 대상에 대한 정서나 생각을 직접적으로 전달하고 있다.

|오답 풀이|

① '말갛게 씻은 얼굴', '애띤 얼굴', '네가 오면', '너를 만나면' 등에서
'해'에 인격을 부여했음을 알 수 있다. 이를 통해 사랑과 평화가 가
득한 이상 세계의 도래를 바라고 있다.

② '해야 솟아라', '달밤이 싫어', '청산이 좋아라' 등의 시구를 반복하
여 시적 화자의 소망을 강조하고 있다.

③ '해'와 '달밤'이라는 밝음과 어둠의 대립적 구도를 활용하여 주제
를 형상화하고 있다.

④ '달밤'으로 상징되는 어둡고 부정적 현실에서 벗어나 '해'가 솟아
광명의 세계가 되기를 바라는 소망을 표현하고 있다.

2 '해'는 사회적으로 혼란스러운 시기에서 벗어나 모든 존
재가 평화롭게 공존할 수 있는 세상을 상징한다. 따라서
'해'가 강력한 권력을 바탕으로 민족 분열을 통합할 지도자
를 상징한다고 보기는 어렵다.

|오답 풀이|

① 민족이 좌익과 우익으로 분열된 어두운 시기에 밝은 '해'가 뜨는
것은 민족이 하나로 화합하는 세계를 상징한다고 할 수 있다.

② '해'가 비치고 어둠이 걷힌 광명의 세상은 혼란스러운 사회에서 벗
어난 민족의 밝은 미래를 상징한다고 할 수 있다.

③ '해'는 사회적 혼란이라는 어둠을 밝은 세계로 바꿔 주는 것이므로
공존과 번영을 이루는 민족을 상징한다고 할 수 있다.

④ 어둠의 이미지로 표현되는 혼란한 사회 현실에서 '해'는 광명의 세
계, 즉 질서와 안정이 갖춰진 사회를 상징한다고 할 수 있다.

3 '칡범'과 함께 '논다'는 것은 칡범이 복종하고 따라야 하
는 무서운 존재가 아니라 함께 공존하고 화합해야 할 존재
임을 의미한다.

|오답 풀이|

① '눈물 같은 골짜기'는 아직 해가 뜨지 않은 어둠의 공간을 의미하
며, '싫어'라는 표현과 연결되어 있는 공간이므로 부정적 현실을
상징한다.

② 광명의 상징인 '해'가 빛나는 공간이 '청산'이며, '청산이 좋아라'라
고 표현하고 있으므로 '청산'은 화자가 소망하는 공간이다.

③ '양지'는 해가 뜬 곳이므로 긍정적 공간이며, 약자인 사슴과 강자
인 칡범이 서로 화합하는 곳이므로 긍정적 공간이라 할 수 있다.

⑤ '애띠고 고운 날'은 '해'가 떠서 이루어진 광명의 시대이므로 모든
존재가 하나가 될 수 있는 평화로운 시대이다.

문제

1 ③ **2** ⑤ **3** ③

작품 독해

1 국토, 통일, 분단
2 단정적, 확신
3 외세, 우리 국토, 통일

사고력 키우기

예시 답

• 이 시에서 '봄'은 통일의 시대이며, 분단 때문에 생긴 군
사적 대립과 갈등을 완화하거나 없애는 역할을 한다. 그
리고 이를 위해서는 '봄'을 외세의 힘에 의존하여 움트게
할 것이 아니라 우리 스스로, 우리 마음속에서 움트게 하
는 노력이 필요하다.

| 작품 해제 |

이 작품은 민족 분단의 현실에 대항하여 자주적 통일에 대한 염원과
확신을 노래한 시이다. 이 시에서 '봄'은 통일의 시대를 의미하는 것
으로, 시적 화자는 봄이 외부에서 오는 것이 아니라, 우리의 국토와
마음속에서 자주적으로 오는 것임을 강조한다. 또한 앞으로 도래할
'봄'이 지금의 '겨울'을 물리칠 것이라고 확신하는데, 여기에서 '겨울'
은 우리가 겪고 있는 분단이라는 현실이며, 이러한 '겨울'은 우리에
게 고통을 주고 있는 것으로 형상화된다. 이 시에서는 분단을 극복
하려는 의지를 나타내기 위해 단정적 어조와 확신에 찬 예언적 어조
를 활용하였는데, 이를 통해 통일은 외부로부터 오는 것이 아니라
자주적 힘에 의해 이루어져야 하는 것이며, 그 결과 지금의 분단과
대립, 갈등은 사라질 것이라는 확신을 드러낸다.

| 주제 |

자주적 통일에 대한 염원과 확신

1 이 시에서 '제주에서 두만', '아름다운 논밭', '삼천리 마
을', '강산'은 모두 우리 국토를 의미하지만 '바다와 대륙 밖'
은 '매서운 눈보라'라는 시련을 몰고 온 곳으로, 외세를 의미
한다.

| 오답 풀이 |

① '제주에서 두만'은 우리나라의 남쪽 끝과 북쪽 끝이므로 우리 국토
라는 상징적 의미를 지닌다.
② '아름다운 논밭'은 '우리가 디딘' 곳이므로, 우리 국토라는 상징적
의미를 지닌다.
④ '삼천리 마을'은 우리나라 전체의 마을을 의미하므로, 우리 국토라
는 상징적 의미를 지닌다.
⑤ '강산'은 우리나라의 강과 산을 의미하므로, 우리 국토라는 상징적
의미를 지닌다.

2 이 시에서 시적 화자가 기대하는 것은 '봄'이며, ⑤에 제
시되어 있는 '움트리라'라는 미래형 시제를 통해 이러한 봄이
반드시 도래할 것이라는 기대를 확신에 찬 예언적 어조로
드러내고 있다.

| 오답 풀이 |

① 통일에 대한 염원이 드러나 있지 않으며, 예언적 어조도 나타나
있지 않다.
② 통일의 기운이 묘사되어 있지만, 이를 통일에 대한 염원과 예언적
어조로까지 연결하기는 어렵다.
③ 통일이 우리의 자주적 힘으로 이루어진다는 것을 단정적으로 표현
하고 있을 뿐, 미래형의 예언적 어조라고 보기는 어렵다.
④ 통일의 염원보다는 분단으로 생긴 시련과 고통을 드러내는 시구로
볼 수 있다.

3 [A]에는 봄이 움트면 '미움의 쇠붙이들'을 녹여 버릴 것
이라는 화자의 확신에 찬 기대감이 나타나 있다. '쇠붙이들'
은 총과 칼을 연상시킨다는 점에서 당시 남북 대립이 만들
어 낸 군사적 대립과 긴장 등을 의미하며, 이러한 '쇠붙이
들'을 봄이 녹인다는 것은 봄이 이러한 군사적 긴장을 완화
할 것임을 나타낸다.

| 오답 풀이 |

① 남한의 주도로 평화 통일이 이루어질 것이라는 내용은 찾아볼 수
없다.
② 봄은 우리의 국토와 마음속에서 오는 것이라고 하였으므로, 국제
적인 협력과는 관련이 없다.
④, ⑤ [A]에서는 분단으로 발생한 군사적 대립과 긴장이 사라질 것
을 예언하였으므로, 이러한 갈등을 극복하기 어려울 것이라는 내
용이나 봄이 되면 분단이라는 갈등 상황이 다시 발생할 것이라는
내용은 어울리지 않는다.

고 해서 인간적인 감정들을 느끼지 못하거나 모르는 것은 아니며, 그럼에도 불구하고 가난하기 때문에 인간적인 감정들을 포기해야만 하는 상황에 대한 안타까움을 드러낸 것이다.

| 오답 풀이 |

① '가난하다고 해서 사랑을 모르겠는가'라는 시구를 통해 가난하더라도 사랑의 감정을 알 수 있음을 드러내고 있다.

② '가난하다고 해서 외로움을 모르겠는가'라는 시구를 통해 가난하더라도 외로움의 감정을 알 수 있음을 드러내고 있다.

③ '가난하다고 해서 그리움을 버렸겠는가'라는 시구를 통해 가난하더라도 그리움의 감정을 가지고 있음을 드러내고 있다.

⑤ 이 시의 시적 화자는 인간적인 감정들을 충분히 이해하고 있는 상태이며, 이러한 감정들을 버려야만 하는 상황에 안타까움을 드러내고 있다.

3 〈보기〉에서는 이 시가 농촌을 떠나 도시 근로자로 사는 젊은이가 가난 때문에 겪는 애환을 형상화하고 있다고 했다. 이 시의 15행 '내 등 뒤에 터지던 네 울음'이라는 시구는 청각적 심상을 통해 연인의 슬픔을 형상화한 것이므로, 이를 통해 시적 화자가 도시 근로자의 신분임을 추측할 수 있다는 내용은 적절하지 않다.

| 오답 풀이 |

① 이 시에서 제시하고 있는 감정들은 '가난하다고 해서 ~ -겠는가'라는 구절 속에 드러나며, 이는 외로움, 두려움, 그리움, 사랑이다.

② '멀리 육중한 기계 굴러가는 소리'는 농촌에서 듣기 어려운 소리이기 때문에, 시적 화자가 도시에서 살아가고 있음을 추측할 수 있다.

③ '새빨간 감 바람 소리도 그려 보지만'은 도시에서 찾아보기 어려운 것을 그리워하는 것이며, '집 뒤 감나무'라는 시구를 통해서도 화자가 농촌을 떠나왔음을 추측할 수 있다.

⑤ '이 모든 것들을 버려야 한다는 것을'은 시적 화자가 인간적인 감정들을 모두 이해하고 있지만, 가난 때문에 이것들을 모두 버려야만 한다는 안타까운 심정을 표현한 것이다.

04 가난한 사랑 노래 130~133쪽

문제

1 ④ 2 ④ 3 ④

작품 독해

1 외로움, 두려움
2 설의법, 운율
3 젊은이, 도시, 안타까움

사고력 키우기

| 예시 답 |

• 이 시의 시적 화자는 이웃의 한 젊은이이며, 이 젊은이는 가난 때문에 외로움, 그리움, 사랑, 두려움 등의 인간적인 감정마저 버려야만 하는 상황에 처해 있다. 따라서 이 시의 부제를 '이웃의 한 젊은이를 위하여'라고 함으로써 시인은 고달프고 힘겨운 상황에 처해 있는 시적 화자인 젊은이의 아픔에 공감하며 연민의 태도를 지니고 있음을 잘 드러내는 것 같다. 또한 단순히 시적 화자의 처지에 공감하는 것을 넘어 그를 위로하고자 하는 목적도 가지고 있는 것이라고 생각한다.

| 작품 해제 |

이 작품은 농촌을 떠나 도시에서 가난하게 살아가는 이웃의 젊은이를 시적 화자로 설정하여, 가난한 젊은이들이 처한 비정한 현실에 안타까움을 드러내고 있는 시이다. 이 시에서는 가난하다고 해서 인간적인 감정을 모르겠냐고 반복하여 물으면서, 가난하다고 해서 외로움, 두려움, 그리움, 사랑 등과 같은 지극히 평범하고도 인간적인 감정을 모르는 것이 아니라고, 혹은 잊고 살 수 있는 것이 아니라고 강조하고 있다. 또한, 설의적 표현을 반복하는 구조를 취하는 동시에 촉각, 시각, 청각 등의 다양한 심상을 동원하여 가난이 이러한 인간적인 감정마저 포기하게 만드는 것에 대한 안타까운 마음을 감각적으로 전달하고 있다.

| 주제 |

가난 때문에 인간적인 감정마저 버려야 하는 현실에 대한 안타까움

1 이 시에는 시각, 촉각, 청각 등의 다양한 심상이 나타나 있다. 제시된 시구 중 '네 입술의 뜨거움'에서는 피부로 느낄 수 있는 촉각적 심상이 드러난다. 반면 나머지 시구에서는 귀로 느낄 수 있는 청각적 심상이 드러난다.

2 이 시에서 제기하고 있는 문제는 가난이라는 상황이 외로움, 두려움, 그리움, 사랑 등과 같은 인간적인 감정들을 모두 포기할 것을 강요한다는 것이다. '가난하다고 해서 ~ -겠는가'라는 구절을 통해 이러한 현실이 드러난다. 즉, 가난하다

작품 독해

1 자연, 과거
2 번지, 문명
3 산업화, 도시화, 비판

사고력 키우기

예시 답

• 이 시의 중심 소재는 비둘기이다. 이 시에서 비둘기는 과거에는 사람과 같이 평화를 즐기던 사랑과 평화의 새였으나, 현재는 산과 같은 삶의 터전을 잃고, 사랑과 평화의 사상까지 낳지 못하는 쫓기는 새가 되었다. 이와 같이 변화된 비둘기의 모습은 산업화와 도시화를 위한 지나친 개발로 자연이 파괴되어, 자연과 더불어 살아가는 공존의 가치를 상실한 현대인의 모습을 상징적으로 표현한 것이다. 이를 통해 시인은 자연 파괴와 더불어 현대인들이 인간성을 상실해 가는 것을 비판하고자 하였다.

작품 해제

이 작품은 도시화와 산업화로 인해 개발이 빠르게 진행되던 1960년대 서울 성북동을 배경으로 한 시이다. 도시화와 산업화가 진행되면서 그곳에 살던 비둘기는 삶의 터전을 잃게 되고, 가는 곳마다 쫓기면서 사랑과 평화가 있던 옛날을 그리워하는 신세가 되고 말았다. 이러한 비둘기의 모습은 도시화와 산업화로 인해 삶의 터전을 잃은 도시 변두리의 사람들을 의미할 뿐만 아니라, 도시화와 산업화의 과정에서 인간성을 상실한 인간들의 모습을 보여 주는 것이기도 하다. 시인은 이를 통해 문명의 발달과 도시의 개발에 밀려 소외된 현대인의 삶에 문제의식을 제기한다. 즉, 문명과 도시의 발달로 인해 얻은 것도 있지만 자연의 소중함과 평화, 인간의 가치 등과 같이 잃은 것도 있다는 점을 상기시키고 있다.

주제

자연 파괴와 인간성 상실에 대한 비판

1 이 시는 '비둘기'라는 상징적 소재를 통해 산업화와 도시화에 의해 자연이 파괴되어 가는 현실을 간접적으로 비판하고 있다.

오답 풀이

① 이 시에서는 청각적 심상이 드러나 있고 미각적 심상은 드러나 있지 않다.
② 이 시에는 도시화와 산업화로 인해 자연이 파괴되는 현실에 대한 비판적 시각이 드러나 있다.

③ 이 시에서는 자연 파괴와 인간성 상실에 대한 비판을 담고 있을 뿐, 인간의 미래에 대한 낙관적인 전망을 제시하고 있지는 않다.
④ 이 시에서는 자연을 예찬하는 것이 아니라 도시화와 산업화에 의해 자연이 파괴되는 현실을 비판하고 있다.

2 '비둘기'는 성북동 산에 번지가 새로 생기면서 원래 살던 삶의 터전을 상실한 존재를 상징하며, 이 시에서는 이러한 '비둘기'를 통해 자연이 파괴되는 현실에 대해 독자들에게 경각심을 주고 있다.

오답 풀이

① '비둘기'는 삶의 터전을 잃고 고통받는 대상을 상징한다.
② '돌 깨는 산울림'은 산에 번지를 새로 만드는 소리이며, 이것은 '비둘기'의 삶의 터전을 파괴하는 소리이므로 '온기'를 주는 대상으로 보기 어렵다.
④ '비둘기'는 고향으로 돌아가는 사람이 아니라 삶의 터전을 상실하여 갈 곳이 없는 대상을 상징한다.
⑤ '채석장'은 '비둘기'에게서 삶의 터전을 빼앗아 간 부정적인 공간으로 볼 수 있다.

3 비둘기는 과거에는 인간과 더불어 살면서 사랑을 나누고 평화를 누렸으나 이제는 본래 모습을 잃고 물질문명의 횡포에 쫓기는 새가 되었다.

오답 풀이

② 성북동 산에 번지가 새로 생기면서 본래 살던 성북동 비둘기만이 번지가 없어졌다고 하였으므로, 비둘기는 보금자리를 잃어버린 채 떠돌며 살고 있을 것임을 추측할 수 있다.
③ 아침 구공탄 굴뚝 연기에서 향수를 느끼는 것을 통해 비둘기가 자연과 공존하며 살았던 과거에 대한 그리움을 가진 채 살고 있을 것임을 추측할 수 있다.
④ 예전에는 비둘기가 사람 가까이 살며 사람과 같이 사랑하고 사람과 같이 평화를 즐겼다고 하였으므로 인간과 공존했던 과거를 그리워하며 살고 있을 것임을 추측할 수 있다.
⑤ 채석장 포성에 피난하듯 지붕에 올라앉은 비둘기의 모습을 통해 파괴된 자연에서 생존의 위협을 느끼며 살고 있을 것임을 추측할 수 있다.

문제

1 ①   2 ①   3 ③

작품 독해

1 묏버들, 밤
2 분신, 긍정적
3 자신, 기다림

사고력 키우기

예시 답

• 두 시조에서 시적 화자는 여성으로 보이며, 임을 떠나보내면서 슬퍼하거나, 혼자 남은 상황에서 임을 그리워하고 있다. 기녀라는 신분과 남성 중심주의 사회였던 조선 시대의 사회적 분위기를 고려할 때, 기녀인 여성 화자가 떠나는 임을 붙잡거나 따라나서는 능동성을 발휘하기는 매우 어려웠을 것이다. 따라서 두 시조의 시적 화자는 사랑하는 임을 붙잡거나 따라나서는 행동을 취하기보다는 자신을 기억해 주기를 바라는 마음과 임을 기다리는 마음을 시조로 표현하고 있다고 생각한다.

│작품 해제│

「묏버들 가려 꺾어」는 임과 이별하는 여인의 슬픔과 임에 대한 사랑의 마음을 노래한 시조이다. 임과 멀리 떨어지게 되었으나 마음만은 임의 곁에 머물고 싶은 애틋한 마음을 자연물(묏버들)을 통해 그려 내고 있다. 조선 선조 7년(1574), 연분을 나눈 최경창이 상경하게 되자, 홍랑이 그를 배웅하며 버들과 함께 이 시조를 건네 준 것으로 전해지고 있다.

「동지ㅅ둘 기나긴 밤을」은 부재하는 임에 대한 사랑과 기다림을 노래한 시조이다. 이 작품은 개성적인 발상과 표현, 아름다운 우리말의 묘미를 잘 살린 점 등이 높이 평가되고 있다. 특히 '기다림'을 제재로 하여 시적 화자의 정서를 잘 살린 작품으로, 임을 그리워하는 마음을 독특한 상상력으로 그렸다는 점이 작품의 가치를 높이고 있다.

│주제│

가 「묏버들 가려 꺾어」: ❶ 이별의 슬픔
                        ❷ 임에 대한 그리움
나 「동지ㅅ둘 기나긴 밤을」: 임을 기다리는 애틋한 마음

1 (가)는 평시조로 4음보의 일정한 음보와 3·4조 또는 4·4조의 일정한 글자 수를 반복하여 운율을 형성하고 있다. 이 작품에서 3음보는 찾아볼 수 없다.

│오답 풀이│

② 이 시조에는 '묏버들 가려 꺾어', '보내노라 임의손대'에서 볼 수 있듯이 3·4조, 4·4조의 글자 수가 나타난다.

③ 종장의 첫 음보, 즉 '밤비에'는 3음절로 고정되어 있다. 이는 시조의 대표적인 형식상 특징이기도 하다.

④ 이 시조는 45자의 글자 수로 이루어져 있다.

⑤ 이 시조는 초장, 중장, 종장의 3장 구성으로 이루어져 있다.

2 초장에서 '밤을 한 허리를 버혀 내어'라고 표현하였는데, 이는 추상적인 시간(밤)을 구체화하여 표현한 것이다.

│오답 풀이│

② 이 시조에서 말의 순서를 바꾼 부분은 나타나 있지 않다.

③ 이 시조에서 의성어(소리를 흉내 낸 말)는 사용되지 않았다. '서리 서리', '구뷔구뷔'는 모양을 흉내 낸 의태어이다.

④ 이 시조에서는 우리말의 묘미를 잘 살리고 있다.

⑤ 이 시조에서는 명령을 통한 강조법을 사용하고 있지 않다.

3 '나인가도 여기소서'는 자신이 보낸 묏버들을 보며 자신처럼 여겨 달라는 의미이다. 이는 자신을 잊지 말고 사랑해 달라는 당부로, 임의 사랑을 갈구하는 시적 화자의 마음을 직접 표현한 것이다. 따라서 시적 화자가 임의 사랑을 갈구하는 마음을 숨기려 하고 있다는 내용은 적절하지 않다.

│오답 풀이│

① '묏버들'은 이별의 정표이자 임을 향한 사랑이 담긴 시적 화자의 분신으로, 이를 통해 임에 대한 사랑을 구체화하여 드러내고 있다.

② '임의손대'와 '보내노라'의 순서를 바꾸어 표현함으로써 임에게 보내는 시적 화자의 슬픔과 사랑의 마음을 강조하고 있다.

④ '서리서리', '구뷔구비'와 같은 의태어를 통해 '기나긴 밤'을 마음대로 넣고 편다는 발상과 함께 리듬감을 자아내고 있다.

⑤ '어론 님 오신 날 밤이여든 구뷔구뷔 펴리라'에는 임과 함께 시간을 길게 보내고 싶은 시적 화자의 마음이 솔직하게 드러나 있다.

Ⅲ 수필·극

기본 개념
144~145쪽

01 ⑤　　**02** ④　　**03** 지시문(행동 지시문)　　**04** ④

01 답 ⑤
작가가 허구적으로 창조한 인물이 등장하여 이야기를 전개하는 것은 소설의 특징에 해당한다.

| 오답 풀이 |
① 수필은 생활 주변에서 발견된 것, 글쓴이의 체험, 글쓴이의 사상 등 모든 것이 소재가 될 수 있다.
② 수필은 글쓴이가 자신의 이야기를 쓴 것이기 때문에 글쓴이의 성격, 취미, 가치관 등 개성이 잘 드러난다.
③ 수필은 전문적인 작가가 아니더라도 누구나 쓸 수 있다.
④ 수필은 정형화된 문학의 갈래가 아니기 때문에 일정한 형식에 얽매이지 않고 자유롭게 쓸 수 있다.

02 답 ④
희곡은 무대 상연을 전제로 하기 때문에 시간적·공간적 제약이 있고 등장인물의 수도 제약을 받는다.

| 오답 풀이 |
① 희곡은 무대 상연을 전제로 하여 쓴 연극의 대본이다.
② 희곡에서는 모든 사건을 무대 위 배우의 행동을 통해 지금 일어나는 사건으로 현재화하여 표현한다.
③ 희곡은 무대 위 등장인물의 대사와 행동을 통해 이야기가 진행된다.
⑤ 희곡은 인물의 성격과 의지가 만들어 내는 극적 대립과 갈등을 다룬다.

03 답 지시문(행동 지시문)
밑줄 친 부분에서는 인물의 행동을 지시하고 있다.

04 답 ④
관객에게는 들리지만, 무대 위의 다른 상대에게는 들리지 않는 것으로 약속하고 하는 말은 '방백'이다.

01 피딴문답
146~149쪽

문제
1 ②　　**2** ①　　**3** ⑤

작품 독해
1 피딴, 독자
2 인생
3 풍미, 원숙

사고력 키우기
예시 답
• 썩기 직전의 쇠고기와 삭힌 젓갈은 인생에 비유하면 늙어서 병이 들거나 힘이 떨어지기 시작하는 나이라고 볼 수 있다. 그런데 그러한 쇠고기와 젓갈이 가장 맛이 좋거나 음식의 맛을 내는 역할을 한다고 하였다. 이러한 내용으로 볼 때, 후반부의 대화를 통해 얻을 수 있는 인생의 교훈은 인생을 오랜 산, 경험이 많은 사람들이 인생의 참맛을 알고 있거나 훌륭한 업적을 남길 수 있다는 것이라고 생각한다.

| 작품 해제 |
이 작품은 피딴을 소재로 하여 썩기 직전이 가장 맛이 좋다는 역설을 형상화한 수필로, 일상에서 평범하게 보아 넘기기 쉬운 예화를 통해 인생의 원숙미를 전하고 있다. 글쓴이가 말하는 인생의 원숙미란 인생은 도가 넘지 않을 정도로 무르익었을 때 비로소 독특한 멋과 향기를 풍긴다는 것인데, 이때 피딴은 썩어야 할 것이 썩지 않음으로써 오히려 독특한 맛을 낸다는 점에서 이러한 인생의 원숙미와 통한다고 할 수 있다. 이 작품은 수필이면서도, 지문을 생략한 희곡처럼 대화만으로 글을 전개하고 있다. 이를 통해 글쓴이는 의도한 주제를 직접 말하지 않아도 효과적으로 독자에게 전달할 수 있다. 또한 오랜 수련을 거쳐야만 인생의 원숙함을 얻을 수 있다는 점을 표현한 것에서 교훈적 성격을 드러낸다고 볼 수 있으나, 자신의 글쓰기 태도를 반성하는 면모도 드러낸다는 점에서 고백적 성격의 수필로도 볼 수 있다.

| 주제 |
인생의 원숙한 멋에 대한 예찬

1 글쓴이는 작품 속 두 인물이 누구인지를 정확히 밝히고 있지는 않으나, 두 인물의 입을 빌려 독자에게 하고 싶은 말을 드러내고 있다. 이때 두 인물은 친숙한 사이인 듯 자연스럽게 대화를 하고 있을 뿐, 갈등을 겪고 있지는 않다.

| 오답 풀이 |
① '피딴'이라는 음식과 관련된 이야기와 인생에 대한 고찰을 연결 짓고 있는데, 이러한 방법은 유추의 방법을 이용한 것이다.

③ '피딴'이라는 음식은 일상생활에서 나눌 수 있는 화제에 해당하는데, 글쓴이는 이를 통해 인생의 원숙한 멋에 대한 깨달음을 드러내고 있다.

④ 이 글은 글쓴이가 자신이 경험한 이야기를 전하는 수필이다. 또한 글쓴이는 '피딴'과 자신의 글쓰기에 관련된 경험을 연결지어 '원숙한 인생의 멋에 대한 예찬'이라는 주제를 잘 표현하고 있다.

⑤ 서술이 등장하지 않고 마치 희곡처럼 두 인물의 대화로만 내용이 전개되고 있다.

2 〈보기〉에서 글쓴이는 '심오한 지성을 바탕으로 한 주제 의식'을 보여 준다고 하였으나, 작품 속 인물이 '피딴'이라는 것을 아는지 묻는 말이 심오한 지성을 바탕으로 한 주제 의식을 드러낸다고 보기는 어렵다. 이 말은 뒷부분에서 인생의 원숙한 멋(원숙미)을 '피딴'에서 유추의 방식으로 끌어내기 위해 독자에게 호기심을 불러일으키는 기능을 하는 구절이라고 볼 수 있다.

| 오답 풀이 |

② 〈보기〉에서 글쓴이가 주제 의식을 친구와의 대화와 같이 친밀감 있는 수법으로 전달하는 표현법을 사용한다고 하였으므로 적절하다.

③ '피딴'은 일상생활에서 먹는 음식의 한 가지이므로, 이에 대한 질문으로 시작하는 글의 방식은 〈보기〉에서 제시한, '일상생활의 평범한 소재를' 활용한다는 글쓴이의 표현 방식으로 볼 수 있다.

④ 오랫동안 글을 써 온 듯한 인물(글쓴이로 볼 수 있는 인물)이 아직도 원숙한 경지에 이르지 못했다고 말하는 부분은 글쓴이의 지성적인 경향을 드러냄과 동시에 자신의 능력을 객관적으로 평가하는 경향도 드러내는 부분이다.

⑤ 〈보기〉에서 일상생활의 평범한 소재를 끌어다 자신의 생각을 표현하는 방식이 글쓴이의 특징이라고 하였고, 이 글에서는 '피딴'이라는 일상적인 소재를 활용하여 인생의 원숙미라는 자신의 생각을 드러내고 있다.

3 '중요한 포인트'라는 표현은 '가장 중요하고 중심이 되는 사실이나 관점.'이라는 의미의 '요점(要點)'으로 바꾸어 쓸 수 있다.

| 오답 풀이 |

① 장점(長點): '좋거나 잘하거나 긍정적인 점.'이라는 의미이다.

② 인심(人心): '사람의 마음.', '남의 딱한 처지를 헤아려 알아주고 도와주는 마음.'이라는 의미이다.

③ 중용(中庸): '지나치거나 모자라지 아니하고 한쪽으로 치우치지도 아니한, 떳떳하며 변함이 없는 상태나 정도.'라는 의미이다.

④ 지점(地點): '땅 위의 일정한 점.'이라는 의미이다.

문제

1 ④   2 ③   3 ④   4 ⑤   5 ③

6 ⑤

작품 독해

1 소비, 경복궁, 싹

2 경쟁

사고력 키우기

예시 답

• 이 수필은 글쓴이가 소광리 소나무 숲에서 나무를 바라보았던 경험을 바탕으로 하여 쓴 글이다. 글쓴이는 이 글에서 자연을 소비의 대상으로만 바라보고, 그것을 함부로 소비하는 우리 사회의 과잉 소비를 비판하고 반성하는 주제 의식을 드러내고 있다. 이와 달리 〈보기〉의 시에서 시적 화자는 숲에 있는 나무들은 제가끔 서 있으면서도 숲을 이루고 사는데, 대도시를 살아가는 현대인들은 나무와 같이 공동체 의식을 가지지 못한 채 외롭게 살아가는 것이 안타깝다는 주제 의식을 드러내고 있다.

| 작품 해제 |

이 작품은 소광리 소나무 숲에서 보고 느낀 것을 바탕으로 현실의 문제점을 비판하고 올바른 삶의 방향을 떠올린 수필이다. 글쓴이는 경복궁 복원을 위해 많은 양의 소나무가 소비되는 것을 안타까워 하고, 없어도 되는 물건을 만들기 위하여 없어서는 안 될 것들을 마구 잘라 내는 우리 사회의 과잉 소비를 비판하고 있다. 더 나아가 솔방울들이 싹을 키울 땅마저 황폐해 버렸고, 척박한 땅을 가꾸어 놓더라도 이내 다른 경쟁수들이 쳐들어오는 것을 통해 무한 경쟁의 논리 또한 비판하고 있다. 글쓴이는 이러한 자신의 생각을 '당신'에게 전하는 편지글의 형식으로 표현함으로써 독자들에게 효과적으로 교훈을 전달하고 있다.

| 주제 |

인간의 소비 행태와 무한 경쟁의 논리가 지배하는 현대 사회 비판

1 글쓴이는 일제가 파괴한 조선 정궁의 기본 궁제를 되찾는 것이 당연하다고 생각했으나, 소광리 숲에 와서 '소나무가 없어져 가고 있는 지금에 와서도 기어이 소나무로 복원한다는 것이 무리한 고집이라고 생각됩니다.'라고 하며 경복궁 복원 사업에 대한 생각이 달라졌음을 드러냈다.

| 오답 풀이 |

① 글쓴이는 소광리 소나무 숲에서 저마다 수백 년씩을 우람하게 서 있는 소나무들을 보면서 충격이고 경이였다고 고백하고 있다.

② 글쓴이는 '당신'이 했던 말들, 즉 사람보다 나무를 더 사랑한다고 했던 말, 별 한 개 쳐다볼 때마다 100원씩 내리던 말, 지구의 유일한 생산자는 식물이라던 말 등을 떠올리면서 자신의 생각을 펼쳐 나가고 있다.

③ 글쓴이는 인간이 생산의 주체가 아니라 소비의 주체이며 급기야는 소비의 객체로 전락되고 있다고 하였다. 여기서 소비의 객체가 된다는 말은 인간이 자기 스스로 소비의 대상이 되어 버린다는 의미이다.

⑤ 글쓴이는 소나무보다 훨씬 더 많은 것을 소비하면서도 무엇 하나 변변히 이루어 내지 못하고 있는 인간과 소나무의 차이점에 대한 인식으로부터 반성적 깨달음에 도달하고 있다.

2 글쓴이는 나무를 소비자가 아닌 유일한 생산자로 바라보고 있다. 이 글에서 소비자로 언급되는 것은 동물, 그중에서도 인간이다.

| 오답 풀이 |
① 글쓴이는 소광리의 솔숲이 '회초리를 들고 기다리는 엄한 스승' 같았다는 비유적인 표현을 통해, 인간의 이기적 개발 욕구에 대한 비판적 인식이라는 주제를 효과적으로 뒷받침하고 있다.

② 이 글의 중심 소재는 소나무이며 이는 일상에서 어렵지 않게 접할 수 있는 대상이다.

④ 이 글은 '당신'에게 엽서를 써서 보내는 형식을 취하고 있다. 글쓴이는 이 편지 형식을 빌려 소나무에 대한 자신의 사색을 전개해 나가고 있다.

⑤ 이 글의 주제는 이기적인 목적으로 자연을 함부로 훼손하는 폭력적인 인간에 대한 비판적 인식이다.

3 ㉣의 '베어지다'는 '베다'에 '-어지다'가 결합한 것으로, 소나무들이 인간에 의해 베는 동작을 당하게 되는 것을 나타낸 피동 표현이다.

| 오답 풀이 |
㉠의 '버티다', ㉡의 '소비하다', ㉢의 '되찾다', ㉤의 '만들다'는 모두 주어가 직접 어떤 행동을 하는 것을 나타내는 능동 표현이다.

4 [A]에는 소나무가 아카시아와 같은 경쟁수를 몰아낸다는 내용은 나와 있지 않다.

| 오답 풀이 |
① 소나무는 우리의 삶과 가장 가까운 자리에서 우리와 함께 풍상을 겪어 온 혈육 같은 나무라는 말을 통해 확인할 수 있다.

② 솔바람뿐만이 아니라 솔빛, 솔향 등 어느 것 하나 우리의 정서 깊숙이 들어와 있지 않은 것이 없다는 말을 통해 확인할 수 있다.

③ 소나무는 고절(高節)의 상징으로 우리의 정신을 지탱하는 기둥이 되고 있다는 말과 암석지의 굽고 뒤틀린 나무에서도 우리는 곧은 지조를 읽어 낼 줄 안다는 말에서 확인할 수 있다.

④ 사람이 태어나면 금줄에 솔가지를 꽂아 부정을 물리고 사람이 죽으면 소나무 관 속에 누워 솔밭에 묻히는 것이 우리의 일생이라는 말에서 확인할 수 있다.

5 '당신'은 남산의 소나무가 이제는 더 이상 살아남기를 포기하고 자손들이나 기르겠다는 체념으로 무수한 솔방울

을 달고 있다는 이야기를 했으므로 ㄷ의 설명은 적절하다. 그리고 글쓴이는 거인에게 잡아먹힌 소년이 솔방울을 손에 쥐고 있었기 때문에 다시 소생했다는 신화를 생각하면서 '당신'에게 무수한 솔방울들의 끈질긴 저력을 신뢰해야 한다고 말한다. 따라서 글쓴이가 솔방울을 나무가 생명력을 이어 나갈 수 있게 하는 희망으로 본다는 ㄴ의 설명도 적절하다.

| 오답 풀이 |
ㄱ. 솔방울의 저력을 믿어야 한다고 말하는 것은 '당신'이 아니라 글쓴이이다.

ㄹ. 글쓴이가 무한 경쟁의 비정한 논리를 언급한 것은 척박한 땅을 겨우겨우 가꾸어 놓으면 이내 다른 경쟁수들이 쳐들어와 소나무를 몰아내고 만다는 사실이므로, 글쓴이가 솔방울을 무한 경쟁의 비정한 논리를 상징하는 존재로 본다는 것은 적절한 설명으로 볼 수 없다.

6 ㉡에서 나무가 우리들이 자루가 되어 주지 않는 한 쇠는 결코 우리를 해칠 수 없는 법이라고 말한 부분은 나무가 쇠의 폭력성에 협조하지 않는다면 쇠는 결코 나무를 해칠 수 없다는 의미이다. 따라서 글쓴이가 이를 인용한 것은 문명의 폭력성이 자연을 함부로 훼손하고 인간을 멸망시키지 않으려면 우리가 문명의 폭력성에 협조하지 않아야 한다는 주제 의식을 강조하기 위한 것이라고 할 수 있다.

| 오답 풀이 |
① 나무가 인간이 만든 거의 모든 발명품에 쓰인다는 내용은 이 글에서 찾을 수 없고 글의 주제와도 직접적인 관련이 없다.

② ㉡은 인간이 나무의 입장에서 생각해 볼 수 있어야 한다는 내용이 아니다.

③ ㉡은 상대에 대한 믿음을 강조하는 이야기라고 할 수 없다.

④ ㉡에서 어느 생각 깊은 나무가 등장하기는 하지만 글쓴이는 생각이 깊은 지도자가 다른 이들을 바르게 이끌 수 있다는 주장을 펴기 위해 ㉡을 인용한 것이 아니다.

문제

1 ②　　2 ②　　3 ④

작품 독해

1 대조, 설의, 권위
2 경험, 소유

사고력 키우기

예시 답

• 이 수필의 글쓴이가 말한 것처럼 우리는 대부분의 것을 빌려서 살고 있으며, 그중 대표적인 것이 자연이라고 생각한다. 자연은 우리가 소유할 수 있는 것이 아니며 모든 사람이 후손에게 빌려서 사용하는 것이기 때문이다. 자연이 없다면 사람은 생존할 수 없다. 또한 자연은 우리만 사용하는 것이 아니라 후대의 사람들에게도 물려주어야 하는 것이기 때문에 우리는 자연을 아끼고 보호해야 할 의무가 있다고 생각한다.

|작품 해제|

이 작품은 말을 빌렸던 자신의 경험에서 출발하여 유추를 통해 사고를 확장함으로써 소유에 대한 깨달음을 전달하는, 고전 수필의 일종인 '설(說)'이다. 글쓴이는 노둔하고 야윈 말을 빌렸을 때의 심리와 준마를 빌렸을 때의 심리를 대조하면서, 인간은 소유에 의해 심리가 변하게 된다는 사실을 지적하고 있다. 그런데 사람들의 일반적인 생각과 달리 소유는 온전히 자신의 것이 아니라 잠깐 빌린 것이므로 소유에 집착하지 말아야 한다고 이야기하고 있다. 임금의 권력이 임금의 것이 아니라 백성에게서 빌린 것이라는 사고, 임금도 독부가 될 수 있다는 사고는 창작 당시로서는 상당히 근대적인 사고라고 할 수 있다. 또한 유추, 설의, 예시, 인용 등 다양한 표현 방법을 통해 글쓴이의 생각을 효과적으로 전달하고 있는 점도 이 작품의 특징이다.

|주제|

소유의 본질에 대한 성찰과 깨달음

1 이 글은 구체적인 자신의 경험에서 출발하여 '소유'라는 추상적인 내용까지 생각을 확장하고 있다.

|오답 풀이|

① 말을 빌려 탄 구체적인 사례뿐만 아니라 사람이 가지고 있는 모든 것은 다른 누군가에게 빌린 것이라고 이야기하면서 다양한 사례를 들고 있다.

③ 첫째 문단에서 자신이 말을 빌렸던 경험을 제시하고, 그것을 통해 얻은 깨달음을 전달하고 있다.

④ '하물며 진짜로 자기가 가지고 있는 경우야 더 말해 무엇하겠는가.', '이 어찌 미혹된 일이 아니겠는가.' 등에서 설의적인 표현을 활용하고 있다.

⑤ 마지막 부분에서 맹자의 말을 인용하여 자신의 의견을 뒷받침하고 있다.

2 글쓴이는 좋은 말을 빌렸을 때와 나쁜 말을 빌렸을 때의 심리를 대조하면서, '사람의 감정이라는 것이 어쩌면 이렇게까지 달라지고 뒤바뀔 수가 있단 말인가.'라고 하였다. 따라서 글쓴이는 사람의 감정은 상황에 따라 달라진다고 생각함을 알 수 있다.

|오답 풀이|

① 임금은 백성으로부터 힘을 빌려서 존귀하고 부유하게 되는 것이라고 말하고 있다.

③ 경제적인 여유가 소유욕에 미치는 영향은 나타나 있지 않다.

④ 소유에 집착하지 말라는 내용은 있지만 소유한 것을 나누며 살아야 한다는 내용은 나타나 있지 않다.

⑤ 좋은 말을 탔을 때 환란을 면하지 못한다고 했으므로 좋은 것을 소유했을 때 좋은 결과를 얻는다고 볼 수는 없다.

3 〈보기〉와 이 글은 모두 '소유'에 집착하지 말 것을 이야기하고 있으므로, '소유'에 대한 인식의 변화를 유도하고 있다고 볼 수 있다.

|오답 풀이|

①, ② 〈보기〉와 이 글 모두 '소유'의 부정적인 측면을 부각하고 있다.

③ 〈보기〉와 이 글 모두 '소유'를 금지하는 것이 아니라 '소유'에 집착하는 것을 경계하고 있다.

⑤ 〈보기〉에서는 필요에 따라 가졌던 것이 도리어 우리를 부자유하게 얽어맨다고 하였다. 따라서 필요 없는 것을 소유하는 문제점을 지적하고 있는 것은 아니다.

문제

1 ①   2 ②   3 ②   4 ②   5 ④

6 ①   7 ⑤   8 ④   9 ②

작품 독해

1 이익(재산), 정의

2 죽음, 풍자

3 재산, 환원, 비판

사고력 키우기

예시 답

• 송달지의 행동은 긍정적으로 평가해야 한다. 우리나라는 친일파 문제가 완벽하게 해결되지 않은 상태인데, 이는 우리나라 특유의 '정' 문화 때문이라고 생각한다. 나와 가까우니까, 가족이니까, 친구니까 등의 이유들로 과거의 잘못을 눈감아 주었기 때문에 현재에도 비슷한 문제들이 계속되고 있다고 생각한다. 송달지의 입장에서도 장인어른께 물질적인 피해를 입히는 것이 달갑지 않았을 것이고, 따라서 그러한 결정을 내리기가 쉽지 않았을 것이다. 하지만 송달지와 같이 사회 정의를 실현할 수 있는 행동을 했을 때 사람들이 사회적으로 그러한 행동의 가치를 높이 평가해 주어야만 우리 사회에도 올바른 정의가 실현될 수 있을 것이라고 생각한다.

| 작품 해제 |

이 작품은 이중생이라는 부정적 인물을 통해 광복 직후 우리 사회의 문제점을 풍자하고 있는 희곡이다. 일제 강점 당시에 친일 행위를 통해 재산을 축적한 이중생은 자신의 이익을 최고로 생각하는 이기주의적인 인간의 전형이다. 이중생은 자신의 재산을 지키기 위해 죽은 척까지 하지만 결국 전 재산을 사회에 환원하게 되고 실제로 자살을 하는 지경에까지 이른다. 이처럼 비극적인 결말을 보여 주는 작품이지만, 해학적인 표현을 통해 전체적으로는 무겁지 않은 분위기를 형성하고 있다. 이 작품에서 주목해야 할 인물은 송달지라고 할 수 있는데, 처음에는 이중생의 말에 순순히 따르는 것 같았던 송달지는 사건이 전개되면서 자신의 양심에 따라 행동하는 모습을 보인다. 이와 같은 송달지의 변화가 바로 작가가 독자에게 바라는 모습일 것이다.

| 주제 |

개인의 이익을 최우선으로 생각하는 인물에 대한 비판

1 이중생은 자신의 재산을 지키기 위해 죽은 척을 하는 와중에도 홍 주사, 변 주사, 김 주사에게 빌려 준 돈을 받아 낼 생각을 하고 있다. 이를 통해 자신의 재산에 대한 집착이 강함을 알 수 있다.

| 오답 풀이 |

② 이중생은 송달지에게 재산에 대해서는 모르는 척하라고 말하고 있으므로 신뢰한다고 볼 수 없다.

③ 용석 아범은 김 의원이 오는 것을 알리고 주안상을 미리 준비해 놓는 등 자신의 일을 충실하게 하고 있다.

④ 이중생이 송달지에게 빌려 준 돈을 대신 받으라고 하자 송달지는 '제가 ……, 그런 걸 …….'이라며 머뭇거린다. 따라서 송달지는 이중생과는 달리 돈에 집착하는 성격이 아님을 알 수 있다.

⑤ 이중건은 이중생의 거짓 죽음을 돕고 있다.

2 전화벨 소리에 깜짝 놀라 다시 죽은 척 옆방으로 가야하는 이중생이 굴러서 가는 모습(㉠)과, 죽은 사람에게 전화를 바꾸어 주는 송달지의 모습(㉡), 거짓 죽음이 들킬까 봐 황급히 옆방으로 가다가 책상에 걸려 넘어지는 이중생의 모습(㉣)은 독자(관객)들로 하여금 웃음을 유발한다.

| 오답 풀이 |

㉢ 유산과 관련된 이야기는 하지 말라고 송달지에게 당부하는 이중생의 말은 재산에 집착하는 이중생의 특징을 드러내는 모습에 해당할 뿐, 희화화라고 보기는 어렵다.

㉤ 황급히 나오는 용석 아범의 모습은 급한 상황이라는 것을 드러내는 것일 뿐, 희화화라고 보기는 어렵다.

3 이중생은 자신이 죽은 것으로 위장을 하고 있는 상태이므로 적극적으로 저항을 할 수 없다.

| 오답 풀이 |

①, ④ '국회 특별 조사 위원회'는 친일파의 반민족 행위를 처단하기 위해 설치된 것이다. 따라서 이 위원회 소속인 김 의원은 친일 행적으로 재산을 축적한 이중생에 대해 조사하기 위해 방문을 했다고 볼 수 있다.

③, ⑤ 김 의원의 조사 결과에 따라 이중생의 재산이 몰수당할 수 있으므로, 이중생이 두려워하는 것은 당연하다.

4 김 의원은 송달지가 자신의 의도대로 해 주기를 바라고 있고, 송달지도 김 의원의 의견에 동의를 하고 있으므로, 송달지를 대하는 김 의원의 말투는 살살 달래는 듯한 말투가 적절하다. 따라서 ②의 다그치는 듯한 태도로 연기를 하라는 내용은 적절하지 않다.

| 오답 풀이 |

① 최 변호사는 이중생의 재산을 보건 시설을 확충하는 데 사용하자는 김 의원의 말에 당황하고 있다.

③ 김 의원은 자신의 생각을 거침없이 이야기하고 있으므로 자신감 있는 태도를 보이는 것이 적절하다.

④ 송달지는 보건 시설을 지어야 한다는 김 의원의 말에 동의를 하다가 다른 가족들의 의견도 들어 보아야 한다는 최 변호사의 말에 동의하기도 한다. 따라서 최 변호사의 눈치를 보고 있다고 할 수 있다.

⑤ 최 변호사는 김 의원의 말을 직접적으로 반박하기보다는 더 생각을 해 보아야 한다는 식으로 조심스럽게 자신의 주장을 밝히고 있다.

5 이 글을 소설로 바꾸더라도 등장인물의 수는 동일하게 유지해도 무방하다.

| 오답 풀이 |

① 이 글이 다른 희곡에 비해 등장인물 수의 제약이 특히 더 많은 것은 아니다.

② 이 글은 다른 희곡과 비슷하게 작품 길이의 제약을 받는다.

③ 소설은 배경의 제약이 없지만, 내용을 고려할 때 이 글을 소설로 바꾼다고 해서 배경을 자주 바꿀 필요는 없다.

⑤ 희곡을 연극으로 상연할 때에는 공간적 배경을 자주 바꿀 수가 없다.

6 ㉠은 김 의원이 송달지에게 이중생이 남긴 재산을 보건 시설 확충에 사용할 것을 제안한 것이므로, 김 의원이 송달지에게 충고하고 있다는 설명은 적절하지 않다.

| 오답 풀이 |

② 송달지가 이전과는 달리 김 의원의 말에 동의하며 자신의 의견을 당당하게 밝힘으로써 김 의원의 제안에 힘이 실리고 있다.

③ 김 의원은 송달지의 생각을 관계 당국에 보고하여 유산을 보건 시설에 쓸 것을 권유하고 있다.

④ 김 의원은 법적인 근거를 들어 최 변호사의 주장을 반박하고 있다.

⑤ 최 변호사는 김 의원의 의견을 수용하지 않고 개인 재산을 침해하면 안 된다는 자신의 주장을 고수하고 있다.

7 '재산두 귀하구 아버님의 명예와 지위두 소중하지만, 어떻게 나라를 속이구 법을 어긴단 말인가? 옳다구 생각하는 처사를 돕지는 못할망정 방해까지 해서야 되겠나 말일세.', '장차로두 어떤 세력을 믿구 저 혼자의 이익을 위하여 날뛰어서는 안 될 게 아닌가?'라는 송달지의 대사에서 송달지는 이중생의 행동이 옳지 못하다고 생각함을 알 수 있다.

| 오답 풀이 |

① 하주는 '누가 당신더러 무료 병원 이야기하랬소?'라면서 무료 병원 이야기를 한 송달지를 비난하고 있다.

② 이중생은 이미 죽은 사람으로 알려져 있기 때문에 법적 처벌을 받을 수 없다. 또한 송달지는 자신을 '장인을 고발할 수도 없는 놈'이라고 하고 있으므로, 그가 이중생이 법적 처벌을 받기를 원한다고 볼 수는 없다.

③ 이중생은 하식의 사연을 듣고도 별다른 반응을 보이지 않았다.

④ 송달지의 말을 들은 하식의 반응으로 보아, 하식이 송달지를 비난한다고 보기 어렵다.

8 나쁜 행동을 한 이중생이 재산을 지키지 못한 상황이므로 '모든 일은 반드시 바른길로 돌아감.'을 이르는 '사필귀정(事必歸正)'이 적절한 반응이다.

| 오답 풀이 |

① 조삼모사(朝三暮四): 간사한 꾀로 남을 속여 희롱함을 이르는 말이다. 중국 송나라의 저공(狙公)의 고사로, 먹이를 아침에 세 개, 저녁에 네 개씩 주겠다는 말에는 원숭이들이 적다고 화를 내더니 아침에 네 개, 저녁에 세 개씩 주겠다는 말에는 좋아하였다는 데서 유래한다.

② 팔방미인(八方美人): 여러 방면에 능통한 사람을 비유적으로 이르

는 말이다.

③ 자격지심(自激之心): 자기가 한 일에 대하여 스스로 미흡하게 여기는 마음을 뜻한다.

⑤ 타산지석(他山之石): 다른 산의 나쁜 돌이라도 자신의 산의 옥돌을 가는 데에 쓸 수 있다는 뜻으로, 본이 되지 않은 남의 말이나 행동도 자신의 지식과 인격을 수양하는 데에 도움이 될 수 있음을 비유적으로 이르는 말이다.

9 〈보기〉에서는 말과 행동을 통해 부정적 인물의 문제점을 자세하게 묘사함으로써 그 인물의 문제점을 독자가 인식할 수 있다고 설명하고 있다. 이 글에서 부정적인 인물은 이중생으로 이중생이 하식에게 하소연하는 내용을 통해 부정적 인물인 이중생의 문제점이 부각되고 있다.

메모

메모

빠작ON⁺

빠작온플러스와 함께 독해력 플러스!

빠작ON⁺ 는
빠작 중학 국어(비문학 독해, 문학 독해)에서
제공되는 온라인 학습 서비스입니다!

온라인 학습 콘텐츠

| 빠른 채점 | 지문/작품 해제 | 배경지식 영상 | 추가 어휘 퀴즈 | 학습 이력 관리 |

내신과 수능의 빠른시작!
중학 국어 빠작 시리즈

비문학 독해 0~3단계

독해력과 어휘력을
함께 키우는
독해 기본서

문학 독해 1~3단계

필수 작품을 통해
문학 독해력을 기르는
독해 기본서

빠작ON⁺와 함께
독해력 플러스!

문학X비문학 독해 1~3단계

문학 독해력과
비문학 독해력을 함께 키우는
독해 기본서

고전 문학 독해

필수 작품을 통해
고전 문학 독해력을 기르는
독해 기본서

어휘 1~3단계

내신과 수능의
기초를 마련하는
중학 어휘 기본서

한자 어휘

중학 국어 필수 어휘를
배우는 한자 어휘 기본서

서술형 쓰기

유형으로 익히는
실전 TIP 중심의
서술형 실전서

첫 문법

중학 국어 문법을
쉽게 익히는 문법 입문서

문법

풍부한 문제로 문법 개념을
정리하는 문법서